Erstausgabe Mai 2012
Copyright © 2012 by Tunkashila Verlags-GbR, Lichtenborn
ISBN: 978-3-9815088-0-2

Satz und Gestaltung:
Michael Seiler, PERFECTSCRIPTS | text & design, Göttingen
Motive Umschlag & Innenteil: © Tjefferson, panthesja @ fotolia.com
Fotos: © Pina Ferreiro
Gesetzt aus der Brioso Pro & Bickley Script

Druck und Bindung:
FINIDR, s. r. o., Český Těšín (CZ)

www.Tunkashila.eu

Botschafter des Himmels

PINA FERREIRO

In Liebe für Yaima & Tamino

Inhaltsverzeichnis

Danksagung

Besondere Worte für besondere Wesen

Wie sagte mal eine Seminarteilnehmerin zu mir: „Hinter jeder starken Frau steht ein mindestens ebenso starker Mann!"
Ja, das ist definitiv so! Und von daher muss ich mich wiederholen und zuallererst meinem wundervollen Mann Jörg für seine unbeschreibliche Stärke und seinen Mut danken. Denn nur weil er ganz und gar für mich da ist und an mich und meine Kraft glaubt, kann ich die Dinge tun, die auf meinem Weg liegen. Danke, Schatzi!!!

Unseren „Strolchis" (damit ist unser Husky-Rudel gemeint) kann ich gar nicht genug danken. Allein schon mit dem, was ich über ihre großartige Unterstützung zu sagen habe, könnte ich Bücher füllen. Sie sind immer für mich da und nehmen es mir auch nie übel, wenn ich mich hier und da sehr intensiv um andere kümmere, statt um sie. Ihre bedingungslose Liebe ist für mich das Allergrößte auf Erden.
Daher: Sam, Devil, Joy, Luca, Shadow, Noah, Nanook, Lobo, India, Jake, Sky, Lumo, Yuma, Tahnee, Yara, Tapio, Luyu, Joiko, Takoda, Tuulikki, Amadi, Dayo, Levi, Jamal, Pekko und Noshi – euch allen in aller Liebe ein ganz herzliches Dankeschön!

Unsere inzwischen recht groß gewordene Katzenfamilie ist gar nicht mehr wegzudenken aus unserem Leben. Daher auch hier: Shanti, Samira, Eloy, Fee, Tabitha, Lynes, Yakima, Santa, Tiponi, Jolina, Jeronimo, Inyan, Inti, Macao, Yla, Zoé, Xenia, Caprice,

Mauri, Pino, Niilo, Quasar, Lenny und Chanukka – auch euch danke ich aus tiefstem Herzen dafür, dass ihr euer Leben mit mir teilt und meines damit so sehr bereichert! Auch wenn ihr mich mitunter recht unsanft auf gewisse Defizite aufmerksam macht, weiß ich eure gut gemeinte Absicht zu schätzen.

Meine lieben Freunde der gefiederten Welt – unsere beiden Aras Coco und Bonita – ihr seid mir heilig mit all eurer Hilfe und eurem nie enden wollendem Humor. Und Sally, meine liebe Sally, wir werden dich nie vergessen!

Euch allen, meine lieben Tiergefährten, danke ich für eure liebevolle und hilfreiche Begleitung im Alltag, aber auch bei meiner Arbeit, denn ihr bereitet damit nicht nur mir große Freude.

Meinen liebsten Weggefährten in der geistigen Welt, ob Mensch oder Tier, verdanke ich nicht nur viele Eingebungen, sondern auch Schutz in besonderen Lebenslagen. Ich freue mich darauf, irgendwann wieder mit euch vereint sein zu dürfen. Bis es dann mal soweit ist, werde ich mich weiterhin bemühen, euch ein gutes Sprachrohr zu sein.

Und allen Tieren und ihren Menschenfreunden, die mir ihre oftmals sehr persönlichen Erfahrungen anvertrauten und sich nun darüber freuen, dass einiges davon in diesem Buch veröffentlicht wird: danke für eure Mithilfe, und vor allem für das große, mir entgegen gebrachte Vertrauen! Ich weiß, dass dies nicht selbstverständlich ist, schon gar nicht in der heutigen Zeit.

Ich möchte mich hiermit auch bei allen Lesern meines ersten Buches für ihre wundervollen Briefe bedanken. Auch wenn ich dies bei jedem Einzelnen persönlich getan habe, so möchte ich es an dieser Stelle erneut tun und somit noch einmal meine große Freude darüber zum Ausdruck bringen. Es war für mich eine Bereicherung, von den Lesern erfahren zu dürfen, auf welche Art und Weise sie von den einzelnen Botschaften im Herzen berührt wurden. All diesen Menschen möchte ich für ihr großes Vertrauen danken, denn ich weiß durch meine schamanische Arbeit zu schätzen, wenn sich ein Mensch einem anderen derartig öffnet.

All diese Briefe und E-Mails haben auch meine anfänglichen Zweifel hinsichtlich des Buches verstummen lassen, denn wie ich erfahren durfte, hat insbesondere das Kapitel „Abschied nehmen" vielen Lesern dazu verholfen, sich ihrer eigenen bisher nicht ausgelebten Trauer über den Verlust eines Tiergefährten auf heilsame Art und Weise zu widmen. Es freut mich außerordentlich, dass mein Buch ein wenig dabei helfen durfte, sich diesen Gefühlen hinzugeben und dadurch endlich Heilung zu erfahren. Danke auch dafür, dass ich an Ihren wahrlich intimsten Gefühlen und Gedanken teilhaben durfte!

Darüber hinaus ist es mir ein dringendes Bedürfnis, an dieser Stelle ausdrücklich auch Ruth Balter (www.voice-of-soul.de) zu danken, denn durch ihre tatkräftige Unterstützung mithilfe der Lichtsprache ist sie nicht nur für mich persönlich eine unvergleichbare Bereicherung, sondern auch für viele andere, die sich dieser Möglichkeit öffnen.

Prolog

Meine Arbeit mit Tieren

In meinem ersten Buch „Mehr als nur treue Gefährten" habe ich versucht, anhand einiger Tierbotschaften einen kleinen Einblick in die seelische Verbindung, wie sie zwischen einem Menschen und seinem Tier bestehen kann, zu vermitteln.

Mit diesem Buch, lieber Leser, möchte ich nun daran anknüpfen und nicht nur weitere Botschaften veröffentlichen, sondern auch einen Schritt weiter gehen und Ihnen einen Einblick in meine schamanische Arbeit mit Tieren gewähren.

Mein Wunsch ist es, Sie an der Vielfalt des Empfindens der Tierseelen, wie sie sich mir bei der Arbeit mit ihnen eröffnet, teilhaben zu lassen. Es muss letztendlich jedoch bei dem Versuch bleiben, einen kleinen Einblick in die bestehenden Möglichkeiten des Verstehens und auch des Heilwerdens von Mensch und Tier gewähren zu wollen. Denn, auch wenn ich mich hier darum bemühe, Sie anhand von stattgefundenen Tierkommunikationen und Sitzungen mit Tieren diesem Themenbereich ein wenig näher zu bringen, so können die ausgewählten Botschaften und auch schamanische Sitzungen, niemals dem Anspruch auf Vollständigkeit genügen. Denn dafür müsste ich bereits mit allen Tierseelen, die es gibt, gearbeitet haben – und genau das ist schlichtweg unmöglich.

Abgesehen davon habe ich auch bei dieser Art von Tätigkeit lernen dürfen, dass es keine allgemeingültige Wahrheit gibt. Dafür sind die Geschöpfe Gottes viel zu individuell, als dass es möglich wäre, sie in gewisse Schubladen zu stecken. Die Tiere sind davon keineswegs ausgeschlossen. Dieses Buch soll daher lediglich aufzeigen, was möglich ist. Es soll einen kleinen Einblick in die Mannigfaltigkeit unseres Empfindens gewähren. „Unseres Empfindens" deshalb, weil ich damit alle beseelten Wesen meine. Denn, auch wenn dieses Buch den Tieren gewidmet ist, so soll es dennoch zeigen, wie unterschiedlich wir empfinden und reagieren können. Hier unterscheiden wir Menschen uns nicht allzu sehr von den Tieren – zumindest auf seelischer Ebene.

Ich möchte an dieser Stelle kurz erläutern, was Tierkommunikation bedeutet, denn nicht jeder von Ihnen wird bereits damit in Berührung gekommen sein. Auch diejenigen unter Ihnen, die sich erstmalig mit dieser Thematik beschäftigen, sollten von Anfang an verstehen können, auf welcher Basis die in diesem Buch beschriebene Thematik beruht.
Es geht bei der Tierkommunikation um die telepathische Verständigung zwischen Mensch und Tier. Diese Art des nonverbalen Austauschs ermöglicht die Wahrnehmung seelischer, körperlicher und mentaler Vorgänge eines anderen Wesens. Und selbstverständlich setzen wir hier voraus, dass jedes Lebewesen beseelt ist. Sie würden dieses Buch sicherlich nicht in Ihren Händen halten, wenn Sie anderer Meinung wären...
Eine telepathische Kommunikation mit einem Tier ermöglicht es uns Menschen zu erfahren, was dieses Lebewesen im Einzelnen bewegt und beschäftigt, als Individuum ausmacht und auch, welche körperlichen Befindlichkeiten vorliegen. Dazu ist es keinesfalls erforderlich, das Lebewesen vor Ort zu besuchen. Weder der physisch sichtbare Ausdruck, wie zum Beispiel die Mimik, noch die äußerlich sichtbaren Verhaltensweisen spielen eine Rolle bei einer Tierkommunikation. Außerdem gibt es beim nonverbalen Austausch keine hindernde räumliche Dis-

tanz. Dies ermöglicht es uns, mit einem Tier, das sich auf der anderen Seite der Weltkugel befindet, eine Kommunikation durchzuführen.

Darüber hinaus handelt dieses Buch jedoch auch von der schamanischen Arbeit mit Tieren, sodass ich an dieser Stelle gerne schon zu dem Bereich gelangen möchte, den ich später anhand von Sitzungsprotokollen veranschaulichen möchte.

Hier zunächst einmal einige Hintergrundinformationen, damit Sie überhaupt nachvollziehen und verstehen können, worum es bei diesen Sitzungsprotokollen geht: Es handelt sich dabei um schamanische Arbeit, die älteste Heilmethode, die wir Menschen auf Erden kennen, und hier insbesondere die Seelenrückholung.

Im Schamanismus geht man davon aus, dass sich bei traumatischen Erlebnissen der verletzte Seelenanteil abspaltet. Dies ist zunächst einmal ein Schutzmechanismus. Das heißt, ohne diesen Schutzmechanismus würden wir gewisse traumatische Erfahrungen emotional nicht überleben; wir würden emotional daran sterben. So aber spaltet sich der verletzte Seelenanteil ab und bringt sich gewissermaßen in Sicherheit.
Ein Seelenanteil ist nichts anderes als eine bestimmte Kraft in uns, wie zum Beispiel Urvertrauen, innere Stabilität, Lebensfreude, Daseinsberechtigung, Gefühl für die eigene Wichtigkeit, Selbstwertgefühl, Lebensbejahung usw. Der Seelenanteil ist also die Basis des jeweiligen Empfindens, daher ist es wichtig, dass alle Seelenanteile vorhanden sind; nur dann ist die Seele ganz.

Leider kommt dieser abgespaltene Seelenanteil nicht von allein zurück, auch wenn sich die Situation anschließend verändert, sprich gebessert hat.

Das Problem bei einem Seelenverlust ist, dass man diese ganz bestimmte Kraft dann nicht mehr leben kann. Das heißt, wenn jemandem bei einem traumatischen Erlebnis zum Beispiel das Gefühl von Sicherheit verloren gegangen ist, so fühlt er sich anschließend nie wieder sicher, selbst wenn sich die Situation inzwischen völlig geändert hat und er sich nicht mehr in dieser für ihn traumatischen Lage befindet. Oder wenn beispielsweise das Vertrauen aufgrund eines Traumas verloren gegangen ist, dann kann sich derjenige noch so sehr darum bemühen, er wird nicht mehr vertrauen können, da die Basis hierzu – der entsprechende Seelenanteil – nicht mehr vorhanden ist.

Bei einer Seelenrückholung wird dem Menschen oder dem Tier also genau der Seelenanteil zurückgebracht, der ihm zuvor bei einem traumatischen Erlebnis verloren gegangen ist.

Auch wenn wir oftmals etwas anderes denken oder vermittelt bekommen: Das, was uns ausmacht, ist die Seele. Deshalb ist es so elementar wichtig, in seiner Ganzheit, in seiner Kraft zu stehen. Denn nur dann sind wir in der Lage, unser Leben konstruktiv und somit heilsam zu gestalten. Stehen wir nicht in unserer Kraft, so unterliegen wir irgendwelchen Mechanismen, die oftmals von früheren Traumata herrühren.

Diese Mechanismen beherrschen dann unser ganzes Fühlen, Denken und Handeln, sodass wir auch nicht in der Lage sind, sie einfach abzustellen. Hier wird allzu selten bedacht, dass es reine Überlebensmechanismen sind, denn die Seele möchte nie wieder in diese für sie traumatische Situation geraten. Mit anderen Worten: Solange der Seelenverlust nicht ausgeheilt ist, benötigen wir diese Mechanismen, um im Leben bestehen zu können.

Man darf hier keinesfalls unberücksichtigt lassen, dass hinter solchen Kompensationsmechanismen nichts anderes als der Versuch der Seele steht, wieder in die Ganzheit zu gelangen. Es ist wichtig, dies wirklich zu verinnerlichen, denn nur so kann Verständnis für diese Mechanismen entwickelt werden. Und man sollte auch nie vergessen, dass es ein Trauma war, das zu einem Seelenverlust geführt hat. Die daraus entstandenen Kompensationsmechanismen sind „lediglich" eine Reaktion der Seele auf das Trauma.

Solche Mechanismen erlebt man auch allzu häufig in der Tierwelt; und niemand kann es sich dann erklären, warum das Tier eine derartige Verhaltensauffälligkeit zeigt. Schlimmstenfalls wird es als nicht mehr therapierbar eingestuft und eingeschläfert.
Wenn jedoch der Eindruck entsteht, dass ein Mensch oder ein Tier traumatisiert ist, so gibt es die Möglichkeit einer Seelenrückholung, um dem Betroffenen wieder zu seiner Ganzheit zu verhelfen.

Bei einer solchen schamanischen Sitzung ist es dann die Aufgabe des Schamanen, in die nichtalltägliche Wirklichkeit zu reisen und sich von seinen dortigen Helfern durch das Leben des Klienten in die Situationen führen zu lassen, in denen er einen Seelenverlust erlitten hat.
Da es in der nichtalltäglichen Wirklichkeit weder Zeit noch

Raum gibt, kann der Schamane durch seine Helfer in jegliche Zeit und an beliebige Orte geführt werden. Dies ist ein wichtiger Aspekt in der schamanischen Arbeit, vor allem im Bereich der Seelenrückholungen. Allerdings wird der Schamane nicht durch das ganze Leben des Klienten geführt, sondern immer nur genau dorthin, wo ein Seelenverlust stattgefunden hat. Niemand weiß besser darum als unsere Begleiter in der geistigen Welt.

Genau das liebe ich so sehr an der schamanischen Arbeit, denn man wird immer zur Ursache, zu den Wurzeln einer Thematik geführt. Nur so kann auf effiziente Art und Weise ein Problem gelöst werden, ob auf seelischer oder auf körperlicher Ebene.

Es ist wichtig, sich nicht von vorhandenen Symptomen ablenken zu lassen, sondern das Problem an der Wurzel zu packen. Genau das beherrschen unsere Helfer in der geistigen Welt perfekt, da sie über ein Wissen verfügen, das uns Inkarnierten oftmals verborgen bleibt.

Ich persönlich nenne meine Helfer ganz allgemein Spirits. Damit sind alle gemeint, die mir in irgendeiner Art und Weise bei meiner schamanischen Arbeit behilflich sind. Ob das nun mein Krafttier ist, meine geistige Führung, andere Helfer, die mir im Laufe der Zeit an die Seite gestellt worden sind, oder auch Verstorbene (meistens diejenigen, die zum Klienten gehören) – alle kommen, um die Sitzung in Liebe zu begleiten und diese mit ihrer Kraft und ihrer Weisheit zu unterstützen.

Die Spirits führen mich in die Lebenssituationen, in denen der Klient – ob Mensch oder Tier – einen Seelenverlust erlitten hat. Und da Schamanismus in erster Linie Verbundenheit bedeutet, durchlebe ich das Trauma des Klienten genau so, wie er selbst es seinerzeit erlitten hat. Der Klient bleibt während der Sitzung völlig passiv und durchlebt sein Trauma dadurch nicht ein weiteres Mal. Dies ist ein wichtiges Detail, wie meine Helfer immer wieder betonen, denn es macht keinen Sinn, dass der Klient sich erneut mit den negativen Empfindungen verbindet. Der Fokus einer solchen Sitzung ist einzig und allein darauf gerichtet, dass der Betroffene die Kraft, die er mal verloren hat, wieder zurückerhält und dann wieder in sein gesamtes Sein integrieren kann, sodass er dadurch in seine ursprüngliche Ganzheit kommt.

Ich würde es Ihnen gerne anhand eines Bildes veranschaulichen: Wenn Sie sich die Seele als Kuchen vorstellen, dann sind die Seelenanteile die einzelnen Stücke. Bei einem Seelenverlust fehlt ein solches Stück oder auch gleich mehrere. Mit der Seelenrückholung werden diese fehlenden Stücke, sprich Seelenanteile wieder zurückgebracht und in die Lücken gesetzt, die sie hinterlassen haben. Um bei unserem Bild zu bleiben: Der Kuchen ist am Ende wieder ganz.

Wie ich bereits betont habe, möchte die Seele ganz sein. Aufgrund der Löcher, die Traumata in die Seelenenergie reißen, ist sie in ihrer Kraft und damit in ihrem Potenzial blockiert. Daher rührt ihr ständiges Bestreben nach Ganzheit, das sich meistens in Kompensationsmechanismen oder Krankheiten zeigt. Wer dies begreift, wird schnell erkennen, dass es also eher als eine Art Hilfestellung gemeint ist. Denn nur so werden wir darauf aufmerksam, dass in unserem Inneren etwas nicht in Ordnung ist. Sehr sensitive Menschen nehmen solche „Löcher" in ihrer Seele relativ deutlich wahr, auch wenn sie diese selten explizit benennen können.

Diese Löcher mit den entsprechenden Seelenanteilen aufzufüllen ist die Aufgabe des Schamanen. Sobald die Kraft zurückgekehrt ist, wird sie im Energiefeld des Klienten verankert, sodass er sie problemlos wieder leben kann. Ich nenne diesen Vorgang Integration, denn dies geschieht ganz allein dadurch, dass die Seele in ihre Ganzheit kommen möchte. Das heißt, ist das fehlende Teil endlich wieder da, nimmt es ganz natürlich seinen ursprünglichen Platz ein und fügt sich damit wie von selbst ein.

Es ist also der schamanisch Praktizierende, der sich in die Vergangenheit des Klienten begeben muss, um dort den Seelenverlust auszuheilen. Ich muss Ihnen aber gestehen: Eigentlich interessiert mich die Vergangenheit des Klienten nicht, denn der Fokus ist bei der Heilung ganz auf die Gegenwart und Zukunft gerichtet. Und dennoch ist es so, dass der Seelenverlust in der Vergangenheit stattgefunden hat, sodass man genau dort ansetzen muss, damit ein Trauma ausgeheilt werden kann.

Ich sage immer wieder zu meinen Klienten, dass man alle Schamanen dieser Welt zusammenrufen könnte, sie wären nicht in der Lage, die Vergangenheit zu ändern. Darum geht es auch nicht, denn wir können nichts ungeschehen machen. Das weiß jeder. Doch die meisten drehen sich im Kreis, weil sie einfach nicht erkennen können, wie es ihnen gelingen soll, wenigstens ihre Gegenwart und Zukunft heilsam zu gestalten. Und das ist der springende Punkt, denn darum geht es bei einer solchen Sitzung: Die Kraft, die seit dem Trauma fehlt, und wodurch das ganze Sein blockiert wird, sollte endlich wieder integriert und gelebt werden.

Ich möchte an dieser Stelle betonen, dass ich immer darauf bestehe, meine Arbeit ohne jegliche Vorinformationen durchzuführen. Das gilt für die Tierkommunikation ebenso wie für die
schamanische Arbeit. Zum einen handhabe ich es deswegen so,
damit ich völlig unvoreingenommen meine schamanische Reise antreten kann. Die meisten Klienten kennen zwar die Symptome, doch nicht die wahre Ursache ihres Problems, und ich
verlasse mich daher lieber auf die Spirits und auf das, was sie
mir zeigen. Zum anderen liefert dann das von mir während der
Seelenrückholung Erfahrene den entsprechenden Beweis für
den Klienten, dass ich tatsächlich sein Trauma erlebt habe, da
es sich mit seinen eigenen Erinnerungen deckt.
Bezogen auf die Arbeit mit Tieren ist dem Tierhalter auch oftmals durchaus bewusst, welche traumatische Situation die Ver-
haltensänderung nach sich gezogen hat, sodass hier das von mir
Erlebte auch bestätigt werden kann.

Bei der Seelenrückholung ist es dann so, dass der betroffene
Seelenanteil von den Spirits ausgeheilt wird, bevor er wieder
zurückgebracht wird, denn es macht keinen Sinn, einen ver-
letzten Seelenanteil zurückzubringen. Die Ausheilung kann
nur von den Spirits vorgenommen werden. Wer von sich be-
hauptet, dass er selbst die Ausheilung vollziehen kann, ist wohl
größenwahnsinnig. Was bei der Ausheilung von den Spirits im
Energiefeld des Klienten vorgenommen wird, ist genau das,
was der Betroffene benötigt – und das kann ich als Mensch
einfach nicht wissen. Wenn ich diesen Anspruch hätte, würde
wahrscheinlich so einiges über mein Ego laufen, was sicherlich
in den meisten Fällen eher destruktiv als heilsam wäre.

Das, was der Klient zurückbekommt, ist die reine und damit positive Kraft und nicht etwa die Empfindungen während der traumatischen Situation oder die schmerzlichen Erinnerungen daran. Sowohl die Ausheilung des Seelenanteils als auch die anschließende Behandlung wird von den Spirits vorgenommen. Dazu bin ich selbst nicht in der Lage, denn ich bin lediglich Mittler zwischen den Welten. Und in dieser Funktion als Kanal für die geistige Welt berichte ich meinem Klienten anschließend alles, was ich auf der Reise erlebt habe. Dies hat zwar keine Bedeutung für die Wirksamkeit der Sitzung, denn auf der seelischen Ebene hat sich die Heilung bereits in dem Moment vollzogen, in der sie durchgeführt wurde, doch ich bin der Überzeugung, dass es für die mentale Verarbeitung sehr wohl wichtig ist, dass der Betroffene weiß, warum er sich auf eine bestimmte Art und Weise entwickelt oder verändert hat. Das schafft dann auch Verständnis für das eigene Sein und dessen Prägungen.

Wenn jemand bereits am Anfang seines Lebens einen Seelenverlust erlitten hat, kann es sein, dass sich seine Persönlichkeit entsprechend dem Trauma entwickelt und sein wahres Sein gar nicht erst zum Vorschein kommt. Bei Seelenverlusten, die sich zu einem späteren Zeitpunkt ereignen, hat die Person meist noch eine mehr oder weniger ausgeprägte Erinnerung daran, wie sie vor dem Seelenverlust war. Zum Beispiel wenn jemand bei einem traumatischen Erlebnis seine Lebensfreude verloren hat und sich daraus eine Depression entwickelt hat, dann ist es meines Erachtens wichtig, dass er erfährt, warum und wodurch sich diese Veränderung in seinem Wesen vollzogen hat. Es spielt, wie gesagt, für die Wirksamkeit der Sitzung keine Rolle, doch ich bin der Meinung, dass es nur hilfreich und zudem heilsam sein kann, wenn der Betroffene alles begreift, was sich in ihm – meist ganz unbewusst – geformt hat. Und häufig ist es so, dass sich die Folgeerscheinungen eines Traumas nicht unmittelbar zeigen, sondern mit einer manchmal beträchtlichen Zeitverzögerung, sodass die Person nicht immer einen direkten Bezug zwischen dem Trauma und der späteren Symptomatik erkennen kann.

Wenn die Seelenrückholung bei einem Tier vorgenommen wird, so ist es selbstverständlich für den Menschengefährten wichtig, gewisse Verhaltensweisen des Tieres oder auch Erlebnisse, die man mit ihm hatte, zuordnen zu können.
Es gibt allerdings bei den Seelenrückholungen einen gewaltigen Unterschied zwischen Mensch und Tier. Die Tiere sind nicht so kopflastig wie wir und nehmen die Heilung daher sofort an. Der Mensch dagegen hat meistens im Laufe der vielen Jahre oder gar Jahrzehnte, die er bereits ohne bestimmte Seelenanteile gelebt hat, gewisse Glaubenssätze entwickelt, die ihm und damit seiner Heilung natürlich erst einmal im Wege stehen. Das heißt nicht, dass sich der Seelenanteil nicht seinen Weg bahnt, sobald er wieder integriert ist. Doch die Heilung vollzieht sich nicht so unmittelbar wie beispielsweise bei den Tieren, sondern kann unter Umständen einige Wochen in Anspruch nehmen.

Das Phänomenale an einer Seelenrückholung ist jedoch (sowohl bei Mensch wie bei Tier), dass man vom Kopf her nichts mehr dafür tun muss, denn die Seele möchte ja ganz sein und wird diesen zurückgewonnenen Seelenanteil nicht nur begrüßen, sondern auch dessen Energie zum Vorschein bringen wollen.

Ich erkläre es meinen Klienten gerne folgendermaßen: Stellen Sie sich vor, dieser Seelenanteil, der Ihnen zurückgebracht wird, ist ein Samenkorn. Das Samenkorn wird gesät und wächst nun stetig. Zunächst sehen Sie sein Wachstum nicht, da es sich unterirdisch vollzieht, doch es dauert nicht lange und man sieht ein zartes Pflänzchen aus der Erde sprießen; es lebt und will sich entfalten. Das heißt nichts anderes, als dass dieser Seelenanteil mehr und mehr Raum im Klienten einnimmt und sich dann von ganz allein auslebt, da er mit einem entsprechenden Gefühl kommt. Eben genau dem Gefühl, das man bisher nicht – oder nicht mehr – leben konnte. Da Tiere im Gegensatz zu den Menschen nicht kopflastig sind, gibt es bei ihnen solche Verzögerungen, wie gesagt, nicht.

Zum besseren Verständnis hierzu noch eine wichtige Information: Sie müssen bedenken, dass ich den Klienten – auf energetischer Ebene – immer mitnehme, wenn ich für ihn in die nichtalltägliche Wirklichkeit reise. Das heißt, seine Seele erlebt diese Ausheilung dort mit, sodass er bereits in seiner Ganzheit steht, wenn ich mit ihm in die alltägliche Wirklichkeit zurückkehre. Und alles Nachfolgende vollzieht sich sodann ohne sein weiteres Zutun des Klienten.
Ich habe nicht nur bei Menschen, sondern vor allem bei Tieren, die als hoffnungslose Fälle galten, erleben dürfen, wie diese Wesen aus ihrem Kokon schlüpfen und endlich in ihrer einzigartigen Schönheit strahlen konnten, nachdem sie durch eine Seelenrückholung von ihrem alten Trauma befreit wurden.

Da insbesondere bei den Tieren meistens eine unmittelbare Wesensänderung beobachtet werden kann, ist diese dann nicht

nur für das Tier selbst, sondern auch für den Menschengefährten sehr positiv, wenn nicht sogar heilsam.
Ein Trauma hält uns leider gefangen mit seiner alten, für uns unerträglichen Energie. Aus diesem Gefängnis befreit zu werden, ist für Mensch und Tier gleichermaßen so etwas wie eine Neugeburt.

Da es in diesem Buch um die Heilung bei Tieren geht, möchte ich sowohl Kommunikationen als auch schamanische Sitzungen mit Tieren wiedergeben. Nicht immer liegt ein Trauma vor, wenn wir es mit Verhaltensauffälligkeiten oder undefinierbaren Erkrankungen zu tun haben. Oftmals reicht es schon, ein Tier zu Wort kommen zu lassen, damit sich gewisse Probleme auflösen. Daher möchte ich gerne auch in diesem Buch einige Botschaften der Tiere veröffentlichen, da sie auf wundervolle Art und Weise aufzeigen, was machbar ist, wenn man diese Möglichkeit zu nutzen weiß.

Himmelsbotschaften

Lobos Geschichte

Es ist vor allem der Menschenfreundin von Lobo wichtig, dass seine Geschichte hier veröffentlicht wird, da sie erleben durfte, wie diese bisher jeden, der davon erfahren hat, auf wundervolle Art und Weise nicht nur berührt, sondern auch verändert hat. Daher freut es mich umso mehr, dass ich nicht nur ihre Erlaubnis bekommen habe, Lobos Geschichte in ihrer ganzen Länge zu veröffentlichen, sondern dadurch auch auf liebevolle Art und Weise zum Schreiben des zweiten Buches gedrängt worden bin.

Liebe Christine, wir haben alle sehr viel von deinem Lobo lernen dürfen, und es ist mir eine große Ehre, dass ich euch begleiten durfte, und nun auch diejenige sein darf, die Lobos Botschaft an alle weitergeben soll, die offen für seine Weisheit sind.

Lobo war ein 13-jähriger Schäferhund, dem es körperlich nicht mehr allzu gut ging, weshalb Christine mich um eine Kommunikation mit ihm bat. Um keine wichtigen Details auszulassen, möchte ich diese und die folgenden Kommunikationen mit ihm in ihrer gesamten Länge wiedergeben:

Lobo fühlt sich innerlich im oberen Bauchraum wie zusammengezogen an. Er übermittelt hier an dieser Stelle das Gefühl, als würde so etwas wie kalte Flüssigkeit darin fließen. Seine Aufmerksamkeit ist fast permanent darauf gerichtet. Es handelt sich um den Bereich, der den Magen umgibt. Doch trotz allem empfinde ich es während der Kommunikation nicht als schlimm, im Sinne von un-

erträglich schmerzhaft. Es ist nicht sehr angenehm, aber auch nicht wirklich bedrohlich oder gar unerträglich. Dennoch betont er, dass er sich manchmal wie zugeschnürt empfindet. Dann fühlt es sich wohl eher heiß an. Dies sind auch die Momente, in denen er keinen Appetit verspürt. Er sagt, er habe dann immer mit Übelkeit zu kämpfen.

Ich nehme ihn insgesamt recht bedrückt wahr. Es macht ihn traurig zu sehen, was sein Zustand mit seinen Menschengefährten macht, aber vor allem mit Christine.

Er sagt, er wisse, dass er immer einen besonderen Platz in ihrem Herzen gehabt habe – und weiterhin haben werde. Und er sieht sich selbst als die starke Schulter, an die sie sich immer anlehnen konnte. Lobo wünscht sich, dass Christine ihn so stark, wie er als Wesen, als Seele immer gewesen sei und ist, in Erinnerung behalte. Er weiß, dass seine Erdenzeit bald vorüber sein wird und mir kommen dabei sogleich Tränen. Es bedrückt ihn auch, auf diese Art zu gehen. Nicht das Gehen an sich, denn er weiß, wo es hingeht. Doch die Art des Gehens stimmt ihn ein wenig traurig.

Er möchte, dass Christine weiß, dass er ihre Trauer immer gespürt hat. Er spricht von einer Traurigkeit, die sie in sich trägt, und die er immer wieder versucht hat ihr abzunehmen, wenn diese sie mal wieder zu sehr in Beschlag genommen hat.

Lobo sagt, das sei mit ein Grund, warum sie es so schwer habe, ihn gehen zu lassen: Er war ihr seelischer Halt in schweren Stunden. Ob Christine das nun bewusst wahrgenommen habe oder nicht, spiele für ihn keine Rolle; ihre Seele aber habe dies sehr wohl gespürt und auch dankbar angenommen.

Ich frage ihn dann nach seinem Quietschen (er gab laut Tierhalterin solche Töne von sich) und er antwortet darauf folgendermaßen:

„Es zerreißt uns beide innerlich. Christine soll nicht vergessen, dass eine solche Traurigkeit viel Schaden anrichten kann. Wenn sie bereits körperlichen Schaden verursacht hat, ist es schon fast zu spät. Ich möchte sie daran erinnern, dass sie es selbst in der Hand hat, etwas daran zu ändern. Was wird sie tun, wenn ich nicht mehr in physischer Gestalt da bin?! Ich bin der Einzige, der mit dieser Art von Traurigkeit umgehen kann. Ich bin auch der Einzige, der sie auf sich nehmen und kanalisieren kann. Sage ihr, dass sie sich dem stellen muss, um etwas daran ändern zu können!"

Auf die Frage, wie sie ihm helfen könne, antwortet er: „Ich bleibe so lange wie irgendwie möglich bei ihr, aber der Ablöseprozess ist gleichzeitig auch ihre Chance, ihre Lebens-Trauer zu bewältigen."

Mir kommt diese Aussage seltsam vor, und daher frage ich ihn, wie das denn sein könne, wo doch eine neue Trauer hinzukommen würde. Er antwortet darauf sehr sanft und geduldig:

„Sie wird daran wachsen, denn sie wird sich ihrem Schmerz, ihrer Traurigkeit und all ihren Ängsten stellen und durch sie hindurchgehen. Das wird ein schwerer Gang, doch am Ende wird sie bereichert und erleichtert daraus hervorgehen. Und dann wird sie eines Tages mit einem lächelnden und mit einem weinenden Auge an mich denken. Denn dann weiß sie im Herzen, wie heilsam all dies für sie gewesen ist – trotz des Schmerzes.
Sage ihr, sie soll sich keine Vorwürfe machen. Es ist alles so gekommen, wie es kommen sollte. Da ist kein Raum für Hätte, Wenn und Aber ... wir wachsen an all diesen Dingen – auch sie! Was ich tue, tue ich für uns beide. Das darf sie nicht vergessen. All dies ist auch ein Zeichen meiner Liebe, Dankbarkeit und der tiefen Verbunden-

heit, die unsere Beziehung ausmacht. Sie soll es dankbar im Herzen annehmen, dann wird sie das pure Glück erleben und mich immer bei sich spüren."

Auf die Frage, wie er zeigen werde, dass er gehen möchte, antwortet Lobo:

„Ich werde mich zurückziehen und signalisieren, dass ich meine Ruhe haben will. Ich werde keine Nähe mehr zulassen. Sie soll dies nicht falsch verstehen, denn ihre seelische Nähe bleibt weiterhin wichtig für mich, aber es wird ihr so leichter fallen. Das ist sehr wichtig – für uns beide."

Ich übermittelte Christine Lobos Botschaft und sie bestätigte alle Angaben, auch und insbesondere die über ihre eigene Lebenstraurigkeit. Sie ließ mich wissen, dass bei Lobo ein Milztumor festgestellt worden sei, der nun bluten würde. Dies erkläre auch das übermittelte Körpergefühl von Flüssigkeit im Bauchraum.

Ich teilte ihr mit, dass ich im Rahmen meiner schamanischen Arbeit die Erfahrung gemacht habe, dass Milzprobleme oftmals eine körperliche Manifestation der seelisch gestauten Traurigkeit sei, und dass Lobo offenbar genau diese für sie auf sich genommen habe. Es sei wichtig, hierüber kein schlechtes Gewissen zu entwickeln, denn dies sei nicht in seinem Sinne. Sein Handeln würde vielmehr das widerspiegeln, was das Großartigste an Tieren ist: Sie lieben bedingungslos und nehmen einiges auf sich, um uns zu helfen. Es sei also Lobos Entscheidung gewesen, darauf habe sie keinen Einfluss, denn auch Tiere haben einen freien Willen.

Drei Tage nach dieser ersten Kommunikation rief mich Christine weinend an und bat um eine weitere Kommunikation. Lobo verhalte sich nun genau so wie zuvor angekündigt. Ich war erstaunt ob der kurzen Zeit, doch ich versprach ihr, mich sofort darum zu kümmern. Hier nun Lobos zweite Botschaft:

„Es macht mich so unsagbar glücklich und stimmt mich friedvoll, dass Christine noch meine Botschaft erhalten hat. Sie darf sie aber auch nicht vergessen, vor allem ihren für sie so lebenswichtigen Inhalt. Und jetzt, da es ausgesprochen wurde, kann sie es auch nicht mehr so leicht verdrängen. Dieses Verdrängen richtet größeren Schaden an als das Eigentliche, worum es geht. Sie soll meine Botschaft beherzigen. Sage ihr, dass ich nicht leidvoll aus dem Leben treten möchte. Ich möchte friedvoll einschlafen, jedoch nicht, ohne sie an meiner Seite zu haben."

Lobo fühlt sich vor allem im Bauchraum schwer an. Die Aufmerksamkeit ist heute mehr auf den unteren Bereich des Bauches gerichtet. Er ist entsetzlich müde und geschwächt. Selbst die Kommunikation fällt ihm schwer. Trotzdem ruht er auf seelischer Ebene ganz in sich. Er sagt, er möchte, dass Christine auf ihr Herz höre und auch danach handele. Sie solle ihren Abschied so gestalten, wie sie ihn sich im Herzen wünsche, und sie solle sich dabei nicht nach anderen richten.

Lobo wendet sich sodann direkt an Christine und sagt: „Sorge dafür, dass du dich frei und nach deinem Gefühl geben und ausdrücken kannst." Er übermittelt dabei den Eindruck, dass genau hier bereits die Veränderung beginne.
Er berichtet auch davon, dass es ihn innerlich förmlich zersetze und

dass er nicht länger warten möchte, bis es unerträglich werde. Lobo richtet dann erneut das Wort direkt an Christine und sagt:

„Ich bin glücklich über dieses erfüllte Leben an deiner Seite. Ich weine mit dir ob des jetzigen Abschieds, doch ich werde bei dir sein. Das weißt du längst, dass wir nicht getrennt voneinander sein können." Hier vermittelt er den Eindruck, als würde er dabei schelmisch lächeln.

„Ich werde dich weiterhin begleiten und immer für dich da sein. Und dir mit Rat und Tat zur Seite stehen – eben anders als bisher. Du wirst nur auf dein Herz hören müssen, dann lauschst du meiner Stimme. Du weißt ebenso wie ich, dass wir gar nicht anders können, als uns wiederzusehen..." Auch hier vermittelt er das Gefühl, als würde er viel wissend lächeln.

„Eines möchte ich dir noch mit auf den Weg geben: Vergiss nicht, wie schnell es auf einmal gehen kann, und ziehe deine Lehren daraus. Vergeude bitte keine Zeit. Du hast dein Leben in der Hand, in deiner Hand – du ganz allein. Ich gehe mit Freude im Herzen, denn ich habe gerne mein Leben mit dir geteilt. Wir haben uns viel gegeben. Eigentlich alles, wozu wir beide fähig waren. Das ist etwas sehr Kostbares. Dieses Geschenk vergeht nicht. Niemals. Ebenso wenig wie unsere Liebe und Zuneigung füreinander."

Am Schluss zeigt er mir etwas Rotes aus Stoff. Dies soll Christine ihm mit ins Grab legen, und zwar an seinen Bauch. Er vermittelt dabei das Gefühl, als ob das, worum er da gerade bittet, Christine gehöre. Es ist also nichts, was sie extra für seine Beerdigung besorgen muss.

Nach Übermittlung der Botschaft teilte mir Christine mit, dass es auch ihrem Gefühl entspreche, dass Lobo nun wirklich gehen wolle. Außerdem sei der Unterbauch ganz heiß, und er würde ab und an hineinzwicken. Aber er käme auch kaum noch auf die Beine, die Augen würden ihm zufallen; nicht einmal Pipi habe er den ganzen Tag gemacht. Sie wolle es nun angehen und einen Termin vereinbaren.

Das Rote aus Stoff könne nur das Plüschherz sein, das sie mal von ihrer Schwiegermutter zum Muttertag geschenkt bekommen habe, und über das sie sich unsagbar gefreut habe. Sie habe augenblicklich den Gedanken gehabt, es ihrem treuen Gefährten mit ins Grab zu legen.

Wenig später rief sie mich erneut an und bat mich um Rat und Hilfe, denn ihre Männer, sprich ihr Mann und ihr erwachsener Sohn, seien noch mit dem Fahrrad unterwegs. Sie wisse nun nicht, ob sie auf sie warten solle oder nicht. Lobo gehe es offensichtlich sehr schlecht, doch sie habe Sorge um die Reaktion ihrer Familie, wenn sie ihnen keine Gelegenheit zum Abschiednehmen lassen würde. Ich sagte ihr, dass ich ihr dazu keinesfalls einen Rat erteilen könne. Sie solle vielmehr auf ihr eigenes Gefühl hören, unbedingt an Lobos Botschaft denken und den Abschied so gestalten, wie sie es sich im Herzen wünsche. Sie antwortete ganz spontan, ihr Herz wolle es in Zweisamkeit tun, doch ihr Verstand verbiete ihr diesen Alleingang. Ich blieb jedoch dabei, dass es ihre ureigene Entscheidung sei und ich ihr nicht behilflich sein könne und dürfe. Dies sei auch nicht im Sinne von Lobos Botschaft, denn diesbezüglich hatte er sich ja nicht ohne Grund recht deutlich ausgedrückt.

Einige Minuten später rief sie erneut an und teilte mit, sie habe einen Termin in der Praxis ausgemacht. Sie warte jedoch auf die beiden Männer, sodass es ihnen noch möglich sei, sich von Lobo zu verabschieden. Wir vereinbarten, dass sie bei Ankunft in der Praxis kurz anrufen solle, sodass ich beide von daheim aus schamanisch begleiten könne.

Als dieser Anruf dann kam, teilte sie mir ziemlich aufgeregt mit, dass irgendetwas nicht stimme. Sie sei dort angekommen, und vor der Praxis habe Lobo wie verrückt an der Leine gezerrt und sie von der Praxis fortgezogen. Sie bat mich völlig verzweifelt um Hilfe, denn eigentlich sei sie sich ja so sicher gewesen, dass er gehen wolle.

Ich hatte unmittelbar Kontakt zu Lobo und spürte, dass Christine nicht alleine mit ihm war. Ich sprach sie darauf an und sie sagte, dass ihr Sohn einfach ins Auto gestiegen und gegen ihren Willen mitgefahren sei. Sie fragte, was sie nun tun solle, denn sie spüre, dass Lobo eigentlich aus dem Körper entlassen werden wolle, doch sein äußerlich sichtbares Verhalten habe eine deutlich andere Sprache gesprochen. Ich sagte ihr, sie solle eine Runde Gassi gehen, ich würde mal hineinhorchen.

Lobo berichtete davon, dass da der Gedanke sei, es sei „noch etwas zu machen". Ich spürte all seine Ablehnung und seinen Widerstand dagegen. Dieser Gedanke gehöre nicht zu Christine, doch er habe einen Dorn in sie gesetzt. Er wolle nun lieber heimfahren, denn es liefe weder in seinem noch in Christines Sinne.

Ich teilte Christine dies dann auch genau so mit und sie sagte, dass ihr Sohn diesen Gedanken geäußert habe, in ihr seien keine Zweifel – zumindest nicht bewusst. Sie fuhren aber daraufhin mit Lobo wieder heim.

Zwei Tage später rief sie mich erneut an und berichtete, dass Lobo sich bereits die ganze Nacht und den ganzen Tag mit Schmerzen herumgeplagt habe. Er komme inzwischen gar nicht mehr auf die Beine und nun habe sie den Entschluss gefasst, es zu meistern, denn im Herzen wisse sie, dass es das einzig Richtige sei. Sie bat um die vereinbarte schamanische Sterbebegleitung und dieses Mal sei sie auch fest entschlossen, auf ihr Gefühl zu hören und es alleine zu vollziehen.

Wenige Zeit später rief sie erneut an und war völlig verzweifelt. Sie sagte, als sie mit Lobo zu ihrem Wagen hinausgegangen sei, hätte dieser wie ein junger Hüpfer herumgetobt, obwohl er sich die ganze Nacht und den ganzen Tag nicht mehr habe aufrichten können. Er wolle offensichtlich nun Gassi gehen. Sie sagte, sie wisse nun gar nicht mehr, was los sei, denn sie sei sich doch so sicher gewesen. Sie bat daher erneut um eine Kommunikation:

Lobo fühlt sich innerlich wie aufgequollen an. Es ist ein sehr eigenartiges Körpergefühl, denn einerseits fühlt es sich so an, als ob er innerlich zersetzt würde, andererseits empfinde ich sämtliche Organe wie geschwollen. Und ich empfinde wieder sehr viel Schwere im Bauch, vor allem im unteren Bereich. Er wartet gar nicht erst meine Frage ab, denn er weiß natürlich, worum es bei dieser Kommunikation geht. Somit legt er unvermittelt los und sagt:

„Christine soll bei ihrem Gefühl bleiben und sich nicht verunsichern lassen. Egal, wie es nach außen hin aussieht, das Gefühl ist hier entscheidend. Sie hat eine ziemlich klare und deutliche Wahrnehmung, doch ein leichter Windstoß reicht, um all das zunichtezumachen. Dabei ist es dann auch egal, von wem dieser Windstoß verursacht wird. Es geht hier nicht darum, wer sich das erlaubt zu tun. Es geht darum, dass sie es zulässt. Immer und immer wieder. Christine hat sich einfach daran gewöhnt, dass sie weniger wert sein soll als andere. Das ist ihr Problem. Und ihr Umfeld bedient diesen falschen Glaubenssatz. Aber so kommt sie nie aus diesem Sumpfloch heraus. Sage ihr das! Und wenn sie sich so fühlt, dann liegt es an ihr, sich die Ursache anzuschauen. Wenn nicht sie, wer dann? Das kann sonst niemand außer ihr tun. Und wenn sie nicht ihren wahren Wert erkennt, wie sollten es dann andere tun? Sie reagieren nur auf das, was Christine ihnen von sich aus zeigt. Doch das ist nicht ihre wahre Essenz, nicht ihr wahres Ich. Jedoch möchte ich, dass sie diese schwere Hürde nimmt und bei ihrem eigenen Gefühl bleibt, denn das ist die Wahrheit, nach der sie sich so tief im Herzen sehnt. Und ich helfe ihr dabei."

Als ich Lobos Botschaft mit Christine besprach, bestätigte sie weinend, was Lobo zu ihrem Problem mitgeteilt hatte. Sie war nun fest entschlossen, bei ihrem Gefühl zu bleiben und auch entsprechend zu handeln.
Sie ließ ihn ins Auto einsteigen und fuhr zur Tierarztpraxis. Dort angekommen rief sie mich an und sagte, dass er nun ganz ruhig und entspannt sei, wir sollten es daher jetzt gemeinsam angehen.
Ich begleitete das Geschehen von daheim aus und weinte bitterlich, trotz des Stolzes, den Lobo übermittelte, und trotz der

Erleichterung, die er mich deutlich spüren ließ. Lobo verließ seinen Körper, noch bevor dieser im physischen Sinne starb, und übermittelte das Gefühl, dass auch sein Frauchen es gespürt habe.

Christine rief kurze Zeit darauf an und teilte mit, der Tierarzt habe das Körpergefühl, das Lobo mir zuletzt übermittelt hatte, bestätigt. Die Organe seien dabei gewesen, sich zu zersetzen, was aber gleichzeitig zu diesem Aufgedunsensein geführt habe. Sie sagte, als Lobo die erste Spritze gesetzt bekommen habe, sei sein ganzer Leib förmlich in sich zusammengefallen. Doch sie habe wahrgenommen, dass seine Seele all dies nicht mehr mitbekommen habe, denn sie habe diese ganz nah bei sich gespürt. Ich bestätigte ihre Wahrnehmung, da ich ja genau dasselbe während meiner schamanischen Arbeit erlebt hatte. Und dies stimmte die Frau, trotz ihres tiefen Schmerzes, friedvoll und auch glücklich.

Wir haben dennoch beide geweint. Aus Trauer, aber auch aus Freude darüber, dass wir so etwas Wundervolles erleben durften. Und Christine sagte, sie könne gar nicht so wenig wert sein, wie sie immer meine, sonst hätte doch eine so wertvolle Seele nicht ihr Leben mit ihr geteilt und die Gesundheit für sie geopfert. Was für eine tiefe Erkenntnis! Niemand anderes als Lobo hätte sie hervorbringen können.

Christine sagte auch, dass sie sehr verwirrt über das Gefühl gewesen sei, das sie während des Abschieds gehabt habe: Eine zentnerschwere Last sei von ihr gefallen, und gleichzeitig habe sich in ihr das Empfinden und das Wissen um ihren wahren Wert einen Raum geschaffen.

Vier Wochen nach Lobos Heimgang bat mich Christine, erneut mit Lobo Kontakt aufzunehmen und ihn zu fragen, wie es ihm gehe, und ob alles zu seiner Zufriedenheit verlaufen sei. Außerdem wollte sie erfahren, ob er Pläne hinsichtlich seines Wiederkommens habe.

Ich nahm den Auftrag entgegen, teilte ihr jedoch mit, dass es noch eine Weile dauern könne, denn ich müsse mich zunächst einmal um andere Fälle kümmern. Sie erwiderte, dass sie es nicht eilig habe, doch ein Traum habe sie veranlasst, mir diesen Auftrag zu erteilen, daher habe sie es auch gleich in Angriff genommen.

Lobo hatte es jedoch sehr wohl eilig und drängte sich mir regelrecht auf. Er wollte unbedingt seine Botschaft loswerden. Also habe ich alles andere beiseitegelegt und die Kommunikation mit ihm vorgezogen. Er freute sich darüber und legte auch gleich sehr beschwingt los:

„Mir geht es gut. Sehr gut sogar. Es tut gut, diesen schweren Körper nicht mehr spüren zu müssen." Hierbei vermittelt er das Gefühl, als sei noch mehr ‚kaputt' gewesen, als man angenommen hatte. Lobo fährt weiter fort und sagt:

„Ich fühle mich sehr erleichtert. Auch befreit. Und Christine ergeht es ebenso. Ich hätte nicht länger bleiben können und dürfen. Denn wenn ich sie darin unterstützt hätte, an dem festzuhalten, was ich für sie bedeutet habe, dann hätte sie es niemals geschafft, es loszulassen.
Der Zeitpunkt meines Heimgangs war gut und richtig. Sage ihr, dass sich alles völlig nach ihr gerichtet hat. Das war so an höherer

Stelle vereinbart. Es lag an ihr und ihrer Entwicklung. Und ich hatte es gemeinsam mit ihr in der Hand. Sie dürfte allein schon hieran erkennen, wie bedeutungsvoll all dies ist. Nicht nur auf Erden. Es gibt viele wachende Hände über Christine. Sie sollte das wissen und in dieser Gewissheit ihre weiteren Schritte tun.

Ich bin stolz auf sie. Sage ihr das, denn ich weiß, sie ist über ihren eigenen Schatten gesprungen. Sie ist mit all dem über sich selbst hinausgewachsen. Doch dies ist erst der Anfang. Weitere Schritte sind erforderlich. Sie wird lernen müssen, ihrer Wahrnehmung zu vertrauen. Voll und ganz. Und ihr zu folgen. Egal wohin. Das wird schwierig, denn das hat sie nicht gelernt. Und sie denkt auch, sie dürfe es nicht. Doch das ist falsch. Zu vertrauen heißt, völlig frei zu sein. Darüber soll sie mal nachdenken. Nicht erst, wenn man frei ist, kann man vertrauen. Nein, wenn man vertraut, dann erst ist man frei. Frei von jeglichen Beschränkungen. Wenn sie das schafft, dann wird sie sich auch nicht mehr so eingeengt und gefangen fühlen – innerlich wie äußerlich.

Sage ihr, dass es noch ein Weilchen dauern wird, bis ich wieder physisch an ihre Seite treten werde. Der Zeitpunkt hierfür wird von ihrer eigenen Entwicklung bestimmt. Denn zurzeit bestünde die Gefahr, dass sie sich auf meine Unterstützung verlässt. Damit würde ich ihr nicht helfen. Im Gegenteil: Sie würde in alte Muster verfallen. Und genau das darf ich nicht zulassen.

Sie hat einen anderen Aufpasser an ihrer Seite. Jedoch nicht in der Form, wie ich es war. Das darf auch nicht mehr sein. Er hat die Aufgabe, sie abzulenken von ihren düsteren Grübeleien. Und er soll sie an ihre Weiterentwicklung erinnern. Er fordert sie auf, nicht stehen zu bleiben. Dies ist eine wichtige Phase für sie.

Die Ruhestätte für meinen alten Körper ist wunderschön. Nicht nur für sie und für mich. Es gibt noch einige mehr, die sich daran erfreuen – im Herzen." Er grinst dabei und vermittelt mir das Gefühl, als sei auch das Teil des Plans gewesen.

„Und auch das Herz war richtig. Und wichtig. Dass sie es geschenkt bekommen hat, war ein großes Zeichen. Dass sie es mir mitgegeben hat, ein noch größeres. Und dass einige Herzen dadurch geöffnet wurden, war ein noch viel größeres Zeichen.
Es wird sich vieles verändern, doch sehr positiv. Sie soll nur nicht ungeduldig werden," und hierbei übermittelt er das Bild, wie er verständnisvoll lächelt.

Wie mir Christine später berichtete, wurde Lobo im Garten der Schwiegermutter beerdigt. Mit dem Plüschherzchen an seinem Bauch. Und sie hat ihm einen Rosenstock auf das Grab gepflanzt, an dem sich viele erfreuen würden, da dieser wohl auf äußerst ungewöhnliche Art und Weise blühe.
Und der neue Aufpasser sei einer ihrer anderen Hunde, Jakomo, der sich wohl tatsächlich recht eindeutig und auffällig verhalte, wenn sie mal wieder düsteren Gedanken nachhänge. Christine war daher umso gewillter, ihre eigene Heilung anzustreben, denn genau dies hatte Lobo auf seine Art und Weise eingefädelt.
Seitdem muss ich immer an Lobo und seine weise Botschaft denken, wenn ich Rosen erblicke. Und auch daran, dass sein Heimgang – trotz aller Trauer – dazu geführt hat, dass Christine langsam aber sicher aufblüht.

Danke, Lobo, du bist einzigartig!

Panda stirbt nicht, sie macht nur Urlaub

Für die meisten von uns Tierliebhabern ist es ein sehr trauriges Thema, wenn wir uns damit befassen müssen, dass unser geliebtes Tier sein irdisches Dasein beendet. Wie unterschiedlich die Tiere mit dem Sterbeprozess umgehen, erlebe ich immer wieder sowohl über die Tierkommunikationen als auch bei der schamanischen Arbeit mit Tieren. Ich möchte Ihnen eine schöne Botschaft zu diesem Thema aufzeigen. Eine Frau namens Nel rief mich an und bat dringend um eine Kommunikation mit ihrer Hündin Panda. Es gehe ihr sehr schlecht und daher wolle sie Panda befragen lassen, was sie sich wünscht. So schwer es ihr auch falle, aber wenn Panda gehen möchte, so wolle sie ihre treue Freundin keinesfalls aufhalten. Daher stand bei der Kommunikation die Frage nach ihrem körperlichen Befinden im Vordergrund. Und dann natürlich die Frage, ob sie bleiben oder gehen wolle.

Panda beginnt die Kommunikation damit, dass sie mir ihr aktuelles Körpergefühl übermittelt. Sie berichtet von heftigen Kopfschmerzen. Ihre Sicht ist deutlich beeinträchtigt. Ich empfinde auch eine latent vorhandene Übelkeit und Panda sendet das Gefühl, als sei diese durch Chemie, sprich Medikamente bedingt. Sie fühlt sich linksseitig stärker beeinträchtigt als rechts. Es fühlt sich an, als sei die ganze linke Seite schwerer als die rechte. Sie ist sehr traurig über diesen Zustand und betont, sie wisse Nels Hilfe sehr zu schätzen. Panda sagt hier an dieser Stelle, dass sie keine Quälerei mehr möch-

41

te. Und sie spüre selbst, dass ihre Lebensenergie mehr und mehr abnehme. Sie sagt, sie möchte ebenso wenig wie Nel dahinvegetieren. Gleichzeitig sagt sie sehr vehement, das Wort dabei an ihre Menschenfreundin gerichtet:

„Ich bin hier aber noch nicht fertig. Und so wird die Zeit ohne mich nur von kurzer Dauer sein. Ich lasse mich nicht von so etwas unterkriegen, und von daher komme ich mit erneuerter Energie zu dir zurück, liebe Nel, um mein Werk mit dir zu vollenden. Noch ist nicht alles vollbracht, was wir uns mal gemeinsam vorgenommen haben. Vieles haben wir bereits geschafft. Und dein Vertrauen ins Leben ist heute um einiges tiefer, größer als noch vor ein paar Jahren. Dennoch sind noch zu viele Ängste und Zweifel in dir, als dass wir auf eine erledigte Aufgabe zurückblicken dürften.
Und auch wenn es schwer ist, so weiß ich – und auch du wirst es bald spüren –, dass dies, was gerade geschieht, entschieden dazu beitragen wird, dass dein Vertrauen weiter wächst. Nicht nur in mich, sondern insbesondere in das, was du nicht sehen und greifen kannst, aber dennoch präsent ist, sehr sogar. Achte auf Zeichen, meine geliebte Nel. Es werden nicht nur meine sein, die dich führen werden. Bald sind wir wieder vereint. Vergiss das nicht!
Wenn wir uns verabschieden, so weißt du, ist es nicht für immer. Es ist sogar nur für kurze Zeit. Stell dir vor, du setzt mich in den Zug und bald holst du mich an einem anderen Bahnhof wieder ab. Uns geht nichts verloren. Im Gegenteil: Ich darf meine Energie erneuern und sie dann zu deinem und meinem Wohl einsetzen. Das macht mich glücklich. Denn wenn ich in diesem Zustand bleiben würde, und du mit ansehen müsstest, wie ich mich durch das Leben quäle, dann würdest du deinen frisch erworbenen Glauben und das neu gewonnene Vertrauen verlieren, da die Verzweiflung zu viel Raum

in dir einnehmen würde. Verstehst du das? Es ist wichtig, dass du mir glaubst, und auch darauf vertraust, dass es so ist, wie ich es dir gerade mitteile.

Es würde mir in der Seele wehtun, wenn mein kurzer Urlaub alles zunichtemachen würde, was vor allem in den vergangenen zwei Jahren so mühselig aufgebaut worden ist. Vertraue mir, liebe Nel, und gib die Liebe in deinem großen Herzen nicht auf. Denn sie ist dein kostbarster Besitz. Und ich werde weiterhin daran teilhaben, wenn du es erlaubst. Ich sage daher nicht Adieu – und du bitte auch nicht. Sage wie ich ‚bis bald!' und fühle es in deinem Herzen, wie auch ich es als Gewissheit in mir trage. Du weißt doch, dass ich dich niemals verlassen könnte."

Während Panda mir diese Botschaft übermittelt, sendet sie gleichzeitig das deutliche Gefühl, als sei sie während Nels Kindheit schon einmal bei ihr gewesen.

Panda ist traurig, aber sehr vertrauensvoll. Sie weiß, wo es hingeht, und sie weiß jetzt schon, dass es nicht lange dauert, bis sie wieder mit Nel vereint sein wird. Es ist ihr sehr, sehr wichtig, dass auch ihre Menschenfreundin es im Herzen spürt.

Ihre Traurigkeit bezieht sich nämlich mehr auf das, was der momentane Zustand mit Nel macht, als auf ihre eigene Situation. Deshalb betont sie auch immer wieder, dass Nel ihr vertrauen soll, damit eben in der Zwischenzeit nicht so viel in Nel kaputt geht. Das möchte sie auf jeden Fall vermeiden.

Panda übermittelt darüber hinaus das Gefühl, als würde sie mit ihrem kurzen Fortgang auch einiges von dem mitnehmen, was Nel mal traumatisiert hat und was sich in ihr festgesetzt hat. Panda dient sozusagen als Kanal und erneuert somit nicht nur ihre, sondern eben auch Nels Energie. Alles in allem blickt Panda auf eine

gute und glückliche Zukunft mit Nel. Und es würde sie überglück-
lich machen, wenn sie ihr ein wenig davon vermitteln könnte.

Sie verabschiedet sich von mir, indem sie mich bittet, Nel auszurich-
ten, dass sie ihr nichts von ihren Sachen (wie Halsband, Spielzeug
etc.) mit ins Grab geben soll, denn sie möchte alles zuhause haben,
wenn sie wiederkommt.

Bei der Besprechung bestätigte Nel, dass auch sie die Kopfschmerzen bei Panda wahrgenommen habe. Doch aufgrund
ihrer Emotionalität, die bei der Kommunikation mit dem eigenen Tier definitiv hinderlich sein kann, habe sie sich nicht auf
diese Wahrnehmung verlassen wollen. So stimme es auch, dass
Panda nicht mehr laufen könne. Sie sei lahm und liege nur noch
auf der Seite; unfähig, sich in eine andere und somit bequemere
Position zu bringen.

Wir haben beide weinen müssen, denn auf der einen Seite war
dieser Schmerz über das bevorstehende Begleiten beim Gehen
deutlich spürbar, aber auf der anderen Seite hatte Panda auch
sehr viel Trost und Heilsames in ihre Botschaft eingeflochten.
Es war herzzerreißend schön und traurig zugleich.

Nel schrieb mir nur wenige Tage nach diesem Gespräch, dass
sie nun Panda hinübergegeleitet habe. Auch wenn es wehtäte
und sie während des Verfassens dieser Nachricht weine, so sei
sie dennoch friedvoll im Herzen. Sie sähe in Pandas Botschaft
ein Geschenk, und in diesem Gefühl habe sie auch Abschied
nehmen können.

Ich darf Ihnen verraten, dass Panda natürlich Wort gehalten hat und nach ihrem sogenannten Urlaub wieder zu Nel heimgekehrt ist. Sie erfreut sich heute als Pandeux bester Gesundheit und ist ihrer Nel weiterhin eine treue Begleiterin.

Jenny schläft friedlich ein

Selbstverständlich wissen die Tiere um die Möglichkeiten, die der Mensch hat, um ihnen bei ihrem Sterbeprozess behilflich zu sein. Viele Tiere machen davon Gebrauch und sind glücklich, wenn ihr Menschengefährte ihnen ihren Wunsch nach Unterstützung erfüllt. Dennoch gibt es auch Tiere, die darauf bestehen, aus eigenen Kräften gehen zu wollen. Sie lehnen dann diese bekannte Art der Hilfestellung vehement ab. Ich habe dahingehend eine sehr berührende Erfahrung mit einer kleinen Hündin namens Jenny machen dürfen. Ich freue mich, dass Heike es mir gestattet hat, diese schöne Geschichte mit Ihnen teilen zu dürfen. Ich werde beide Kommunikationen hier wiedergeben, damit ein vollständiges Bild des Prozesses, wie wir ihn erlebt haben, entsteht. Die Hauptfrage, mit der Heike mich beauftragt hatte, war, ob Jenny Hilfe beim Sterben wünscht.

Jenny nähert sich mir mit sehr viel Traurigkeit und sagt ganz unvermittelt:

„Wir sind alle noch nicht soweit! Niemand von uns ist derzeit in der Lage, sich zu verabschieden!"

Es ist bald deutlich spürbar, dass die anfangs übermittelte Traurigkeit nicht ihre eigene ist. Sie hadert nicht mit dem, was sie hat. Doch es macht sie traurig zu sehen, was es mit ihren Menschengefährten macht und wie damit umgegangen wird. Und ich habe den Eindruck, sie meint mit Letzterem nicht unbedingt ihre Menschengefährten, sondern das Umfeld. Sie selbst empfindet sich gar nicht als so eingeschränkt und man bekommt den Eindruck, dass sie es lieber auf das Alter schiebt als auf eine Krankheit. Sie sagt daraufhin:

„Ich lebe ganz gut damit. Und ich möchte, dass ihr das auch tut! Es besteht kein Grund zur Eile; gehen kann ich immer noch. Und dann werde ich euch aber auch Zeichen geben, wenn es soweit ist. Noch bin ich sehr gut in der Lage, das Zusammensein zu genießen. Also, lasst uns die verbleibende Zeit genießen!"
Obwohl sie diese Worte wählt, die einem durchaus das Gefühl von Begrenztheit vermitteln, ist spürbar, dass der Abschied für sie gar nicht so greifbar nahe ist. Dann erbost sie sich etwas und sagt:

„Ich verstehe nicht, wie ihr das überhaupt in Erwägung ziehen könnt, einfach so auf ein Statement eines Fremden zu hören!"

Ich nehme mal an, sie meint damit den Tierarzt, der sie erlösen wollte. Jedenfalls hat sie sich furchtbar darüber aufgeregt, denn sie meint, dass das so gar nicht zu Heike und Jürgen passen würde. Sie ist aber froh darüber, dass sie beide mit entsprechenden Impulsen erreichen konnte, sodass man Abstand von diesem Vorhaben genommen habe. Ihr gefällt aber nicht die Art von Zweifel, die diese Manipulation, wie Jenny das Ganze nennt, verursacht hat.

Auf physischer Ebene übermittelt sie tatsächlich keine Schmerzen. Vom Körpergefühl her ist es also richtiggehend harmlos. Das Einzige, was wirklich deutlich wahrnehmbar ist, ist eine latent vorhandene Übelkeit. Doch sowie ich das niederschreibe, vermittelt sie das Gefühl von Chemie und weist auf Medikamente hin. Es kann also durchaus sein, dass diese Übelkeit durch die Einnahme dieser

Mittel hervorgerufen wird. Sie weiß aber offenbar, dass sie starke Schmerzen bekommen könnte, denn sie sagt für diesen Fall:

„Ihr sollt wissen, dass kein Schmerz dieser Welt mich dazu bewegen könnte, euch vor der Zeit zu verlassen." Jenny zieht dann von sich aus die Parallele zu Heikes Mutter und fährt weiter fort, indem sie sagt:

„Du würdest sie doch auch nicht vor ihrer Zeit erlösen wollen! Viel wichtiger ist, was man aus der verbleibenden Zeit macht! Es nutzt dem, der den Abschied vor Augen hat, wenig, wenn er diese vor dem Schönen verschließt. Im Gegenteil, denn all das Schöne, das sich einem auf dem Weg noch zeigt, nimmt man im Herzen mit. Es ist eine Haltung, die allen hilft, im Frieden mit den Begebenheiten des Lebens zu sein. Und all das, was ihr als schöne Erinnerung im Herzen tragt, ist das, was wirklich zählt. Ich jedenfalls möchte jede Sekunde genießen! Die Aufmerksamkeit auf eventuelle Einschränkungen geht von euch aus, nicht von mir. Mir macht das lange nicht das aus, was ihr darin seht."

Jenny hat definitiv keine Angst vor dem Abschied, denn sie ist ganz klar in dem, was sie erwartet. Doch sie ist überzeugt davon, dass ihre Zeit noch nicht gekommen ist. Ich kann natürlich nicht sagen, wie sich ihre Haltung unter Schmerzen ändern würde, aber derzeit ist sie definitiv noch nicht bereit zu gehen. Sie ist auch sehr entspannt und vermittelt das Gefühl, dass sie noch einiges zu erledigen habe ...

Wir waren alle sehr froh über Jennys Botschaft, denn sie ließ nur allzu deutlich erkennen, dass sie noch nicht bereit war, aus diesem Leben zu gehen. Welcher liebende Tierhalter hört so etwas nicht gerne?! Wider Erwarten baute sie aber körperlich sehr schnell ab, sodass Heike mich drei Wochen später erneut um eine Kommunikation mit ihrer Jenny bat.

Jenny erwartet mich bereits, und es ist, als habe sie keine Zeit mehr zu verlieren, denn sie legt sofort los und sagt:

„Heike, du weißt es doch längst! Du bist die Einzige, die die wahre Botschaft in meiner Botschaft verstanden hat. Und du bist auch die Einzige, die die Konsequenz daraus begriffen hat. Ich habe vollbracht, was zu vollbringen war. Ich bin sehr froh darum, es doch noch geschafft zu haben. Es hat mich viel Kraft gekostet, noch so lange durchzuhalten, bis alles getan ist. Aber es hat sich gelohnt! Nun aber geht es nicht mehr. Und mein Körper gehorcht auch nicht mehr. Ich möchte mich gerne im Stillen verabschieden; ganz so, wie es meiner Art entspricht."

Sie fühlt sich im Gegensatz zu der vorherigen Kommunikation wirklich sehr schlecht. Auf körperlicher Ebene übermittelt sie hauptsächlich Magenschmerzen, als sei da so etwas wie ein Loch. Vielleicht drückt aber auch der Tumor, das kann ich nicht genau sagen. Vom Körpergefühl her ist es so, als wenn sich da in diesem Bereich etwas durchfressen würde.
Ihre Gedanken fließen zäh und es hat den Anschein, als würde sie mit letzter Kraft diese Kommunikation führen. Jeder Atemzug fühlt sich wie der letzte an. Es ist alles unsagbar anstrengend, und dennoch ist sie erfüllt von Glück und Dankbarkeit. Das ist das, was in Jenny überwiegt: das Gefühl von großem Glück und seliger Dankbarkeit.

Sie zeigt mir an dieser Stelle ein Bild von sich und Heikes Mutter, wie es neben einem Rosenstrauß steht. Von dem, was sie gefühlsmäßig dabei übermittelt, sähe sie das gerne sowohl bei Heike und Jürgen als auch bei Heikes Mutter stehen. Dann wird sie sehr ernst, aber liebevoll, und sagt:

„Heike, es ist sehr wichtig, dass du meine Rolle in deinem Leben als die begreifst, die sie auch tatsächlich ist. Du bist sehr wichtig in meinem Lebenswerk, auch als Vermittlerin. Hätte ich meine ganze Aufmerksamkeit auf deine Mutter gerichtet, so wäre mein Heimgang noch schlimmer für sie, als es ohnehin schon der Fall ist. Ich vertraue da auf deine Wahrnehmung und dein Gefühl, sodass du weise und mit Bedacht diesen Abschied angehen wirst.
Und lausche, wenn sie von mir spricht, denn ich werde bei ihr sein und ihr immer beistehen. Ich freue mich auf diese neue Aufgabe, denn nun kann ich ganz und gar für sie da sein.

Es ist auch für dich wichtig, damit du ein wenig von dieser erdrückenden Last befreit wirst. Dafür sorge ich, das verspreche ich dir! Begleite sie auf ihrem weiteren Weg und vergiss nicht, dass auch ich da bin, um sie zu halten und zu leiten. Du wirst durch mich viel mehr sehen, hören und fühlen als andere, die nur mit ihren physischen Sinnen auf deine Mutter blicken werden.

Vertraue darauf, dass das alles richtig ist, und du wirst große Dinge dabei erleben und lernen. Ich lasse euch nicht allein, denn wenn ich gehe, werde ich euch näher sein als jemals zuvor!" Sie zeigt zum Abschied Heikes Mutter und eine weiße Engelsfigur, die Heikes Mutter ihr auf das Grab setzt.

Es war tatsächlich so, dass Heike unumstößlich wusste, dass es trotz Jennys Aussage in der ersten Kommunikation soweit war, Abschied zu nehmen. Sie bat mich erneut, Jenny zu fragen, ob sie nicht Erlösung wünsche, doch Jenny bestand darauf, es allein zu machen.

So geschah es dann auch, denn sie schlief friedlich auf den Armen ihrer Heike ein. Beide konnten den Abschied so gestalten, wie Jenny es sich gewünscht hatte.

Nicht jedes Tier verlässt seinen irdischen Körper, um gleich wieder zu seinem Menschenfreund zurückzukehren. Manche sehen ihre Aufgabe als erledigt an und kommen daher nicht wieder. Andere hingegen haben es eilig und möchten auch, dass der Menschengefährte davon erfährt, dass ein baldiges Zusammenkommen stattfinden wird. Und dann gibt es auch solche, die zunächst einmal gewisse Entwicklungen ihres Menschengefährten von der geistigen Welt aus begleiten wollen, ehe sie erneut inkarnieren.

Sicherlich gibt es noch viele Varianten mehr, und nicht immer sagen verstorbene Tiere etwas dazu. Zumal ich auch die Erfahrung gemacht habe, dass sie es niemals erwähnen, wenn es den Menschen überfordern würde. Da sind die Tiere anders als wir, denn für sie steht die Erfüllung ihrer Lebensaufgabe im Vordergrund. Das heißt, ob der Menschengefährte nun weiß, welche Seele da bei ihm ist oder nicht, ist für die Tiere in der Regel absolut nachrangig, denn für sie zählt einzig und allein der Erfolg durch die Erfüllung ihrer Hilfestellung bei der seelischen Entwicklung ihres Menschenfreundes.

Wenn sie jedoch möchten, dass der Mensch weiß, wer tatsächlich in diesem neuen Körper steckt, dann verlasse ich mich immer auf ihre Weisheit, sodass ich mir keine Sorgen mache, ob der Mensch dies nun annehmen kann oder nicht. Die Tiere wissen, wie wir gestrickt sind. Daher wissen sie auch besser als jeder andere, wie sie ihren Menschen nicht nur im Herzen berühren, sondern ihn oftmals sogar für Größeres sensibilisieren können.

Amanda weiß es besser

Manchmal sprechen die Tiere auch davon, dass es nicht oder zumindest noch nicht vorgesehen ist, erneut zu inkarnieren und zu ihrem Menschengefährten zurückzukehren. Sie lassen durch so eine Botschaft auch erkennen, dass sie gerne kommen würden, es jedoch im Sinne der Vorsehung nicht tun. Auch da spürt man sehr deutlich, wie verbunden sich die Tierseelen mit der geistigen Welt fühlen. Eine verstorbene Hündin namens Amanda bringt es in ihrer Botschaft recht deutlich zum Ausdruck:

Amanda weiß, dass ihre Menschenfreundin erfahren möchte, wie es ihrem kleinen Liebling nach dem Sterben ergangen ist, und richtet ihre Botschaft direkt an Anne:

„Ja, meine Liebste, ich bin gut und wohlbehalten hier angekommen – dank deiner liebevollen Unterstützung und diesem friedlichen Abschied! Es ist gut, dass es so gekommen ist. Du wärst früher nicht bereit dazu gewesen. Das musste reifen.
Wenn ich zu einem früheren Zeitpunkt darum gebeten hätte, mir beim Heimgang zu helfen, wäre es kein so friedvoller Abschied geworden. Denn du wärst im Herzen nicht klar damit gewesen. So aber haben Zweifel keine Chance, da ihnen die Basis dazu fehlt. Und nur so ist es richtig und auch annehmbar für dich.

Wie wichtig es ist, seine wahre Größe – ungeachtet der physischen Erscheinung – zu leben, habe ich dir hinreichend gezeigt. Es ist etwas, das du dir nicht nur anschauen, sondern auch für dich selbst übernehmen solltest! Viel zu oft macht man dich klein oder belächelt dich. Das können sie ruhig, diese dummen Menschen. Aber du, du darfst es nicht mit dir selbst tun. Und egal, wie du dich nach außen hin gibst, ich sehe in dein Herz, in deine Seele und sage dir, dass du eine ebenso Große bist wie ich!

Du musst daran glauben und entsprechend handeln. Unabhängig von dem, was der Rest der Welt davon hält! Du lebst ein Leben, welches für Viele nicht einmal ansatzweise zu verstehen ist. Verurteile sie nicht deswegen, aber vergeude auch keine Energie mehr damit, es ihnen nahebringen zu wollen. Du verlierst nicht nur unnötig viel Kraft dabei, du rennst auch gegen Mauern. Willst du das?

Es soll dir also egal sein. Wirklich egal. Nicht nur nach außen hin. Du bist noch nie richtig verstanden worden. Aber sag mir, was ist so furchtbar schlimm daran?!

Wir (die Tiere) verstehen dich und teilen unser Leben mit dir, eben weil du so bist, wie du bist. Das ist doch das einzig Wichtige. Und wenn dich andere nicht verstehen und nicht begreifen, dann macht dich das doch höchstens zu etwas Besonderem!"

Ich bemerke, dass sie hier die Kommunikation beenden möchte, und stelle ihr noch die Frage, die sie bisher unbeantwortet gelassen hat. Es ist die Frage nach ihrem Wiederkommen, und sie antwortet darauf folgendermaßen:

„Derzeit ist es nicht vorgesehen. Zum einen muss ich mich noch ein wenig erholen, denn die letzten Wochen waren sehr energiezehrend für mich. Zum anderen – und das ist hier das Entscheidende – passt es auch nicht zu den Prozessen, die sich gerade in dir vollziehen, und die dich auch noch eine Weile begleiten werden. Unsere Zeit wird aber kommen.

Du weißt, dass ich recht habe, wenn ich sage, es würde jetzt nicht passen. Also lass uns die Vorfreude genießen und das erneute Zusammenkommen vorbereiten, sodass wir es zu seiner Zeit auch richtig zelebrieren können. Nur so werden wir es mit all unserer Herzensenergie tun können!"

Und wenn es auch die Trauer und die Sehnsucht des Menschengefährten sind, die ihn veranlassen, nach dem Wiederkommen zu fragen, so erlebe ich es immer wieder, dass meine Klienten das, was dann das Tier darauf antwortet, als stimmig empfinden. Selbst in diesem Fall wusste Anne, dass ihre kleine Amanda weise gesprochen und recht hatte mit dem, was sie zu diesem Thema übermittelt hatte.

Ich glaube, dass es genau diese Empfindungen sind, die dazu führen, dass wir mit dem in Frieden sind, was das Schicksal für uns vorgesehen hat.

Schön ist auch, dass die Menschen dann das gute Gefühl haben, dass sie aber weiterhin einen treuen Begleiter haben. Für eine Weile zwar nicht mehr in physischer Gestalt, aber dennoch sehr präsent, wie es Jenny in ihrer Botschaft angedeutet hat.

P-Chan und der Pfad der Liebe

Ich möchte gerne eine weitere Kommunikation zu diesem Thema mit Ihnen teilen, denn ich weiß, wie delikat dieser Bereich ist, in dem es um das Sterben eines geliebten Wesens geht. Und da spielt es wirklich keine große Rolle, ob es sich dabei um einen Hund, ein Meerschweinchen oder um ein Pferd handelt. Wie sollte es auch einen Unterschied geben, denn die Trauer entsteht aus dem Gefühl heraus, ein geliebtes Wesen verloren zu haben. Wenn im Herzen Liebe ist, wo sollte da eine Verschiedenheit entstehen, wenn eben dieses Herz trauert? Ich sehe da absolut keinen Unterschied. Daher möchte ich gerne einige von diesen großartigen Seelen in kleinen Tierkörpern zu Wort kommen lassen.

Es freut mich sehr, dass Tine mir die Erlaubnis erteilt hat, die Kommunikation mit ihrer verstorbenen Meerschweinchendame P-Chan zu veröffentlichen, denn allzu oft berichten mir Klienten, dass sie als Halter von Kleintieren belächelt und gar nicht richtig ernst genommen werden. Einige davon sahen sich mit einer derart respektlosen Haltung sogar schon in Tierkliniken konfrontiert. Und so manch einer sprach entsetzt davon, dass man wohl gerne dem Kleintierhalter rät, statt noch Geld in dieses kranke Tierchen zu investieren, lieber für weniger ein neues kauft. Dass meine Klienten sich dann zu Recht unverstanden fühlen, dürfte jedem einleuchten. Und wenn dann auch noch um ein solches Tier getrauert wird, ist sicherlich noch weniger Verständnis seitens des Umfeldes zu erwarten. Dabei sind in diesen kleinen Tierchen ebenso große und weise Tierseelen inkarniert. Und dass ihnen eine solche Haltung der Menschen nicht entgeht, werden sie anhand der folgenden Botschaft erkennen.

Man darf nicht vergessen, dass die Tierseelen mit Bedacht ihre Körperhülle wählen. Sie entscheiden sich für einen passenden Körper, mit dem sie auch ganz sicher bei ihrem auserwählten Menschengefährten „landen" können. Sie vollbringen dann wahrhaft Großes während ihrer oftmals kurzen Erdenzeit. P-Chan ist eine dieser weisen Tierseelen, und es ist mir eine große Ehre, dass ich ihre Botschaft in meinem Buch wiedergeben darf.

P-Chan wartet erst gar nicht meine Frage ab, wie es ihr jetzt geht, sondern beantwortet sie von sich aus, indem sie sich direkt an Tine wendet und sagt:

„Ich vermisse dich! Und ich wäre gerne wieder bei dir. Aber bei dir, bei niemandem sonst! Du denkst, ich brauche Gesellschaft meiner eigenen Art, was ich aber brauche, bist du! Dein Herz weiß das auch. Damit dein Kopf etwas Ruhe gibt und du mehr deinem großen Herzen folgen kannst, möchte ich einen völlig anderen Körper wählen, wenn ich erneut zu dir komme. Einen, der es ermöglicht, mit dir allein zu sein und dich zu begleiten. Es wird noch ein Weilchen vergehen, bis es soweit ist, denn du musst dazu bereit sein. Und zu dieser Bereitschaft werde ich von hier aus beitragen, indem ich dir nicht nur sage, dass du rein gar nichts falsch gemacht hast, sondern ich dir auch dadurch helfe, dass ich um dich herum bin und dir mehr und mehr das Gefühl vermitteln werde, wie schön es doch wäre, wenn wir endlich Zweisamkeit erfahren und leben könnten.

Dazu bist du jetzt aber noch nicht bereit.

Du hast auch noch nicht verstanden, warum ich auf eine für dich so traurige und traumatische Art und Weise aus diesem Leben gehen musste. Doch es ist wichtig, dass du es begreifst – für uns beide!

Die Prozesse, die dadurch in Gang gesetzt worden sind, wären anders niemals möglich gewesen. Verstehst du das? Ich musste dafür sorgen, dass du dich mit dir und somit mit deinem tiefsten und innersten Kern auseinandersetzt. Das wäre anders einfach nicht in dieser Auswirkung möglich gewesen! Der Tod der anderen (die Artgenossen) war eine Vorbereitung auf diesen Entwicklungsschritt. Auch das solltest du wissen und verstehen. Bitte vertraue und glaube mir, wenn ich dir nun sage, dass es notwendig war, damit du dich in die richtige Richtung bewegst und auch nicht mehr stehen bleibst. Dies ist der tiefe und wahre Sinn unserer Begegnung und unseres Zusammenseins. Du weißt, dass kaum jemand die Tiefe unserer Verbindung begriffen hat. Das ist auch ein weiterer Grund, warum du nun noch trauriger bist, denn du fühlst dich obendrein alleingelassen und auch völlig unverstanden.

Ich weiß, dass das für dich kein neues Gefühl ist, daher macht es mich auch sehr traurig. Aber es gehört zu dieser Entwicklung. Du solltest an dem, was zwischen uns war, ist und immer sein wird, festhalten.

Niemand muss das verstehen können. Wir fühlen es beide, und somit ist es wahr! Und es ist auch richtig so. Du weißt das ganz tief in deinem Herzen ... Aber tief in deinem Herzen sitzt auch deine Einsamkeit. Ich möchte dich nicht so einsam sehen. Ich möchte bei dir sein. Dafür musst du mir aber versprechen, dich mit mir weiter auf den Weg der inneren Einkehr und der stetigen Entwicklung fortzubewegen. Lass uns den Weg gemeinsam gehen, denn es wird uns beide mit Glück und Freude erfüllen. Bist du bereit dazu?

Und eins möchte ich dir noch sagen: Ich habe nicht gelitten, denn es ging um die Erfüllung dieser Aufgabe! Ich durfte und musste gehen, um dich auf diesen Pfad zu führen. Da ist kein Raum für Leid, weil ich dadurch nämlich einen Teil meiner Aufgaben erfüllen konnte. Und wenn du es schaffst, auf mich und dein Herz zu hören, kannst du sicher sein, den besten Weggefährten fürs Leben zu haben!

Zweifle nicht an meiner Liebe, ebenso wie ich nicht an deiner zweifle! Das habe ich nie, und das werde ich auch nie tun. Begreife, dass alles im Sinne deiner Entwicklung geschehen ist. Es wird uns beiden leichter ums Herz, wenn du es ganz und gar verinnerlichen kannst. Denn ich bin nicht traurig über meinen Tod und auch nicht über die Art des Sterbens, denn ich durfte ganz sanft gehen. Aber deine Gewissensbisse und Ängste machen mir das Herz so schwer. Und dein Herz ist es dadurch auch! Daher ist es wichtig, es nun leicht werden zu lassen. Und ich weiß, dass ich diejenige bin, die das vollbringen kann. Bist du nun bereit? Ich warte schon auf dich und dein Zeichen!"

Ich werde oft von meinen Klienten gefragt, wie sie es überhaupt bemerken sollen, dass ihr Tier wieder da ist. Das ist eine durchaus berechtigte Frage, und sie erscheint schwierig zu beantworten, aber erstaunlicherweise ist es einfacher, als wir annehmen können: Die Tiere lassen es nicht zu, dass man sich verpasst.
Um das allerdings annehmen und glauben zu können, muss man zunächst einmal wirklich verinnerlichen, dass die Tiere nicht nur viel bewusster sind als wir, sondern auch durch ihre enge und starke Verbindung zur geistigen Welt unzählige Möglichkeiten haben. Wenn wir das nicht als Gewissheit in uns verankern, werden wir nicht erkennen können, was wirklich

realisierbar ist. Denn die Tiere bedienen sich eben genau dieser Möglichkeiten, um dorthin zu gelangen, wo sie sich definitiv zugehörig fühlen. Und nicht immer nehmen wir Menschen bewusst wahr, was oder wer da am Werke ist. Ich kenne viele Menschen, die wie fremdgesteuert ins Internet oder ins Tierheim gehen und dort ihrem Gefährten begegnen. Wie oft höre ich dann, dass die Leute sagen: „So verrückt es auch erscheinen mag, aber ich wusste, dies ist mein Tier!"

Ich weiß nicht, ob es so wichtig ist, dass wir wirklich all diese Hintergründe begreifen. Letztendlich zählt nur – so zumindest sehen es die Tiere – dass sie dort sind, wo sie ihre Aufgaben haben. Und es passt immer!

Wie gesagt, nicht immer äußert sich ein Tier zu seiner Rückkehr. Und wenn andere Dinge im Vordergrund stehen, dann widmet sich das Tier eher diesen Angelegenheiten. Oft genug ist es sogar so, dass genau diese Aufgaben mit dem Fortgang oder mit der neuen Form des Zusammenseins zu tun haben oder aber Voraussetzungen für das Wiederkommen sind. Wie auch immer, es hat sich bisher gezeigt, dass die Tiere stets genau wussten, was wichtig und damit „dran" war.

Bo und die Traurigkeit ihres Herrchens

Manchmal ist es aber auch so, dass mit dem Fortgang eines Tieres erst die Voraussetzung gegeben ist, sich dem zu öffnen, was unbewusst schon lange da war und unterschwellig vielleicht sogar gegen den Betroffenen selbst wirkte. Sie bemerken es beim Lesen so manch einer Botschaft, dass die Tiere auf eben solche Prozesse hinweisen. Die nachfolgende Kommunikation zeigt, wie die Hündin Bo diese unbewussten Dinge zum zentralen Thema ihrer Botschaft macht und wie der Tod der anderen Hündin, Momo, dazu geführt hat, dass der gemeinsame Menschengefährte endlich Bereitschaft entwickeln konnte, sich dem zu stellen, was offenbar das größte Anliegen seiner beiden Hündinnen war. Reza war ganz erstaunt, denn er hatte nicht erwartet, dass eine Tierkommunikation so viel Tiefsinnigkeit offenbaren würde.

„Ich bin traurig, sehr traurig sogar! Aber nicht nur wegen Momos Tod, denn der kam für mich weniger überraschend als für dich. Ich bin traurig über deine tiefe Traurigkeit! Jetzt, da du einen triftigen Grund hast, traurig zu sein, kommt deine traurige Grundstimmung auch endlich zum Vorschein. Doch selbst jetzt siehst du nicht, dass es deine eigene ist. Und dass Momo auch deswegen gegangen ist, damit du dich deiner tiefen Traurigkeit stellst!
Nicht ich bin einsam, sondern du! Ich bin es nur, weil ich dein bester Spiegel bin! Und Momo war auch ein Spiegel, doch mit anderen Funktionen als die meinen. Sie hat dir gezeigt, was möglich ist im

Leben. Sie hat es dir aber auch nur deshalb gezeigt, weil dieses Potenzial auch in dir steckt und du es leben solltest.

Du steckst bereits seit vielen, vielen Jahren in einer Melancholie, die dir und deiner Entwicklung sehr schadet. Und die dich Stück für Stück in einen Sumpf der Selbstvergessenheit zieht. Die Ursache liegt in deiner frühen Kindheit und – aufgrund der damaligen Geschehnisse – in der Unfähigkeit, Liebe in ihrer reinsten Form annehmen zu können.

Von uns kannst du sie annehmen, da du von uns nicht zurückgewiesen wirst. Du wirst von uns auch nicht enttäuscht. Und du meinst, von uns keine Forderungen befürchten zu müssen. Du glaubst, dass wir nichts von dir erwarten. Doch da irrst du dich, denn wir fordern und erwarten ebenso wie andere, doch in unserem Fall traust du dich ganz einfach zu lieben. Du lässt bei uns deine Gefühle zu. Alle! Noch nie zuvor hast du es mit einer solchen Intensität tun können. Es ist wichtig, dass du das begreifst, damit du auch weißt, warum Momo und ich so intensiv mit dir arbeiten. Und auch, damit du verinnerlichst, dass wir deine besten Freunde, aber auch gleichzeitig deine größten Lehrmeister im Leben sind.

Du wunderst dich vielleicht, dass ich immer so tue, als sei Momo da. Nun, mein geliebter Bruder, das liegt daran, dass es so ist! Sie ist nach wie vor bei uns und teilt alles mit uns – außer eben das Futter. Sei also nicht so traurig auf unseren Spaziergängen, denn sie läuft immer noch voraus! Du siehst sie nur nicht, und weil deine Trauer wie eine Barriere wirkt, kannst du sie kaum wahrnehmen. Ich aber sehe sie, auch wenn sie nicht mehr physisch präsent ist. Und ich verrate dir noch etwas: Sie wird so lange um uns herumbleiben, bis du bereit bist, sie erneut in dein Heim aufzunehmen! Sie ist nicht wirklich fortgegangen, und sie wartet nun darauf, zu dir zurückkommen zu können!"

Es entsteht eine kurze Pause, in der sie mir den Eindruck vermittelt, als würde Reza beim Hören dieser Ansage mit offenem Mund staunen. Sie sagt dann dazu:

„Schließ den Mund und höre mir gut zu, denn ich sage dir, dass das erst der Anfang ist, und dass du noch vieles mehr lernen wirst! Durch uns und auch durch andere. Auch Pina wird dir dabei behilflich sein. So wie Momo und ich dir weiterhin helfen werden.

Übrigens ist Momo eine echte Lady und möchte in ihrem nächsten Leben auch einen entsprechenden Namen tragen. Sie ist eine Königin – und das weißt du auch! Sie selbst wird sich noch an dich wenden, doch diese, meine Botschaft soll den Weg ebnen, denn da sind noch viele Barrieren in dir...“

Ich spüre, dass Bo am Ende von dem ist, was ihr wichtig ist, und da Reza mich gebeten hat, sie nach dem Problem mit dem Fortlaufen zu befragen, spreche ich sie als Nächstes auf dieses Thema an. Ihre Antwort ist wahrlich erstaunlich:

„Mein Freund, bist nicht du derjenige, der am liebsten abhauen würde, um dann nicht mehr hinter sich blicken zu müssen?! Kämpfst du nicht immer wieder gegen deine eigenen Fluchttendenzen?! Es wird Zeit, dass du deinen ureigensten Gefühlen auf den Grund gehst, denn sie sind ein wichtiger Bestandteil deines wahren Seins. Momo und ich haben gemeinsam dieses Ziel: dein wahres Sein zum Vorschein zu bringen! Willst auch du das? Dann lass dich vertrauensvoll auf uns ein, auch wenn du diese Ebene gerade weder sehen noch verstehen kannst!“

Das war keine leicht verdauliche Kost für diesen Mann, der sich ja schon aufgrund seines Glaubens durch diese Botschaft recht durchgeschüttelt fühlte. Doch umso erstaunter war ich, als eben dieser Mann mir nach einiger Zeit berichtete, er sei in der Zwischenzeit in seiner Heimat im Iran gewesen und habe mit seinen Leuten über all diese Erfahrungen gesprochen. Er sagte, man sei dahingehend sehr offen und auch sehr interessiert gewesen. Nun saß ich da mit offenem Mund ...

Jerry und sein Gefühl für Timing

Während der vorbereitenden Arbeiten für den Druck dieses Buches führte ich eine überaus spezielle Kommunikation mit einem verstorbenen Berner Sennenhund aus der Schweiz namens Jerry. Da sein Frauchen Renata und ich gleichermaßen von dieser Botschaft angetan waren und ziemlich sicher waren, dass es nur allzu sehr zum Wesen dieser „Hoheit" passen würde, seine Botschaft in die große, weite Welt hinauszuschicken, war uns sofort klar, dass ich es irgendwie möglich machen musste, dieses Kapitel noch einzuschieben.

Ich danke daher Michael Seiler von PERFECTSCRIPTS, der zugegebenermaßen zu meinem engsten Vertrauten und Verbündeten bei der Verwirklichung dieses Projekts wurde, für sein Verständnis. Und auch für seine Geduld mit mir und all den spontanen Ideen, die sicherlich nicht immer einfach in der Umsetzung waren. Doch ohne diesen wertvollen Menschen würde Jerry hier nicht zu Wort kommen. Also, noch einmal: Vielen Dank, Michael Seiler, Sie sind wahrlich ein Schatz!

Die arme Renata wartete geduldig etliche Monate, bis dass es endlich soweit war, dass ich mit ihrem geliebten Jerry kommunizieren konnte. In erster Linie ging es Renata darum, zu erfahren, wie es ihrem verstorbenen Liebling ginge und ob er beabsichtige, wieder zu ihr zurückzukehren. Wie sehr die Tiere von eben diesen Gedanken wissen, zeigte Jerry sehr deutlich, in dem er die von Renata gestellten Fragen von sich aus beantwortete:

Mir kommen sofort die Tränen, sobald ich mit ihm in Verbindung stehe. Ich spüre eine große Traurigkeit, daher frage ich ihn sogleich nach dem Grund. Jerry antwortet darauf folgendermaßen:

„Es war für mich ebenso traurig wie für alle anderen, die an diesem Abschied beteiligt waren. Und richte Renata aus, dass viele traurig waren – auch solche, die nicht dabei waren. Aber ich bin nun mal eine Seele, die viele Herzen berührt …
Renatas Traurigkeit allerdings war und ist für mich die schlimmste von allen! Ich wollte nicht gehen, aber ich musste! Es gab keinen Aufschub mehr – und das weiß Renata auch!!
Zum einen war es wichtig, diesen Körper, der nicht mehr hätte heil werden können, abzustreifen. Doch viel wichtiger war dieser Prozess für Renata, denn durch meinen Tod ist sie an viel tiefere Schichten ihres Inneren gelangt. Sie hat vieles von dem, wozu sie eigentlich fähig ist, tief in sich vergraben. Dazu gehört vor allem ihre Emotionalität.
Aufgrund so einiger Verletzungen durch Menschen, die ihr sehr, sehr nahe standen, hat sich Renata mit ihrem großen und daher auch besonders verletzlichen Herzen wie in einer eigenen inneren Festung verschanzt. Von ihrer ursprünglichen Emotionalität kommt daher nicht mehr das zum Vorschein, was eigentlich möglich wäre. Durch meinen Heimgang aber sind ein paar dieser Festungsmauern eingebrochen. Natürlich tut all das weh, was darin weggesperrt war und nun für sie spürbar herausströmt. Doch sage ihr, dass ich schon immer wusste, was sie dringend braucht. Und so war es auch hier, denn jetzt, da die Festung weniger stabil ist, wird ihre Emotionali-

tät auch im positiven Sinne mehr ins Leben treten können.

Sie wird es am deutlichsten zu spüren bekommen, wenn sie mich wieder in ihren Armen hält. Es wird für uns beide gleichermaßen ein Endlich-Wieder-Nach-Hause-Kommen sein. Bei Renata allerdings auf jeglicher Ebene, denn mit dieser Freude im Herzen wird sie spüren können, wie wichtig es ist, diese Festung abzureißen, sodass beides fließen kann: Freude und Leid. Denn beides gehört zum Leben. So wie ich sterben musste, um wiederkehren zu können. Nur durch diese große Trauer ist sie in diese Tiefen gelangt. Und so weiß sie, wie groß unsere Liebe tatsächlich ist!

Sage ihr, ich habe ihr einen wahrlich großen Dienst erwiesen, auch wenn sie ihn jetzt noch nicht als solchen erkennt. Aber es war dennoch mein größtes Geschenk für sie, denn es hat eine große Heilung in Gang gesetzt – ganz tief in ihrer Seele. Dies ist mein Werk und ich wünschte, sie würde es als solches erkennen, denn nie würde ich ihr schaden wollen!"

Ich bemerke an dieser Stelle, dass Jerry die meisten Fragen seiner Renata von sich aus beantwortet hat, und da er bereits durchgegeben hat, dass er wiederkommen werde, knüpfe ich daran an und frage ihn, wann er denn nun vorhabe, wiederzukommen. Er antwortet daraufhin folgendermaßen, nun das Wort direkt an Renata gerichtet:

„Ich habe diese Kommunikation mit Absicht so weit verzögert, da ich mit meiner Botschaft den richtigen Zeitpunkt erwischen musste.

Es ist wichtig, meine liebe Renata, dass du begreifst, wie bedeutend diese Phase für dich – und damit auch für mich – war und immer noch ist! Ich musste den Weg ebnen und du musstest ihn erst einmal betreten, diesen Pfad. Ich habe dich dabei keine Sekunde aus den Augen gelassen. Auch das weißt du sehr wohl, denn du spürst mich an deiner Seite. Das ist keine Einbildung!

Nun bist du ein ganzes Stück weiter auf diesem Pfad gekommen und ich kann jetzt meine neue Erdenreise beginnen. Es dauert gar nicht mehr lange, aber das Frühjahr wirst du noch abwarten müssen, denn nach dieser Botschaft werde ich deine weiteren Heilungsschritte von hier aus besser begleiten können, als ich es in einem physischen Körper tun könnte. Außerdem musst du wirklich bereit sein. Für mich. Für meine neuen Aufgaben. Für eine Renata, die ihren Weg geht und zu ihrem wahren Kern steht. Denn deine Sensibilität, meine liebe Freundin, ist keine Schwäche, sondern eine große Kraft!

Und es ist doch wohl klar, dass für mich kein anderer Körper infrage kommt als der bisherige! Du wirst mich beim Züchter finden. Du wirst mich finden!! Und du wirst überrascht sein, wie leicht es geschehen wird."

Seltsamerweise habe ich das Gefühl, als wollte Jerry unterschwellig sagen, dass der Züchter bereits bekannt sei. Und ebenso merkwürdig ist die Tatsache, dass ich Körperlichkeit spüre, obwohl Jerry davon spricht, erst im Frühjahr zu kommen. Von meinem Empfinden her müsste sich Jerry bereits in einem Körper befinden, nur ist er eben noch nicht geboren.

Wie sich bei der Besprechung der Botschaft herausstellte, hatte Jerry so ganz nebenbei all die Empfindungen, Wahrnehmungen und Ahnungen seiner Menschengefährtin bestätigt. Doch das Beste war, als mir Renata am Schluss eröffnete, dass ihre Schwiegermutter diese Rasse züchte und Ende des Monats einen Wurf erwarte … Jerry hat genau den richtigen Zeitpunkt für diese Kommunikation gewählt, und zwar in jeglichem Sinne.

Er hat es nicht nur geschafft, dass wir seine Geschichte veröffentlichen. Inzwischen ist er wieder wohlbehalten auf der Erde gelandet. Bei Renatas Schwiegermutter. Und darüber hinaus hat er auch dafür gesorgt, dass sich kein Welpenkäufer blicken ließ, bis seine geliebte Freundin ihn erkannte. Renata schrieb mir, dass ihre Schwiegermutter deswegen bereits besorgt gewesen sei. Doch sowie sie ihrem Herzen getraut und sich für ihren Welpen entschieden hatte, meldeten sich plötzlich zahlreiche Interessenten, sodass alle anderen Wurfgeschwister im Nu ihr neues Zuhause fanden.

Sie sehen, mein lieber Leser, wie sehr die Tiere auch nach dem Tod noch mit ihrem Menschengefährten verbunden bleiben können. Und anhand dieser Botschaft erkennen Sie auch, dass die Tiere sehr wohl ein Gefühl für Timing haben und darüber hinaus ganz genau wissen, wie sie uns am besten erreichen können: über unseren Verstand, der Beweise braucht, aber ebenso sehr und insbesondere über unser Herz, damit es sich für das öffnen kann, was das Leben für uns bereithält.

Die Kraft der Wandlung

Dass die Tiere wahrhaft Großes bewirken können, darf ich glücklicherweise immer wieder aufs Neue erleben, daher erfüllt mich diese Arbeit auch so sehr. Selbst wenn der Anlass oftmals ein trauriger ist, so schaffen es die Tiere dennoch, dass wir dem vermeintlich Schlechten etwas Gutes abzugewinnen wissen.

Und wenn wir begriffen haben, dass auch diese Erfahrungen wichtige Meilensteine auf unserem Weg sind, dann können wir sie wesentlich besser annehmen und verarbeiten. Wie sehr die Tiere uns bei diesen Prozessen behilflich sind, zeigt auch die folgende Kommunikation.

Heidi bat mich nach dem Tod ihres Kaninchens Klopfer, mit ihm Kontakt aufzunehmen. Ihre Trauer war immens groß und ich kümmerte mich sogleich um diesen Auftrag.

Klopfer kommt zielstrebig zur Sache, und irgendwie habe ich den Eindruck, als würde er annehmen, er käme zum letzten Mal zu Wort. Er beantwortet die erste Frage, ob er bei Heidi glücklich gewesen sei, ohne dass ich sie explizit stellen muss:

„Zuletzt war ich es nicht mehr, aber zuvor war ich sehr glücklich bei Heidi. Doch als der Abschied nahte, war ich ebenso unglücklich wie meine Heidi jetzt. Ich hätte mir gewünscht, noch eine Weile bei ihr bleiben zu können, doch es wäre ihrer weiteren Entwicklung nicht dienlich gewesen. Und damit sie das versteht, sage ihr Folgendes von mir:

Dass wir (Klopfer und ein paar seiner Artgenossen) von dir fortgegangen sind, hat nichts mit Strafe, Unglück oder Gemeinheit zu
tun. Es hat vielmehr sogar mit unserer großen Liebe und Dankbarkeit zu tun. Denn wenn wir geblieben wären, um weiterhin ein
gutes Leben bei dir zu haben, dann hättest du nicht so sehr den
Drang, tiefer in die Welt der Seele einzutauchen, wie es jetzt der
Fall ist.

Deine Ängste und deine offenen Fragen und selbst deine Gewissensbisse sind der beste Antrieb, um weiterzugehen und nicht in dieser
Starre zu verharren, die dich dann und wann immer mal wieder
einholt und auch packt. Es ist wichtig, dass du in Bewegung bleibst.
Du weißt selbst, dass du dich nicht ausruhen darfst, weil du sonst
nämlich sitzen bleiben würdest.

Aber ich spreche hier nicht von wildem Aktionismus im Außen! Ich
spreche davon, dass du bei dir selbst bleiben sollst. Dass du nicht so
sehr auf andere, sondern auf dich selbst schauen solltest. Und hier
ist der Blick ins Innere gemeint, nicht der Blick auf das äußerlich
Sichtbare! Denn gesehen hast du mit deinen Augen wahrlich genug,
doch nun musst du schauen, was das Gesehene mit dir gemacht hat
und immer noch macht. Das ist wichtig, sonst sammelst du Eindrücke und verwertest sie am Ende nicht im Sinne ihrer wahren
Bedeutung. Wie sonst könntest du nach all dem, was du inzwischen
erfahren hast, noch diese Frage stellen, ob ich weiß, wie sehr du mich
liebst?!

Das ist es, was ich meine: Schau dir an, was die Dinge, die du er-
lebst und erfährst, in dir und mit dir machen – und was sie wohin
bewegen. Das ist wichtig, damit du deine Position erkennst und
entsprechend handeln kannst. Dies ist die Entwicklung, von der ich
spreche. Die darfst du nie aus den Augen verlieren.

Und es ist deine Entwicklung. Deine ureigene, ganz persönliche

Entwicklung. Wie andere über sie denken, spielt keine Rolle. Sie können – und zum Teil sollen – sie diese auch gar nicht verstehen. Sei also achtsam mit deiner Wertung, denn nur Auserwählte tragen die Kraft der Wandlung in sich. Die Erkenntnis kommt zu dem, der sie als Entwicklungsschritt benötigt, nicht umgekehrt!

Ich bin hier bei meiner Familie. Und sie ist größer, als du es dir jetzt vorstellen kannst. Aber ich verrate dir etwas: Es ist auch deine Familie, und sie hält eine große Überraschung für dich bereit ..."

Das war das erste Mal, dass ein Tier so ausdrücklich von seiner Seelenfamilie sprach. Und da ich mit Heidi weiterhin einen guten und regelmäßigen Kontakt habe, werde ich vermutlich miterleben, wie Klopfer nach und nach alle seine „Verwandten" mit nach Hause bringt.

Sie werden bemerken, dass es hier und da gewisse Parallelen gibt, selbst wenn die Botschaften immer sehr individuell sind. Diese Parallelen entstehen natürlich auch dadurch, dass es um ein bestimmtes Kernthema geht. Und Sie werden im weiteren Verlauf des Buches feststellen, dass die Botschaften sehr unterschiedlich ausfallen, wenn es um unterschiedliche Themen geht. Allerdings gibt es einen roten Faden durch alle Botschaften, wie ich jedes Mal aufs Neue feststellen darf: Immer gibt es einen konkreten Bezug zum dazugehörigen Menschen.

Es ist auch bemerkenswert, dass die Tiere nahezu immer deutlich erkennen lassen, wie sehr sie an den Nöten ihres Menschengefährten teilhaben. Und sie zeigen auch, wie sehr sie darum bemüht sind, den Menschen zu helfen. Das tun sie in der Regel auf die Art und Weise, die für ihren Schützling am annehmbarsten ist. Es ist faszinierend, immer wieder festzustellen, dass die Tiere mit ihrer Botschaft wahrhaftig genau den Punkt treffen, an dem angeknüpft werden kann. Es ist, als wüssten sie ganz genau, wo sie anzusetzen haben, damit eine Brücke zu eben diesem Kernpunkt im Menschen geschaffen werden kann.

Tex ebnet den Weg

Die Tiere erfassen uns in unserer Ganzheit, was ihnen unter anderem auch ermöglicht, in Bereiche einzudringen, die für andere weder sichtbar noch erreichbar sind.

Ich habe häufig erleben dürfen, wie Tiere durch ihre Botschaft ihren Menschengefährten in seinem tiefsten Inneren berührt und auch bewegt haben. Vor allem bei Männern ist das regelmäßig der Fall.

Ich muss inzwischen schon immer schmunzeln, wenn mir eine Frau den Auftrag erteilt und dann sagt, dass ihr Mann jedoch nichts davon erfahren dürfe, dass sie mich um eine Kommunikation mit ihrem Tier gebeten habe. Bisher war es dann fast immer so, dass die Botschaft, die übermittelt wurde, ausschließlich an den Mann gerichtet wurde.

Ich sage dann den Frauen immer, dass sie auf ihr Tier vertrauen sollen, denn es weiß besser als jedes andere Wesen, wie die Botschaft formuliert sein muss, damit Herrchen sie annehmen kann. Oftmals dauert es eine Weile, bis die Frauen sich einen mutigen Ruck geben und die Botschaft dem Mann vorlegen. Bisher war es so, dass diese Frauen dann wahre Wunder erlebt haben. Viele riefen mich an und berichteten, sie hätten noch niemals zuvor so tiefgehende Gespräche mit ihrem Partner geführt wie nach dieser Botschaft des Tieres.

Ich kann mir die Freude des jeweiligen Tieres nur allzu gut vorstellen. Oftmals sind die Tiere dann sogar richtig stolz auf ihre Leistung und übermitteln dies auch ziemlich deutlich, wenn ich erneut mit ihnen Kontakt habe.

Meiner Erfahrung nach spielt es daher keine Rolle, ob derjenige, für den die Botschaft bestimmt ist, an die telepathische Kommunikation mit Tieren glaubt oder nicht. Für die Tiere ist einzig und allein wichtig, zu sehen und zu erleben, was ihre Botschaft in dem Menschen bewirkt. Und sie wissen ziemlich genau, welche „Knöpfe" sie dafür drücken müssen. Auch dies ist eine Eigenschaft, die ich an den Tieren überaus schätze und bewundere.

Es ist ja leider typisch Mensch, zu missionieren. Die Menschen versuchen nur allzu gerne und leider auch allzu oft das, woran sie glauben, oder das, wovon sie überzeugt sind, dass es die Wahrheit ist, anderen überzustülpen.

Die Tiere tragen diese Art von Überheblichkeit nicht in sich. Sie vermitteln ihre Botschaft nur durch ihre Liebe und vertrauen darauf, dass sie auf fruchtbaren Boden trifft.

Ich möchte Ihnen anhand einer weiteren Tierkommunikation ein Beispiel dafür geben, wie die Tiere es schaffen, auch den dicksten Panzer zu knacken.

Eine Frau namens Claudia bat mich um eine Kommunikation mit ihren drei Hunden. Ich hatte bereits mit den ersten beiden kommuniziert, als es nun an der Zeit war, mit dem dritten namens Tex Kontakt aufzunehmen.

An dieser Stelle möchte ich betonen, dass die beiden vorherigen Botschaften ausschließlich an Claudia gerichtet waren, sodass mich der Verlauf dieser dritten Kommunikation ein wenig erstaunte. Ich kannte zu dem Zeitpunkt weder Claudias Partner, noch lagen mir irgendwelche Informationen über ihn oder seine Beziehung zu den Hunden vor. Später erst, als der Partner für eine schamanische Sitzung zu mir kam, wurde mir bewusst, warum diese Botschaft so formuliert worden war.

Wie mir der Mann berichtete, glaubte er nicht an die Tierkommunikation, hatte aber auch nichts dagegen, dass seine Frau sich dafür interessierte. Er hatte wohl lediglich darum gebeten, sie möge ihn damit in Ruhe lassen, da er mit diesen Dingen nichts zu tun haben wolle. Auch hier möchte ich die Botschaft in ihrer gesamten Länge veröffentlichen:

Es ist mir sehr schwer gefallen, die Kommunikation mit Tex durchzuführen. Irgendwie ergriff mich bis dahin jedes Mal eine bleierne Schwere und Müdigkeit, wenn ich mit Tex Kontakt aufnehmen wollte. Doch plötzlich begriff ich, dass es immer Tex war, der mir bei jedem Versuch, mich mit ihm zu verbinden, gleich dieses Gefühl übermittelte.

Ich empfinde ihn als recht angeschlagen. Es ist fast so, als würde er an mehreren Baustellen gleichzeitig arbeiten. Er gibt mir sofort einen Hinweis auf die Leber, obwohl ich deutlich wahrnehme, dass es da noch mehr Körperbereiche gibt, auf die er hindeuten müsste. Doch seine Aufmerksamkeit ist auf die Leber gerichtet. Und hier verweist er auf einen Mann, der sehr viel alte und vor allem nicht ausgelebte Wut in sich trägt. Tex sagt, dass der Mann von dieser Wut innerlich regelrecht zerfressen würde. Auch in diesem Zusammenhang spricht Tex von einer bleiernen Schwere und Müdigkeit und sagt, dass er diese seinem Herrchen spiegeln würde.

Mir tut irgendwie alles weh, ohne dass ich es explizit beschreiben könnte. Es ist, als würde es mal da und mal dort zwicken. Als würde da etwas in mir wüten; ich kriege es aber nicht zu packen. Mal bekomme ich den Eindruck von Rheuma, dann wieder ein Kribbeln in den Extremitäten (vor allem in Beinen und Füßen), und dann ist mir wieder einfach nur speiübel. Aber ich kann es trotzdem nicht richtig lokalisieren.

Ich bitte Tex um konkrete Körpergefühle oder zumindest um weitere Informationen, doch er sagt, dass es das sei, worum es ginge, und dass es in direktem Bezug zu seinem Herrchen stehe. Tex sagt dazu weiter:

„Es tut mir in der Seele weh, wie er sich mit altem Ballast herumschleppt, ohne zu bemerken, dass er dabei ist, sein Leben den nicht verarbeiteten alten Geschichten zu widmen und es somit zu vergeuden. Er trägt so viel nicht Gelebtes in sich, dass er es selbst nicht mal mehr erahnen kann, wofür sein Herz mal so leidenschaftlich geschlagen hat." Hier krampft sich mir der Magen zusammen und Tex vermittelt mir den Eindruck, dass wir nun drei seien, deren Magen sich verkrampfe …

Tex fährt weiter fort und sagt: „Er müsste es längst ausgespuckt haben. Doch er lässt es immer nur bis an die Oberfläche kommen, um es dann sofort wieder beiseitezuschaffen. So lösen sich die alten Geschichten aber niemals auf."

Dann richtet er das Wort direkt an sein Herrchen und sagt: „Schau mal, ich bekomme all die Zuneigung, Aufmerksamkeit und vor allem Anerkennung, die du dir bereits dein ganzes Leben lang so sehnlich wünschst. Du siehst, wie gut es mir tut und wozu ich dadurch fähig bin. Die Kraft liegt eben genau darin. Deshalb ist es wichtig, dass du es endlich angehst und somit wieder Kraft schöpfen kannst. Du bist völlig leer gelaufen. Das Schlimme ist, dass du nichts mehr auf dich gibst! Im Grunde genommen hast du dich auf-

gegeben. Doch so geht das nicht! Wenn du dich auf das besinnst, was dir wichtig ist und was du brauchst, um wieder im Herzen leicht und beschwingt zu sein, dann wirst du all diese Altlasten auflösen können. Dich selbst aufzugeben, ist jedenfalls keine Alternative."

Tex will die von Claudia gestellten Fragen nicht beantworten. Er weist auf das eben Gesagte hin und ich bekomme den Eindruck, dass er richtiggehend wütend ist. Er ist auch traurig darüber, dass die Wechselbeziehung zwischen ihm und seinem Menschenfreund nicht erkannt wird. Tex sagt, er stelle sich zur Verfügung, doch er werde nicht beachtet. Und durch die Selbstaufgabe seines Herrchens werde er auch an der Erfüllung seiner Aufgaben gehindert.
Auch zum Training möchte er sich nicht äußern, eben aus dem Grunde, dass es nur Ablenkung sei. Das Thema habe er eben genannt und erläutert.

Ein halbes Jahr später kam eben dieser Mann zu mir für eine schamanische Sitzung. Es ging ihm offenbar inzwischen mehr als nur schlecht, und trotz aller Skepsis meiner Arbeit gegenüber war er der Überzeugung, dass es das Einzige sei, das ihn aus seiner Situation befreien könne. In seinen Augen hatte Tex mit seiner Botschaft genau das bewirken wollen.

Es war eine sehr beeindruckende Sitzung. Und wie mir im Nachhinein berichtet wurde, ist dieser Mann dadurch eine zentnerschwere Last losgeworden und kann sich nun endlich langsam selbst entfalten. Auch hier gilt die größte Achtung und Dankbarkeit definitiv Tex. Ohne seine Botschaft hätte dieser Mann niemals eine Chance für seine eigene Heilung gesehen. Das hat nichts mit mir persönlich zu tun, denn ich weiß nur zu gut, dass Heilung dort beginnt, wo der Mensch sie sich selbst zugesteht und diese im Herzen auch wünscht.

Amira und ihre Pläne

Wie sich Tiere ganz selbstlos als Katalysator oder als Spiegel zur Verfügung stellen, zeigt auch folgende Kommunikation mit einer Hündin.

Ich hatte bereits im Vorjahr mit Amira kommuniziert. Damals rief mich Inge aufgrund des schlechten Gesundheitszustandes ihrer Hündin an und bat um eine möglichst kurzfristige Kommunikation. Sie sagte, Amira verweigere jegliches Futter, sei daher auch in kürzester Zeit ziemlich abgemagert, doch man habe bei den jeweiligen Untersuchungen nichts feststellen können. Dennoch zeige Amira deutliche Krankheitssymptome; so falle ihr teilweise bereits das Fell aus.

Ich hatte den Eindruck, dass man hier nicht mehr abwarten könne, und begab mich sofort in die Kommunikation. Damals gab Amira Hinweise auf ihre linke Niere und dass genau dort das Problem liege. Sie übermittelte damals schon so einige Anspielungen und auch Parallelen zu Inge, doch diese war zunächst einmal – verständlicherweise – „nur" auf die Heilung ihrer Hündin bedacht. Dennoch wurde Inge bewusst, dass Amira sie zu sehr spiegele, als dass sie ihre Aufmerksamkeit lediglich auf ihre Hündin richten könne.

Ich riet Inge bei der Besprechung der Kommunikation, sofort eine Tierklinik aufzusuchen und die Hündin mittels Ultraschall untersuchen zu lassen; insbesondere die linke Niere. Wie mir Inge später mitteilte, wurde man in der Tierklinik sogleich fündig. Amira bekam eine entsprechende Medikation und nach wenigen Tagen war sie dann auch deutlich auf dem Weg der Besserung. Nicht nur Inge war glücklich über diesen Erfolg, sondern ich ebenfalls, denn Amira hatte meinem Empfinden nach schon mit einem Bein im Jenseits gestanden.

Ein Dreivierteljahr später bat mich Inge erneut um eine Kommunikation mit ihrer Amira, da ein Gesundheits-Check in der Tierklinik anstehe und sie gerne wüsste, ob es Bereiche gäbe, auf die Amira besondere Aufmerksamkeit richte, und auf die dann während der Untersuchung entsprechend eingegangen werden könne. Ihrem Auftrag zufolge klang es nicht so, als ginge es Amira schlecht. Vielmehr hörte es sich für mich wie eine Routinemaßnahme an. Deshalb überraschte mich Amiras Botschaft doch sehr:

Sie richtet gleich zu Beginn ihre Aufmerksamkeit auf den Magen, dennoch übermittelt sie eher das Gefühl, dass mit der Galle etwas nicht stimme. Der Druck im Magenbereich ist aber sehr deutlich wahrnehmbar. Amira fühlt sich zum Zeitpunkt der Kommunikation nicht wirklich gut. Sie scheint sehr deutlich zu spüren, dass ihr etwas ihre Energie raubt. Sie übermittelt auch ein Gefühl von Belastung im Organismus, so, als sei die Durchführung einer Entgiftungskur unbedingt erforderlich. Sie gibt mehrere Hinweise auf das Bioresonanzverfahren und es entsteht der Eindruck, als würde ihr diese Therapieform bei ihrem Problem helfen können.
Der Magendruck steigert sich während der Kommunikation zu regelrechten Krämpfen. Sie verweist an dieser Stelle auf das Futter, doch meint sie das nicht generell. Offensichtlich ist das Futter grundsätzlich okay für sie. Dennoch spüre ich im Organismus eine Art Ablehnung bzw. Widerstand. Ich empfehle daher, das Futter

vorsichtshalber mal austesten zu lassen, denn es braucht darin nur ein Bestandteil zu sein, den der Organismus ablehnt, um eine Art Entkräftung hervorzurufen.

Amiras Hinweis auf das Futter bezieht sich jedoch auch noch auf etwas anderes. Sie vermittelt das Gefühl, als habe sie etwas Verdorbenes aufgenommen. Zumindest ist ihr etwas auf den Magen geschlagen; entweder am Vortag oder am Morgen der Kommunikation. Da Amira aber durchgibt, dass sie sich bereits während der vergangenen Nacht unwohl gefühlt habe, würde ich vermuten, dass ihr am Vortag etwas den Magen verdorben haben muss.

Trotz dieser Magensache richtet sie meine Aufmerksamkeit auf ihre linke Seite und dort auf den Nierenbereich. Es fühlt sich nicht schlimm an, dennoch ist da noch etwas.

Mir kommt in den Sinn, dass man auch dieses Problem vielleicht im Rahmen der Bioresonanztherapie ausleiten könnte, denn an dieser Stelle verweist sie erneut auf die Entgiftung. Gleichzeitig rümpft Amira hier die Nase und übermittelt chemischen Geruch, so als wolle sie sagen, dass sie aber eine chemische Vorgehensweise ablehne. Ich könnte mir gut vorstellen, dass sie weiß, was ihrem Organismus hilft und was ihn zusätzlich belasten würde. Bei all dem gibt sie unaufhörlich Hinweise auf Inge und sagt hierzu:

„Auch Inge sollte langsam anfangen auszumisten! Wenn sie sich nicht bald ans Aufräumen begibt, wird sie am Ende von dem ganzen Seelenmüll noch begraben. Sie spürt längst, dass gewisse Dinge und Wesen um sie herum – auch sogenannte Freunde – pures Gift für sie sind. Dennoch bleibt sie dabei. Sage ihr, dass das nicht nur eine extreme Belastung für ihre Seele ist, sondern ebenso für den Körper. Sie mutet sich viel zu viel zu und bemerkt nicht, dass sie wieder mal über ihre eigenen Stoppschilder rennt. Sie darf sich nicht so überladen. Niemand wird es ihr danken! Oder für sie da sein, wenn es nicht mehr geht und sie unter dieser Last zusammenbricht. Das ist zwar traurig, aber ich sage ihr, dass es genau so ist. Sie sollte daher aufhören zu glauben, dass es anders ist. Dann erspart sie sich eine gehörige Portion Enttäuschung.

Inge sollte sich an die Wesen halten, die um sie herum sind und wahrhaftige Zuneigung und Dankbarkeit zeigen. Es gibt nur wenige, die ihr großes Herz zu schätzen wissen. Die anderen sehen zwar dieses große Herz, doch sehen sie dabei auch nur den Profit, den sie selbst daraus schlagen können. Mit anderen Worten: Inges Gutmütigkeit wird allzu gerne ausgenutzt. Das tut weh, und am Ende bleiben da nur noch Frust und sehr viel Traurigkeit. Es ist ihre Trauer, die sie innerlich auffrisst. Zudem kommt auch noch erschwerend hinzu, dass sie vieles hinunterschluckt, was gesagt werden müsste ..." An dieser Stelle gibt sie einen deutlichen Hinweis auf Nieren und Galle.

Auf die Frage, ob der bevorstehende Gesundheits-Check in der Klinik in ihrem Sinne sei, antwortet Amira folgendermaßen:

„Nur, weil sie es für sich selbst braucht. Ich weiß, dass es ihr weder Ruhe noch Zufriedenheit bringen wird, denn ihre Zweifel und Ängste werden dadurch nicht verschwinden. Doch ich tue es für sie. Nur für sie! Ich möchte diesen Weg für mich nicht. Und er beunruhigt sie nur zusätzlich. Es bleibt immer etwas offen, und genau das ist der Giftstachel, der in Inge auf subtile Art und Weise großen Schaden anrichtet. Für Inge und ihre Zukunft ist es wichtig, mit mir zusammen andere Wege einzuschlagen. Solche, die uns beiden helfen – auf vielfältige Art und Weise. Es wird nun Zeit für sie, sich anderen Möglichkeiten zu öffnen."

Bei der Übermittlung der Botschaft bat ich Inge, diese Anspielungen auf Galle und Nieren sehr, sehr ernst zu nehmen. Denn bei der engen Verbindung, die sie mit Amira habe, könne es sehr gut möglich sein, dass ihre Hündin sich als Spiegel zur Verfügung stelle. Dies sollte nun nicht dazu dienen, ihr ein schlechtes Gewissen zu bereiten. Vielmehr solle sie nicht aus den Augen verlieren, dass es keinen dauerhaften Erfolg bringen könne, nur an Amiras Heilung zu arbeiten. Der Schlüssel zum Erfolg liege an der gemeinsamen Arbeit. Sie antwortete, dass ihr dies schon länger bewusst sei, und dass nun für sie der Zeitpunkt gekommen sei, es auch entsprechend umzusetzen.

Ich teilte ihr ebenfalls mit, dass ich sowohl aufgrund vieler Tierbotschaften als auch aus meiner schamanischen Arbeit mit Menschen heraus wisse, dass sich das Hinunterschlucken von Dingen, die eigentlich gesagt werden müssten, oftmals körperlich in der Galle manifestiere. Und in den Nieren säßen häufig die nicht geweinten Tränen. Der Körper sei nun mal der Tempel unserer Seele, und diese würde sich genau darüber versuchen auszudrücken. Das Problem sei, dass wir ihre Sprache verlernt hätten. Von daher sei es gut, so einen weisen Dolmetscher wie ein Tier an unserer Seite zu haben. Nur das Hinschauen müssten wir noch üben.

Bezüglich des Bioresonanzverfahrens, das mir übrigens zu dem Zeitpunkt noch völlig fremd war, teilte Inge mit, dass sie bereits mehrfach damit in Berührung gekommen sei, sich jedoch nie um weiter reichende Informationen bemüht habe. Und das, obwohl es sie doch sehr interessieren würde. Sie wolle sich nun auch daran begeben, denn was Amira helfen würde, könne auch ihr selbst nicht schaden.

Ich habe mich sehr über dieses Vorhaben gefreut, denn mein Eindruck bei der Kommunikation war, dass Amira noch etwas anderes im Schilde führte: Es fühlte sich so an, als wolle sie Inge nicht nur zwecks Heilung, sondern auch zwecks beruflicher Umorientierung in diese Richtung drängen. Umso glücklicher war ich, als Inge mitteilte, sie wolle sich dem Studium der Tiermedizin zuwenden.

Ich erlebe es sehr häufig bei den Besprechungen, dass Tiere in ihren Botschaften von Dingen oder Gedanken sprechen, die der Menschengefährte bis dahin mit niemandem geteilt hatte. Es berührt die Menschen deshalb umso mehr, weil es dann keine Zweifel an der Richtigkeit der Botschaft mehr zulässt. So können die Menschen den Inhalt der Botschaft ihres Tieres wesentlich besser annehmen und sind dadurch motivierter, sie umzusetzen. Nachfolgende Botschaft zeigt, wie sehr das liebende Tier Hinweise auf unbewusste oder auch verdrängte Prozesse geben kann.

Ein besonderes Weihnachtsgeschenk

Es war der 25. Dezember, als sich der verstorbene Hund Aslak derartig aufdrängte, dass mir gar nichts anderes übrig blieb, als mit ihm die Kommunikation durchzuführen. Eigentlich war Aslak laut Warteliste noch gar nicht an der Reihe, doch er drängte so sehr, als sei es ihm außerordentlich wichtig, seinem Frauchen seine Botschaft so schnell wie möglich zu übermitteln. Daher habe ich ihn vorgezogen bzw. vorziehen müssen.

Aslak nähert sich mir mit Tränen, mit viel Traurigkeit. Doch nicht etwa, weil er gegangen ist, sondern weil ihn der Schmerz, den sein Gehen in Tina, seiner Menschenfreundin, ausgelöst hat, wirklich sehr, sehr traurig macht. Er wollte niemals der Grund ihrer Traurigkeit sein. Er sagt, er wisse, was es für sie bedeutet habe, diesen Schritt (das Einschläfern) tun zu müssen, und er sei ihr daher umso dankbarer dafür.

Aslak richtet meine Aufmerksamkeit immer wieder auf den Bauchraum, hier insbesondere auf die inneren Organe. Da er nun kein Körpergefühl mehr übermitteln kann, versucht er, davon zu berichten. Er beschreibt ein Gefühl des Zerfressenwerdens, so als habe eine Art innerliche Zersetzung stattgefunden. Aslak sagt, er wäre jämmerlich zugrunde gegangen, wenn Tina nicht den Mut aufgebracht hätte, ihm dabei behilflich zu sein, seinen alten und verbrauchten Körper abzulegen. Er übermittelt immer wieder das Gefühl, dass sie die Einzige gewesen sei, auf die er gewartet habe und auf die er zählen konnte. An dieser Stelle richtet Aslak das Wort direkt an sein Frauchen und sagt:

„Tina, es war richtig – und das weißt du auch! Die Erkenntnis, dass es nun keinen Aufschub mehr gibt, kam so, dass es keinen Zweifel mehr daran hätte geben dürfen, dass es mein Wille, mein ausdrücklicher Wunsch war.

Es ist in deinen Augen nicht friedlich, wenn man durch eine erlösende Spritze einschlafen und gehen darf. Doch viel schlimmer wäre es für dich gewesen, mich elendig krepieren zu sehen. Das hätten wir beide niemals verkraften können! Und es wäre ein Schlag ins Gesicht für die Tiefe unserer einzigartigen Verbindung gewesen … Und die Frage, ob ich mich bei dir wohlgefühlt habe, möchte ich nicht mehr beantworten, denn durch mein langes Leben ist sie bereits mehr als nur beantwortet!

Du stellst Fragen, deren Antworten du im Herzen längst kennst! Dennoch stellst du sie. Und da sind wir dann beim entscheidenden Thema: Auf unsere Verbindung war schon immer Verlass! Doch wo sind die Beweise dafür?! Die Beweise, meine liebe Tina, trägst du als tiefe Liebe in deinem Herzen, nicht wahr? Und so ist es mit allem. Suche nicht mehr nach Beweisen für Dinge, die du mit dem Herzen siehst und somit auch definitiv weißt. Dies ist eine Weisheit, die du in keinem Schulbuch finden wirst; sie kann also auf diesem Weg nicht erlernt werden. Blicke zurück auf gemeinsame Erfahrungen und einer langsam, aber stetig gewachsenen Zuneigung. Diese trägst du im Herzen, und darauf kannst du bauen, auch wenn sie nicht messbar ist. Dennoch kannst du dich darauf ganz und gar verlassen!

Sieh mich an, ich wusste und weiß immer, dass ich mich auf dich verlassen kann. Da kann mir nichts und niemand etwas anderes weismachen. Und weißt du, warum? Weil ich es als Gewissheit in meinem Herzen trage. Das ist für mich der größte Beweis schlechthin und von daher in keiner Art und Weise anzuzweifeln. Ich habe immer versucht, dir deine Unsicherheiten zu nehmen und dir den Rücken zu stärken.

Ich wollte und will dich ermutigen, endlich auf dein Herz zu vertrauen und ihm zu folgen. Das hast du doch bei mir immer so bewundert, dass ich unbeirrbar mein Ding mache! Und dies ist auch meine Botschaft an dich: Lasse dich nicht beirren auf deinem Weg, sondern lausche deinem Herzen; es wird dich niemals in die Irre führen! Dies versuchen lediglich andere ..."

Aslak macht während der gesamten Kommunikation immer wieder Andeutungen auf Unsicherheiten und Ängste und auch Zweifel, die Tina wohl unsagbar auf ihrem Weg behindern. Es ist fast so, als wolle er auf gewisse (alte) Glaubensmuster in ihr hinweisen, die sie denken lassen, dass ihr eh niemand glaubt, sodass sie selbst auch an sich und ihrer Wahrnehmung zweifelt. Aslak ist der Meinung, Tina würde viel mehr vollbringen können, wenn sie diesen Glaubenssatz loswürde. Er übermittelt auch das deutliche Gefühl, zu ihr zurückkehren zu wollen, um ihr weiterhin in dieser Hinsicht ein Vorbild sein zu können. Nach dem, was er alles über sich berichtet, muss er ein echter Wahrheitsindikator sein, an dem Tina ablesen kann, ob sie sich auf dem richtigen Weg befindet oder nicht.

Ich bin in diesen Dingen überaus vorsichtig, doch Aslak äußert den Wunsch, wiederkommen zu wollen, so stark, dass mir nichts anderes übrig bleibt, als es niederzuschreiben, damit er Ruhe gibt. Und obendrein lässt er mich auch noch wissen, dass diese Rückkehr nicht so lange auf sich warten lassen wird. So wie ich ihn empfinde, vom

*wahren Wesen her, wird er sich auch ungefragt seinen Weg zu ihr
bahnen.*

Tina hatte mir zwar diesen Auftrag erteilt, doch hatte sie, wie
sie mir beim Besprechen der Botschaft mitteilte, schreckliche
Angst vor dem Ergebnis der Kommunikation, da sie große
Zweifel an der Richtigkeit ihres Handelns hatte. Es war für sie
das schönste Weihnachtsgeschenk, dass Aslak ihr durch seine
Botschaft diese zermürbenden Zweifel genommen hatte. Und
darüber hinaus bestätigte er auch ihr Gefühl, dass er nicht weg-
bleiben würde.

Zwei Monate später bat sie mich erneut um eine Kommunikation mit Aslak, denn ihr war ein Beagle-Welpe begegnet, der
auf sehr vertraute Art und Weise auf sie zugekommen sei. Diese Begegnung habe sie verwirrt und nun frage sie sich, ob nicht
Aslak in der kleinen Emma sei.

*Aslak erwartet mich bereits. Er ist jedoch nicht im Raum spürbar,
so wie es bei einer Kommunikation mit einem verstorbenen Tier
charakteristisch wäre. Ich nehme bei Aslak auch ein Gefühl von
Körperlichkeit wahr, doch es fühlt sich irgendwie noch nicht vollendet an. Ich frage mich sogleich, ob er vielleicht noch auf dem Weg ist.
Er geht auf meine Verwirrung nicht ein, sondern übermittelt ungefragt, er sei nicht Emma, der Beagle-Welpe. Hier an dieser Stelle ist
auch eine Art Abneigung zu spüren. Nicht gegen Emma oder gegen
Tinas Gedanken, er könne es sein, sondern seltsamerweise hinsichtlich des Geschlechts. Es ist fast so, als würde er sagen, er wolle nicht
als Hündin auf die Welt kommen. Es scheint ihm außerordentlich
wichtig zu sein, als Rüde wiedergeboren zu werden. Ebenso seltsam*

ist das Gefühl, das er hinsichtlich der Größe durchgibt, so als wolle er sagen, in einem kleinen Hundekörper zurückzukommen, käme für ihn nicht infrage. Und das, obwohl er mich ganz deutlich spüren lässt, dass er immer dabei sein möchte. Eigentlich würde es dann ja Sinn machen, in einem „handlichen" Hundekörper zu kommen, doch das lehnt er offensichtlich ab, so als würde es einfach nicht zu ihm passen. Er zeigt mir an dieser Stelle einen recht großen Hund, der vom Fell her sehr hell ist. Die Verwirrung hat hier noch kein Ende, denn er sagt, Tina habe bereits einen Namen für ihn.

Aslak möchte, dass Tina auf das Gefühl wartet, das er in ihr ausgelöst hat. Sprich das Gefühl, das sie im Zusammensein mit ihm – und zwar nur mit ihm – hatte. Er sagt hierzu Folgendes:

„Liebe Tina, unsere Verbindung ist so einzigartig, dass sie keinesfalls mit einer anderen verwechselt werden könnte! Meine Zuneigung dir gegenüber ist keine gewöhnliche. Sie unterscheidet sich enorm von der Zuneigung, die du von anderen Wesen bekommst, ob Tier oder Mensch. Und verwechsle nicht Aufmerksamkeit mit Zuneigung, denn es gibt hier einen großen Unterschied.
Mich jedenfalls wirst du blind, das heißt mit dem Herzen, wiedererkennen! Dann wird es keinen Zweifel daran geben, dass ich es bin und kein anderer. Wenn du auf genau dieses Gefühl achtest, kannst du nichts falsch machen. Sei geduldig und vertraue mir!"

Tina musste herzlich lachen, als sie bei der Besprechung seiner Botschaft hörte, er könne sich ein Leben als Hündin, und dann auch noch in einem kleinen Körper, nicht vorstellen. Es würde absolut zu ihm passen, denn er sei immer durch und durch ein Rüde gewesen und habe sich auch immer dementsprechend präsentiert. Kleine Hunde habe er gar nicht beachtet. Auch das mit dem Namen stimme.

Sie war nun froh, dass sie nachgefragt und Emma nicht einfach zu sich genommen habe. Und wenn sie ehrlich sei, so habe sie es im Grunde ihres Herzens bereits gewusst, doch sie hatte Zweifel an ihren Gefühlen. Ihre Angst, es könne doch Aslak sein und sie würde es nicht bemerken, überwog in diesem Fall. Ich sagte ihr, dass sie darauf vertrauen könne, dass Aslak nicht zulassen würde, dass sie sich verpassen.

Vielleicht fragt sich der ein oder andere Leser an dieser Stelle, warum ich diesen Auftrag überhaupt angenommen habe, da der kleine Beagle-Welpe bereits ein wenig älter war und ich die Körperlichkeit sicherlich bei der vorherigen Kommunikation gespürt hätte, wenn Aslak tatsächlich schon wieder inkarniert gewesen wäre. Die Wahrheit ist, dass ich in der Tat schon die „unmöglichsten" Dinge mit Tierseelen erlebt habe und kaum noch wage zu behaupten, dieses oder jenes sei einfach nicht möglich. Und da ich gelernt habe, darauf zu vertrauen, dass der Menschengefährte nicht ohne Grund gewisse Empfindungen hat, nehme ich diese dann auch entsprechend ernst.

Unabhängig davon ist es zudem auch so, dass die Seele den Zeitpunkt frei wählt, zu dem sie in ihren neuen Körper tritt. Das heißt, sie kann unmittelbar nach der Zeugung in den Körper schlüpfen oder irgendwann während der Trächtigkeit oder erst kurz vor der Geburt. Es gibt noch eine weitere „unglaubliche" Variante, auf die ich später noch ausführlicher eingehen werde. Warum die Seele mal den einen oder anderen Zeitpunkt wählt, scheint von Fall zu Fall unterschiedlich zu sein. Ich habe schon erlebt, dass es einer Seele wichtig war, die Energie der Tiermutter über die Schwangerschaft intensiv zu spüren, und sie daher entschieden hat, schon während der gesamten Trächtigkeit im Körper zu sein. Andere berichten davon, dass sie ihre auserwählte Mama lieber noch von außen begleiten und beschützen wollen. Wieder andere hingegen sprechen davon, dass sie die Zeit anderweitig nutzen wollen und während der Trächtigkeit ihrer auserwählten Mami den Menschengefährten aus der geistigen Welt unterstützen und begleiten möchten.

Dann gibt es eine für mich immer noch kaum fassbare Möglichkeit: Der neue Körper existiert bereits und die Seelenenergie teilt sich auf; ein Teil davon befindet sich noch im alten Körper, während ein anderer Teil bereits den neuen Körper beseelt.

Lange war ich der Annahme, dass so etwas nicht sein kann, doch ich habe es nun schon einige Male erfahren dürfen, sodass es für mich keine Zweifel mehr daran gibt. Wir sprechen hier allerdings von einem beschränkten Zeitrahmen von einigen Wochen. Trotzdem ist es erstaunlich. Es heißt dazu von den Tieren, sie würden nicht mit ihrer ganzen Seelenenergie inkarnieren, sodass ein Teil der Seelenessenz, die in der geistigen Welt verblieben ist, in den neuen Körper schlüpft. Stirbt der alte Körper, schlüpft diese Seele in den neuen Körper, sodass sie dort dann auch komplett ist.

In den Fällen, in denen ich es bisher erlebt habe, war es allerdings immer so, dass man den schleichenden Rückzug aus dem alten Körper bemerkte und gleichzeitig beobachten konnte, wie sich der neue Körper parallel dazu gleichermaßen in die andere Richtung, also gesund entwickelte.

Ich habe dies bei zwei Kitten erlebt, die gewisse Anlaufschwierigkeiten nach der Geburt hatten. Doch sobald sich die Seele aus dem alten Körper ganz entfernt hatte und den neuen Körper „beseelte", entwickelten sie sich urplötzlich – sozusagen wie aus dem Nichts – hervorragend.

Genauso kommt es auch vor, dass ein Plan nicht aufgeht, und die Tiere dann beschließen, auf Plan B zurückzugreifen. So kann es durchaus sein, dass ein frisch geborener Körper einfach aufhört zu leben.

Stellen Sie sich mal vor, Ihr Hund möchte seinen alten, vielleicht sogar kranken Körper verlassen, will aber sogleich zu Ihnen zurückkehren. Da kann es sein, dass er seine Rückkehr schon vorbereitet, alles soweit eingefädelt hat, damit sein Plan auch funktioniert, aber im Sterbeprozess entschließen Sie sich dazu, danach erst einmal keinen Hund bei sich aufzunehmen. Ihr Hund könnte an seinem Plan festhalten und darauf vertrauen, dass er Ihnen irgendwann einmal begegnet und Sie dann nicht mehr Nein sagen könnten, weil Sie eine für Sie unerklärliche Verbindung zu diesem Wesen verspüren. Oder aber Ihr Hund greift zu Plan B und beschließt, Sie erst einmal aus der geistigen Welt mit entsprechenden zielgerichteten Impulsen zu begleiten, sodass er zu einem späteren Zeitpunkt – wenn Sie innerlich bereit sind – einen neuen Körper wählt. Dann würde er den bereits gewählten Körper nicht mehr benötigen. Sollte Ihr Hund sich erst kurz vor der Geburt zu Plan B entschließen, könnte das Tierbaby schon tot auf die Welt kommen. Sollte er die Entscheidung etwas später treffen, dann stirbt der Welpe. Einfach so. Und oftmals ohne ersichtlichen Grund. Das ist dann zwar traurig für den Züchter, doch es würde für den Betroffenen wenigstens Sinn machen, wenn er um den wahren Grund wüsste.

Ich glaube, wenn sich mehr Menschen damit auseinandersetzen würden, dass dies zumindest eine mögliche Erklärung sein könnte, dann kämen sie eventuell auch besser mit solchen Situationen zurecht. Denn viele fragen sich, ob sie etwas falsch gemacht haben und ob sie es schuld sind, dass das Tierbaby verstorben ist.

Es ist nicht ganz dasselbe, jedoch möchte ich kurz darauf hinweisen, dass ich Ähnliches bei meiner schamanischen Arbeit mit Frauen erlebe, die eine Fehlgeburt oder sogar eine Totgeburt erfahren mussten. Wie oft und vor allem wie lange quälen sich viele Frauen herum, weil sie keine Antwort auf ihre Frage nach dem Warum erhalten? Ich erfahre bei der schamanischen Arbeit immer wieder, dass die Seelen der Kinder sagen, dass sie gar nicht auf die Welt kommen wollten. Natürlich gibt es auch die, die während der schamanischen Sitzung kommen und verkünden, dass sie sich erneut auf den Weg zu ihren auserwählten Eltern machen. Doch oft genug erscheinen auch solche Seelen, die erklären, dass sie zuvor Inkarnationen hatten, in denen sie sich nie willkommen gefühlt haben. Die kurze, aber intensive Erfahrung in einer Frau, die sich über die Schwangerschaft gefreut hat, habe ihnen geholfen, dieses alte Trauma auszuheilen. Diese Seelen wollen dann einfach mal „reinschnuppern" und fühlen, wie es ist, wenn man erwünscht ist. Oftmals haben sie aber noch nicht den Mut, wieder ein ganzes irdisches Leben zu erfahren.

Was auch immer der Grund ist, warum sich die Seele des Kindes wieder verabschiedet hat, den Frauen hilft es, die wahren Motive für den Verlust ihres Babys zu erfahren. Wenn dies geschieht, so vollzieht sich in ihrem Inneren etwas sehr Bemerkenswertes: Es fühlt sich auf einmal stimmig für sie an. Genau da kann dann auch endlich Heilung beginnen.

Nun aber Vorsicht, denn dies ist lediglich ein Beispiel. Sie haben in diesem Buch schon eine kleine Brise der Mannigfaltigkeit des Lebens zu spüren bekommen. Es heißt also nicht, dass wir bei jeder Fehlgeburt oder Totgeburt vermuten können oder gar dürfen, dass eine solche Thematik dahintersteckt. Und der eine oder andere von Ihnen wird jetzt auch sicherlich sagen, wie gemein das von einer Seele ist, so etwas zu tun, denn eine Mutter, die ihr Baby verliert, leidet ja sehr unter diesem Umstand. Nun ist es aber so, dass es keine Zufälle gibt und dieses Leben auf geniale Art und Weise strukturiert ist. Daher wählt eine Seele mit einer bestimmten Thematik – wir können es auch gerne Lernaufgabe nennen – einen „Mitspieler", also eine Seele, für die es wichtig ist, den anderen Aspekt dieser Erfahrung zu erleben. Um bei dem vorgenannten Beispiel zu bleiben, kann es durchaus sein, dass die Seele, die in vorherigen Inkarnationen traumatische Eindrücke während der Schwangerschaft zu verzeichnen hatte, nun eine Seele als Mutter wählt, die sich zwar sehnlichst ein Kind wünscht, jedoch – aus welchen Gründen auch immer – erfahren möchte, wie es ist, ein Baby zu verlieren. Beide Seelen treffen sich, um die für sie wichtige irdische Erfahrung zu machen. Dies sind die Verabredungen, die wir vor dem Inkarnieren treffen, an die wir uns aber leider selten erinnern. Dennoch wird die Verabredung von beiden Seiten eingehalten – und zwar ganz im Sinne des ursprünglichen Plans.

Letztendlich ist es so, dass uns diese Dinge nicht widerfahren, weil uns jemand ärgern möchte, sondern wir erleben sie, um daran zu wachsen. Das heißt, wer sich bei solchen Erlebnissen wirklich mit der Thematik auseinandersetzt und sie auf heilsame Weise versucht zu verarbeiten und auf einer anderen Ebene zu verstehen, der wird am Ende auch den Sinn und Zweck seiner leidvollen Erfahrung begreifen und damit Frieden schließen können. Im Falle unseres Beispiels, der Mutter, die ihr Baby verloren hat, ist das ein schwacher Trost angesichts des Verlusts, denn es mindert ja nicht die Trauer, doch es hilft ihr sicherlich, besser damit zurechtzukommen.

So helfen uns die Tiere auch und insbesondere aus eben diesem Grunde dabei, das Leben zu verstehen und zu meistern. Ich bin überzeugt davon, dass wir es insgesamt leichter hätten, wenn wir wirklich begreifen würden, was das Leben in seiner wahren Essenz ausmacht. Wir würden uns weniger in Ablenkungen verlieren. Und es würde die Hürden des Lebens sicherlich etwas erträglicher machen.

Wenn ich bedenke, wie oft es mir und meinen Klienten so ergeht, dass wir die Gegebenheiten besser annehmen können, weil wir Erklärungen dazu erhalten, dann fühle ich mich vom Leben reich beschenkt. Denn die Aussicht darauf, in Ahnungslosigkeit und Ungewissheit den Unwägbarkeiten des Lebens ausgeliefert zu sein, ohne einen Hauch von Sinnhaftigkeit erkennen zu können, wäre für mich persönlich nicht auszuhalten. Ich suche ebenso wie meine Klienten nach den Ursachen, nach Erklärungen und natürlich auch nach Sinnhaftigkeit. Dabei sind uns die Tiere sehr weise und geduldige Lehrer, die nicht müde werden, an uns zu glauben und uns weiterhin zu motivieren, egal wie niedergeschlagen wir mitunter sind. Sie geben uns nicht auf. Mir hilft es ungemein, wenn ich mal wieder nicht weiß, warum ich mir all das, was das Leben mir bietet, freiwillig angetan habe – und das ist auch gut so, denn wenn alles in meinem Leben einwandfrei laufen würde und ich keine nennenswerten Baustellen zu bewältigen hätte, wie sollte dann in mir Verständnis für die Empfindungen meiner Klienten entstehen? Ich lache, weine, freue mich und trauere mit meinen Klienten. Das ist gut und heilsam für alle Beteiligten, denn in jeder Begegnung findet ein Geben und Nehmen statt. Ich lerne in jedweder Begegnung etwas hinzu und ich habe begriffen, dass mir nichts im Außen begegnet, das nicht in direktem Bezug zu mir selbst steht. Das eröffnet neue Sichtweisen und liefert Aspekte, die einem sonst verborgen bleiben würden.

Die Tiere waren und sind an diesem Lernprozess maßgeblich beteiligt und ich stehe tief in ihrer Schuld, was das angeht. Daher freue ich mich, dass ich ihre Botschaften – für mich oftmals voller Lebensweisheiten – hier weitergeben darf, sodass der eine oder andere von Ihnen sich daran erfreuen kann und vielleicht auch bereichert fühlt, so wie sie nach und nach meine Seele bereichert haben.

Darius ist noch nicht soweit

Viele Menschen fragen sich, was sich eigentlich so im Kopf ihres Tieres abspielen mag. Und ich kenne ebenso viele, die sich fragen, ob ihr Tier sie versteht, wenn sie mit ihrem Liebling sprechen. Die folgende Kommunikation bringt da ein wenig Licht ins Dunkel.

Eine Frau namens Charlotte bat mich, mit ihrem Hund Darius Kontakt aufzunehmen. Es ging in erster Linie darum, ob Darius bleiben oder gehen möchte. Sie sprach davon, dass er sehr krank sei und nun wolle sie von ihm erfahren, ob er sich etwas wünsche.

Körperliche Erschöpfung ist das Erste, was ich bei Darius wahrnehme. Es ist auch eine gewisse Art von Geräuschempfindlichkeit zu spüren. Darius scheint häufiger unter Kopfschmerzen zu leiden. Zum Zeitpunkt der Kommunikation hat er zwar keine Kopfschmerzen, doch er berichtet davon, daher scheint dies nicht ganz unwichtig zu sein. Wenn er davon berichtet, übermittelt er ein Gefühl von latenter Unterzuckerung. Eine weitere Andeutung bezieht sich auf sporadisch auftretende Koliken im Bauch.
Zunächst lenkt er zwar meine Aufmerksamkeit auf den Unterbauch, doch dann erstreckt sich dieser Fokus auf den gesamten Bauchraum. Vom Körpergefühl her müsste er eigentlich zu Durchfällen neigen. Linksseitig empfinde ich die Beschwerden stärker als rechts. Im Verlaufe der Kommunikation verweist Darius auf sein gesamtes Verdauungssystem, so, als sei dies schon immer eine Schwachstelle in seinem Organismus gewesen. An diesem Punkt

macht er deutliche Anspielungen auf Charlotte und sagt, dass auch sie im Verdauungssystem ihre Probleme hat, da es ihr offenbar schwerfällt, Seelenkost (so nennt er gewisse emotionale Erfahrungen) zu verdauen. Darius hat zwar hier und da recht starke Schmerzen, doch sie scheinen zumindest momentan nicht unerträglich zu sein.

Er kommt dann von sich aus zum Kernthema (er weiß offensichtlich, was Charlotte am meisten beschäftigt und auch belastet) und zieht die beiden letzten Fragen vor. Es geht um die Frage, ob er versteht, wenn sie mit ihm spricht und dann darum, ob er gehen möchte. Darius richtet dabei das Wort direkt an seine Freundin und sagt:

„Natürlich verstehe ich, was du sagst! Und nicht nur, wenn es dabei um mich geht. Ich verstehe viel mehr noch als das, vor allem das Ungesagte.

Ich möchte nicht so schnell aufgeben und gehen. Wenn ich mich zu dir lege, dann, weil es heißen soll, dass ich bei dir bleiben möchte. Es ist noch nicht alles vollendet, was es für mich zu tun gibt!"

Wie mir Charlotte später berichtete, bezog sich ihre Frage tatsächlich auf eine Begebenheit, bei der sie mit dem Tierbestatter telefoniert habe. Darius sei ganz schnell aufgestanden, sei zu ihr gekommen und habe sich demonstrativ zu ihr gelegt. Dieses Verhalten habe sie sehr irritiert, zumal Darius üblicherweise nur sehr beschwerlich aufstehen könne. Hier aber habe er keinerlei Schwierigkeiten dabei gehabt.

Darius zeigt sich beim Übermitteln dieser Botschaft seltsamerweise in meinem Behandlungsraum und ich habe das deutliche Gefühl, dass er bei ihrer bevorstehenden schamanischen Sitzung dabei sein möchte. Er möchte Charlotte hierbei nicht nur physisch, sondern insbesondere auf seelischer Ebene begleiten. Er führt dann weiter fort:

„Ich möchte noch nicht gehen, auch wenn ich keinerlei Angst davor habe. Doch, wenn ich jetzt abbrechen würde, dann würdest du erst einmal mit den unerledigten Dingen alleine dastehen. Das geht doch nicht! Und das kann ich auch nicht verantworten." Darius vermittelt hier den Eindruck, als würde Charlotte dieses Gefühl leider schon viel zu gut kennen. Das Letzte, was er aber möchte, ist, ihr altes Trauma zu bedienen.

„Auch ist hier kein Raum für ein schlechtes Gewissen. Du kannst mir glauben, dass nichts geschieht, ohne dass es von höherer Stelle nicht nur abgesegnet, sondern sogar genau so gewollt ist. Es ist wichtig, dass du das weißt und auch verinnerlichst. Und dass du genau darauf vertraust. Dies ist eine sehr wichtige Phase in deinem Leben und ich bin stolz und glücklich, dich dabei begleiten zu dürfen. Meine geliebte Freundin, du siehst, was es für mich bedeuten würde, wenn man mir diese Zeit nehmen würde ... Ich möchte bei dir sein und dir helfen. Dich führen. Die Welten, die sich dir eröffnen werden, wirst du für immer zusammen mit mir und meiner Liebe in deinem Herzen tragen. Das ist ein wahrhaft großes Geschenk für mich!!"

Dann macht Darius noch etwas sehr Seltsames und zeigt sich mir in seiner Ganzheit, um dann zu betonen, er trage seine weiße Fellfarbe nicht unberechtigterweise. Er sei definitiv eine sehr, sehr weise Seele.

Er sagt zum Abschied noch einmal, dass er noch nicht soweit sei aufzugeben. Doch wenn es soweit sei, dann werde Charlotte es spüren und auch wissen. Darius betont, er selbst werde es sie fühlen lassen – und zwar auf seine ureigene Art und Weise. Er möchte, dass sie ihm vertraut.

Am Ende der Kommunikation verwirrt er mich erneut, indem er mir eine schöne weiße Urne mit einem Engelsmotiv zeigt. Es verwirrt mich deshalb, weil er die gesamte Kommunikation dazu genutzt hat, Charlotte wissen zu lassen, dass er noch nicht soweit sei, zu gehen. Daher ist der plötzliche Hinweis auf eine bestimmte Urne doch ziemlich irritierend für mich. Aber dann verstehe ich, was er meint, denn er möchte damit nicht nur übermitteln, dass er eingeäschert werden möchte. Es ist gleichzeitig auch ein Hinweis darauf, dass Charlotte mich nicht erneut für eine Tierkommunikation benötigt, da er sie ja selbst wissen lassen wird, wann es soweit ist. Somit ist alles bereits geklärt.

Bei der Besprechung der Kommunikation berichtete mir Charlotte davon, dass ihr Tierarzt Darius schon mehrmals habe einschläfern wollen, da es seiner Meinung nach kein würdevolles Leben mehr für den Hund sei. Charlotte sagte, sie habe daher nach dem letzten Tierarztbesuch besagtes Gespräch mit dem Tierbestatter geführt, um die Formalitäten der Einäscherung zu besprechen. Die von Darius gezeigte Urne entspreche der von ihr bereits ausgesuchten. Selbst das Engelsmotiv stimme!

Sie war zutiefst berührt über diese „Beweise" und heilfroh, dass sie auf ihre Tochter gehört hatte, die von meinem Buch erzählt und ihr geraten hatte, vorsichtshalber Darius selbst befragen zu lassen.

Ich betonte bei diesem Gespräch auch, dass Darius mehrere Hinweise auf seine Galle gegeben habe. Auch wenn er hier ebenfalls auf sie verwiesen habe, und somit offensichtlich eine Wechselbeziehung bestehe, so solle sie dennoch diesem Hinweis auf jeden Fall nachgehen und Darius erneut dem Tierarzt vorstellen. Darüber hinaus sagte ich ihr, dass ich, so wie ich bisher die Tierseelen kennengelernt habe, an ihrer Stelle nicht nur ein Auge auf den angesprochenen Bereich im Organismus ihres Hundes werfen würde, sondern auch und insbesondere auf ihren eigenen. Es gehe nicht darum, ihr damit Angst zu machen, sondern darum, ihr zu verdeutlichen, wenn Tiere von Wechselbeziehungen sprechen, es meistens so sei, dass sie uns entweder etwas abnehmen oder aber etwas in uns spiegeln. Und manchmal sei es sogar eine Kombination aus beidem, aber immer sei es ernst zu nehmen.

Ich möchte an dieser Stelle nicht unerwähnt lassen, wie sehr es mich begeistert, wenn die Tiere so ganz nebenbei ihre Beweise einbauen. Ich nehme es keinem Klienten übel, wenn er gewisse Bestätigungen braucht, denn ich weiß aus eigener Erfahrung, wie sehr diese benötigt werden, um Zweifel zu beseitigen. Daher freut es mich so sehr, wenn die Tiere völlig ungefragt eben solche für den Menschengefährten wichtigen Beweise liefern. Es fällt dann auch dem größten Skeptiker leicht, die Botschaft anzunehmen. Letztendlich geht es nur darum, denn alles andere vollzieht sich wie von selbst und immer zu gegebener Zeit. In diesem Fall hat Darius den Beweis schlechthin geliefert, als er von diesem Telefonat und der bereits ausgesuchten Urne sprach. Davon konnte ich nichts gewusst haben – und genau das wusste auch Darius.

Sie müssen bedenken, dass dieses kleine Detail eine viel größere Auswirkung hat, als man zunächst annehmen würde. Denn wenn er mit dieser Aussage recht hatte, warum sollte er sich dann ausgerechnet bei den Hinweisen auf die körperlichen Parallelen irren?!

Dies ist ein schöner Nebeneffekt, denn mit solchen eingebauten Beweisen kann der Adressat der Botschaft diese dann auch im Ganzen annehmen. Das ist etwas, das die Tiere ganz sicher mit berücksichtigen, wenn sie ihre Botschaft übermitteln.

Ohnehin habe ich es oft mit Tieren zu tun, für die es von außerordentlicher Wichtigkeit ist, dass ihr Wortlaut exakt wiedergegeben wird. Ich begegne mitunter sogar echten Philosophen. Und selbst wenn es mich persönlich während der Kommunikation verwundert, so teilt mir anschließend der Menschenfreund mit, dass nichts anderes zu seinem tierischen Begleiter passen würde. So wie das Tier sich während der Kommunikation gibt bzw. zeigt, wird es auch von seinem Halter wiedererkannt, sodass keine Zweifel aufkommen können.

Und ich darf Ihnen verraten, dass Darius tatsächlich erst zwei Jahre nach dieser Kommunikation gegangen ist. Charlotte berichtete mir, sie habe selbstverständlich besagte Urne gewählt. Es ist ein schwacher Trost, da Darius bei allem fehlt. Und dennoch erinnert vor allem das Motiv der Urne an ihn und vor allem an die Botschaft, die er seiner Charlotte hinterließ.

Angie gibt Zeichen

Selbst wenn so einiges von dem, was ich den Menschen von ihren Tieren übermitteln soll, nicht einfach ist, so darf ich aber umgekehrt auch oft Zeuge sein, wenn es nach einem für den Tierhalter furchtbar schlimmen Abschied ein freudiges Wiedersehen gibt. Selbst dabei wählen die Tiere meist einen Weg, der nicht nur zu ihrem Wesen passt, sondern auf wundersame Art und Weise auch zu ihrem Menschen. So hat es auch Angie gemacht und damit ihrem Frauchen endlich die Fröhlichkeit wieder zurückgebracht.

Um es verständlich zu machen, möchte ich erst einmal einen Auszug aus der ersten Botschaft vom 09. Mai 2010 wiedergeben und anschließend die zweite vom 30. September desselben Jahres anfügen, als Angie bereits erneut inkarniert war. Sie werden feststellen, dass ich in diesem Fall nicht ohne Grund das jeweilige Datum angebe.

Es geht hier zunächst um die Frage nach der wahren Todesursache, worauf Angie folgendermaßen antwortet:

„Was brauchst du mehr als die Aussage, dass meine Zeit gekommen ist?! Du hast es gespürt, sogar gewusst, daher hätte es alles oder nichts sein können; es wäre auf dasselbe hinausgelaufen! Ich habe immer versucht, dir beizustehen und dir zu vermitteln, dass dir nichts passieren kann, weil du gut beschützt wirst. Ich bin dein Engel auf Erden – schon vergessen?
Ich wollte, dass du vertraust. Dass du nur an das Band der Liebe glaubst. Denn das Band der Liebe währt ewig und braucht keine

Erklärungen. Und auch keine Beweise. All das weißt du doch längst! Also höre auf, dir quälende Fragen zu stellen, deren Antworten – selbst wenn du sie bekommen würdest – dich auch nicht befriedigen würden! Das Einzige, was dich dahingehend befriedigen kann und somit wieder ganz werden lässt, das ist meine Heimkehr!

Ich weiß sehr wohl, dass du dich nicht mehr wie ein vollständiges Wesen fühlst, seitdem ich gegangen bin. Und ich sage dir, das ist auch gut so, denn so spürst du ganz deutlich, dass du nicht allein durch das Leben gehen kannst und dass du sehr wohl auf liebende Gefährten angewiesen bist! Ich möchte, dass du dir das endlich vor dir selbst eingestehst – und zwar mit allen Konsequenzen! Du weißt, was das bedeutet …

Ich jedenfalls bin längst dabei, meine nächste Inkarnation vorzubereiten, muss mich aber noch ein wenig erholen, damit ich mit der größtmöglichen Kraft in das neue Leben starten kann.

Wir werden uns schon bald wiedersehen, sodass wir den Herbst bereits gemeinsam genießen können. Achte auf meine Zeichen! Ich werde sie dir senden und mich dann für eine Weile zurückziehen. Hab keine Sorge, unsere Verbindung bricht deswegen nicht ab. Und wenn ich wieder da bin, brechen wir endlich auf zu neuen Ufern. Die Zeit des Wartens und des Sich-Aufhebens ist dann endgültig vorüber. Ich werde dich dazu animieren, dich aufzurichten und mit der Nase im Himmel deine neue Reise anzutreten. Glaube mir, alle werden sich darüber freuen. Lasse dich durch nichts irritieren, denn es sind nur Tests. Verstehst du? Es soll damit nur deine Ernsthaftigkeit getestet werden.

Ich helfe dir dabei, nicht aufzugeben, egal wie schwer es dir mitunter erscheinen mag. Mehr darf ich hierzu nicht verraten. Und noch etwas: Ich gefalle mir immer noch so, wie ich war, denn so bin ich und so werde ich auch immer sein!"

Angie schließt damit die Botschaft ab und ich nehme deutlich wahr, dass mit dieser letzten Aussage auch gemeint ist, dass sie keinesfalls etwas anderes akzeptieren wird als ihr bisheriges Äußeres.
Und ich spüre auch, dass sie keinesfalls als Rüde kommen will, denn sie ist durch und durch ein Mädchen. Ich weiß nicht, warum sie das noch hinterherschickt, aber sie hinterlässt bei mir den Eindruck, dass es ihr wichtig ist, es ihre Menschenfreundin jetzt schon wissen zu lassen.

Die Aufregung war groß, als ich mit Claudia Angies Botschaft besprach. Sie sagte, sie träume regelmäßig von ihrer Angie, sodass sie vielleicht darüber die angekündigten Zeichen erhalte. Ich entgegnete, dass das gut sein könne, wir müssten jetzt erst einmal abwarten.

Claudia fand es dann auch mehr als nur passend, was Angie am Ende ihrer Botschaft übermittelt hatte. In der Tat hatte sie schon den Gedanken gehabt, sich einer anderen Rasse zuzuwenden, doch offenbar war es nicht im Sinne ihrer Hündin, sodass diese Frage schon mal von vornherein geklärt schien.

Ein paar Monate später schrieb mir Claudia, dass sie nun seit ca. zwei Wochen nicht mehr von ihrer Angie geträumt habe und vor Kurzem von ein paar Westhighlandterrier-Welpen aus einem Tierheim in der Umgebung erfahren hatte, sodass sie nun wissen wolle, ob ihre Angie einer dieser Welpen sei. Ich versprach ihr, mich darum zu kümmern und mit Angie Kontakt aufzunehmen. Allerdings verzögerte es sich ständig. Zuerst fiel es mir nicht auf, dass immer etwas dazwischenkam, wenn ich mit Angie kommunizieren wollte. Es war, als würde eine höhere Macht verhindern wollen, dass diese Kommunikation stattfindet. Andere Kommunikationen durchzuführen war kein Problem, wenn ich jedoch mit Angie Kontakt aufnehmen wollte, geschah immer irgendetwas, sodass es nicht dazu kam. Als es dann aber endlich klappte, erstaunte uns die Botschaft doch sehr. Wie gesagt, diese Kommunikation fand am 30. September statt, also fast fünf Monate nach der ersten.

Sowie ich mich auf Angie einstimme, nehme ich sofort Körperlichkeit wahr, sodass klar ist, dass sie bereits inkarniert ist. Mir kommt sogleich in den Sinn, dass das wahrscheinlich der wahre Grund ist, warum es so lange gedauert hat, bis es mit dieser Kommunikation geklappt hat, und sie grinst darüber. Sie sagt dann völlig unvermittelt:

„Ich bin bereits im Tierheim! Das war ein Zeichen von mir, auch wenn nicht ich es war, die Claudia da gesehen hat. Es war lediglich ein Hinweis darauf, wo ich zu finden sein werde. Es war ein Zeichen von mir für sie. Claudia soll sich umschauen, denn so weit fort bin ich gar nicht. Sie muss aber dennoch ein Stückchen fahren, doch das wird sie gern für mich tun – und es wird sich lohnen!' Sie schmunzelt über ihre eigenen Worte, und es ist klar, dass sie sich Claudias Liebe absolut sicher ist. Immer. Das weiß sie, doch sie weiß es eben auch zu schätzen. Dann sagt Angie weiter – und es scheint ihr sehr wichtig zu sein, dies zu betonen:

„Weißt du, sie hätte es nicht gut gefunden, mich von einem Züchter zu holen, daher habe ich diesen Weg gewählt. Dann ist Claudia auch in Frieden damit und ich habe das erreicht, was ich wollte. Sie wird mich ganz sicher wiedererkennen!" Angie vermittelt dabei das Gefühl, als sei sie recht klein. Also nicht nur, weil sie ein Baby ist, sondern weil sie wirklich „mini" ist. Angie lächelt darüber und sagt dann:

„Aber ansonsten bin ich eine ganz Große – wie eh und je! Claudia soll sich auf neue Aufgaben gefasst machen. Ich zeige ihr für eine Weile, dass ich es wirklich bin, aber dann müssen wir uns um das kümmern, wozu wir uns beide verabredet haben. Es wird nämlich Zeit, dass sie ihr großes Projekt angeht …" An dieser Stelle vermittelt sie das Gefühl von Nachwuchs und fährt dann weiter fort, indem sie sagt:

„Noch befinden wir uns am Anfang dieser Reise, doch ich möchte, dass sie weiß, welche Bedeutung unser Zusammensein hat. Ich möchte, dass sie weiß, dass ich ein bestimmtes Ziel zu erreichen versuche. Mit ihr. Und am schönsten wäre es natürlich, sie würde dieses große Ziel gemeinsam mit mir verfolgen. Ich möchte, dass sie sich vertrauensvoll darauf einlässt. Ich weiß auch, dass sie schon länger das Gefühl hat, etwas Neues beginnen zu wollen. Es stehen daher große und schöne Veränderungen bevor. Vor allem für Claudia. Ich werde Teil dieser Entwicklung sein – und darauf freue ich mich schon sehr!"

Ich frage dann noch einmal nach, wie Claudia sie denn finden kann, weil mir das nicht deutlich genug war, was sie bisher dazu gesagt hat, und sie antwortet darauf folgendermaßen:

„Claudia soll mich mit euren Möglichkeiten (Internet?) aufspüren. Es wird keine große Auswahl geben, also soll sie sich nicht jetzt schon darum sorgen!" Es entsteht eine kurze Pause, dann fügt Angie ganz unvermittelt hinzu:

„Und noch etwas: Sie soll sich nicht von anderen beirren lassen! Sie soll stattdessen auf ihr Herz hören, denn das lügt nicht!! Sage ihr, ich muss so sein, wie ich bin, um meine Aufgaben erfüllen zu können!" Hierbei vermittelt Angie das Gefühl, als würde sie sich sonderbar oder zumindest auffällig verhalten.

Damit verabschiedet sich Angie aus dieser Kommunikation und ist voller Vorfreude. Doch trotz dieser deutlich spürbaren Vorfreude nehme ich wahr, dass Claudia ihrer wiedergeborenen Angie nicht sofort begegnen wird. Und es ist, als sei es genau richtig dann, wenn es passieren wird. Ich gewinne immer mehr den Eindruck, dass sie Claudia zum Vertrauen „zwingen" möchte.

Was soll ich sagen … Claudia hat ihre kleine große Angie natürlich gefunden! Sie hat wirklich eine etwas längere Fahrt in Kauf nehmen müssen, aber diese hat sich definitiv gelohnt, wie Claudia mir freudig versicherte. Und Angie ist ihrer Aussage treu geblieben: So klein, wie sie ist, erfreut sie mit ihrem Wirbelwindcharakter und ihrer inneren Größe jeden, der mit ihr in Berührung kommt, aber vor allem und insbesondere ihre Claudia.

Ich sage so oft, dass ich mich eigentlich über gar nichts mehr wundern sollte, und trotzdem passiert es mir immer wieder, dass ich aus dem Staunen kaum noch herauskomme. Und auch wenn ich mich immer wieder wundere, so freue ich mich am Ende trotzdem darüber, denn ich darf über diese Arbeit sehr viel erleben und erfahren. Es gibt hier keine Routine. Und ich bin immer wieder aufs Neue sprachlos über all die Dinge, die möglich sind und die auch tatsächlich geschehen. Ein Teil dessen zu sein, erfüllt mich in unbeschreiblichem Maße.

Ich glaube, wenn wir uns erlauben, eine innere Haltung von kindlicher Offenheit einzunehmen, dürfen wir nicht nur staunen, wie es fast nur Kinder können, sondern uns auch in gleicher Weise über die Dinge freuen, die uns begegnen. Die wundersamsten Dinge allerdings erlebe ich definitiv bei meiner schamanischen Arbeit. Ich möchte Sie daher langsam an diesen Themenbereich heranführen und mit einer sehr interessanten Seelenrückholung bei einem Pferd beginnen. Da dieser Seelenrückholung eine Kommunikation vorausging, möchte ich beides vollständig wiedergeben.

Machtansprüche und ihre möglichen Folgen

Die Erfahrungen, die ich mit Daniela und ihrem Pferd gemacht habe, möchte ich Ihnen nicht vorenthalten. Auch wenn es eine für mich persönlich äußerst schockierende Erfahrung war, so teilten mir inzwischen sehr viele Menschen mit, dass es insbesondere in der Pferdeszene oft anzutreffen sei, dass Menschen ihr Machtbedürfnis dahingehend ausüben, dass sie die Pferde, mit denen sie zu tun haben, regelrecht brechen. Ich hatte mich bereits mehrfach darüber gewundert, warum mir hauptsächlich bei der Arbeit mit Pferden so schwere Traumata begegnen. Auch andere Tiere können schwer traumatisiert werden, doch habe ich erleben müssen, dass das, was zum Teil den Pferden angetan wird, all das übertrifft, was man bei Hunden und Katzen zu sehen bekommt – und das ist wahrlich schon furchtbar schlimm.

Ich möchte mich daher an dieser Stelle noch mal ganz besonders bei Daniela und ihrer Tochter Stefanie für ihr Vertrauen bedanken. Und natürlich auch für die Erlaubnis, diese Erfahrungen niederschreiben und veröffentlichen zu dürfen. Es war für uns alle, die wir sehr mit Tieren verbunden sind, eine äußerst schmerzvolle Erfahrung, erkennen zu müssen, wie sehr Tiere mitunter leiden müssen. Doch auch hierbei haben wir lernen dürfen. Und vor allem durften wir Heilung erleben. Der größte Dank gebührt daher dir, liebster Rusty!

Daniela bat mich um eine Kommunikation mit ihrem zum damaligen Zeitpunkt 5 Jahre alten Pferd Rusty. Er sei bisher ein liebes und sanftes Pferd gewesen, doch seit einigen Tagen sei Rusty unberechenbar.

Ihr Osteopath habe bereits gesagt, er wisse nicht mehr weiter und könne daher nicht mehr behilflich sein. Ein anderer Osteopath sei von der Stallbesitzerin hinzugezogen worden. Dieser sei zwar fündig geworden, doch es fühle sich für Daniela nicht stimmig an, was er gesagt habe. Da sie bereits gute Erfahrungen damit gemacht hatte, dass der Patient selbst am allerbesten weiß, was ihm fehlt, bat sie mich, mit Rusty Kontakt aufzunehmen.

Das Erste, was ich von Rusty übermittelt bekomme, ist Herzschmerz. Doch ich glaube nicht, dass es im organischen Sinne gemeint ist, denn vom Gefühl her ist es eher emotionaler oder sogar seelischer Natur. Er berichtet von negativen Energien. Jemand oder etwas versucht, Daniela und ihm zu schaden. Er spürt deutlich Fremdeinwirkung. Ich glaube aber nicht, dass der Osteopath damit gemeint ist, auch wenn er wohl unbewusst oder unabsichtlich dazugehört.

Rusty ist außer sich. Er fühlt sich als Opfer. Es ist, als hätte er den Glauben verloren, da er niemals mit so etwas gerechnet hätte. Er sagt, er hätte es nicht einmal in Erwägung gezogen. Ich verspreche ihm, mich darum zu kümmern, aber nun solle er zunächst einmal die gestellten Fragen beantworten. Er bleibt leider in diesem Gefühl der Aufregung. Dabei übermittelt er sogar regelrechte Todesängste. Ich versuche ihn zu beruhigen, damit wir weitermachen können. Es ist fast so, als könne er an nichts anderes mehr denken und als würde diese Bedrohung immer massiver, sprich weiter zunehmen, statt nachzulassen.

Nach einer Weile entspannt er sich ein wenig, und da zeigt er mir unvermittelt, wie ihm eine Spritze gesetzt wurde. Hierbei lässt er mich gleichzeitig spüren, dass daraufhin alles in seinem Organismus auf Abwehr bzw. Ablehnung gegangen sei. Er vermittelt auch das Gefühl, als würde etwas durch seinen Körper „wandern".

Er richtet seine Aufmerksamkeit vor allem auf die Gelenke. Seltsamerweise auf fast alle. Er hat Schmerzen wie jemand, der unter Rheuma leidet.

Ich sollte Rusty unter anderem auch fragen, warum er zurzeit keinen Reiter akzeptiert. Er antwortet darauf folgendermaßen:

„Ich kann nicht unter Schmerzen arbeiten. Mein ganzer Körper fühlt sich innerlich wie äußerlich ganz wund an. Ich habe manchmal das Gefühl, zusammenbrechen zu müssen."

An dieser Stelle nehme ich wahr, dass seine Rippen geprellt sind. Es fühlt sich für mich so an, als könne er nicht mehr richtig atmen, sich nicht richtig ausdehnen. Auch hier gibt er einen Hinweis darauf, dass jemand oder etwas ihn nicht atmen, sprich leben lassen will. Er beendet die Kommunikation mit folgender Botschaft:

„Daniela muss lernen, sich und ihre Familie zu schützen. Sie hat sowohl die Kraft als auch die Macht dazu. Dann werden auch keine Übergriffe dieser Art mehr stattfinden."

Ich besprach diese Botschaft mit Daniela und sie bat mich daraufhin, bei Rusty eine Seelenrückholung durchzuführen. Sie hatte bereits bei ihrem anderen Pferd und bei ihrer Hündin erlebt, wie beide nach erfolgter Seelenrückholung regelrecht aufgeblüht sind, daher versprach sie sich auch von der Seelenrückholung bei Rusty Besserung und Heilung. Da ich jedoch nicht wusste, ob es tatsächlich eine Seelenrückholung sein würde, die hier Abhilfe hätte schaffen können, sagte ich ihr, dass ich es lediglich versuchen könne. Sollte es jedoch in einen Bereich fallen, in dem ich keine Erfahrung habe und den ich somit nicht beherrschen könne, so müsste ich passen. Sie erwiderte, dass sie auf die Spirits vertraue und diese schon zeigen würden, was helfen könne. Es lief dann tatsächlich auf eine Seelenrückholung hinaus.

Die Spirits führen mich ganz unvermittelt in eine Szene, in der eine für mich fremde Frau Rusty an der Longe führt. Es ist deutlich spürbar und auch sichtbar, dass sie Besitzansprüche an ihn hat. Vom Kopf her ist es ihr Pferd, und daher muss er auch funktionieren, wie sie es sich vorstellt. Sie hat ihre Pläne mit ihm, und jeder, der sie mit Rusty erleben würde, müsste einfach davon ausgehen, dass er ihr gehört. Sie stellt das für sich nicht einmal infrage.
Es ist für mich ebenso spürbar, dass er vom Herzen her zu Daniela gehört. Doch da liegt auch schon das Problem, denn genau hier findet eine Art Spaltung in Rusty statt. Er fühlt sich absolut Daniela zugehörig, wird aber von der Frau mit den Besitzansprüchen gefügig gemacht. Und während Rusty da im Kreis herumgeführt wird, fühle ich es sogar körperlich, denn der vordere Bereich fühlt sich völlig anders an als der hintere. Die Bewegungen sind dadurch irgendwie nicht koordiniert, er läuft nicht rund.
Rusty selbst weiß, wo er hingehört. Daher ist es für ihn umso schlimmer, dass die Frau ihm mit dieser Intention begegnet. Die Frau

spürt, dass sie nicht an sein Herz, sprich an seine Seele kommt. Ich nehme bei der Frau auch wahr, dass sie Daniela völlig unterschätzt. Nicht nur das, sie missachtet sie sogar. Es ist also nicht nur ein Unterschätzen ihrer Person spürbar, sondern sogar eine deutliche Geringschätzung.

Diese Frau versteht Danielas Herz-zu-Herz-Verbindung mit Rusty auch gar nicht. Hier empfinde ich bei ihr gewisse Defizite im emotionalen Bereich. Aber eben genau wegen dieser Herzensverbindung nimmt sie Daniela nicht ernst und übergeht sie regelrecht.

Ich empfinde die Frau im alleinigen Umgang mit Rusty als recht herrisch. Und ich bekomme auch mit, dass sie instinktiv weiß, dass sie ihn aufgrund der seelischen Verbindung zu Daniela nicht in dem Maße gefügig machen kann, wie sie es gerne hätte. Durch diesen Machtanspruch von ihrer Seite (auf seine Seele) erleidet Rusty einen Seelenverlust. In dem Fall handelt es sich sogar um einen klassischen Seelenraub, da sich ein Wesen an der Seelenenergie eines anderen bedient.

Nun ist der Zeitpunkt gekommen, Rusty zwecks Ausheilung in die Obere Welt zu den Spirits mitzunehmen, doch die Frau hält ihn fest. Sie gibt seinen Seelenanteil nicht frei. Und an dieser Stelle nehme ich deutlich wahr, dass seine körperlichen Schwierigkeiten eine Manifestation seiner Abwehr sind. Hier ist Rustys Beteiligung – wenn auch unfreiwillig – spürbar. Es ist fast so, als habe er folgenden Abwehr-Mechanismus geschaffen: Wenn ich krank bin, verliert sie ihr Interesse an mir.

Die Frau gibt ihn nicht her und führt ihn völlig ungerührt weiter an der Longe im Kreis herum. Ich weiß nicht, wie ich ihn aus ihren Fängen befreien soll, denn sie duldet keinen Eingriff, keine Einmischung in ihrem Revier.

Ich wende mich fragend an die Spirits und diese sagen mir, dass die einzige Chance, diese Verbindung zu kappen, darin liegt, die Longe zu durchtrennen. Ich gehe hin und schneide sie durch, sodass die Frau das eine lose Ende in der Hand hält und dabei sogleich wie in sich zusammenfällt.

Die Spirits weisen mich an, ihr den verbliebenen Teil des Seils abzunehmen und den anderen, der noch an Rusty baumelt, ebenfalls an mich zu nehmen. Beides muss verbrannt werden, denn nur so ist gewährleistet, dass diese Art der Verbindung nicht mehr benutzt werden kann. Sie sagen, dieses Ritual des Verbrennens soll auch im Physischen seine Manifestation finden, sodass die benutzte Longe tatsächlich durchtrennt und verbrannt werden muss. Daniela solle sich eine neue Longe besorgen, und zwar in dem Bewusstsein, dass diese ihre Verbindung zu Rusty symbolisiert.

Nun kann ich ihn auch endlich in die Obere Welt bringen, damit sich die Spirits um seine Heilung kümmern können. Sie behandeln ihn sowohl auf seelischer als auch auf körperlicher Ebene. Man reibt ihn komplett mit so etwas wie Öl ein. Meine Helfer vollziehen dies auf sehr sanfte Art und Weise und geben einen Hinweis darauf, dass Rusty auf allen Ebenen Sanftheit benötige. Ich spüre durch das sanfte Einmassieren mit dem Öl auch eine wohlige Wärme bei ihm. Er genießt es sehr. Und sowie man fertig ist, lässt man ihn frei herumlaufen, damit er sich so bewegen kann, dass er keine Schmerzen hat.

Dann führen mich die Spirits völlig überraschend in Danielas Haus und zeigen mir ein für sie bestimmtes Schutzritual, das sie durchführen soll, damit sie und alle ihre Lieben beschützt sind.
Als ich die Sitzung mit Daniela besprach, wurde ihr sofort be-

wusst, dass es sich nur um die Stallbesitzerin handeln könne. Daniela teilte mir mit, dass Rusty vorher dieser Stallbesitzerin gehört habe, doch im Jahr zuvor habe ihr die Frau Rusty verkauft. Sie berichtete weiter, Rusty habe sie immer so intensiv angeschaut und sie habe eine deutliche Verbindung zu ihm gespürt, daher habe sie sich auch um ihn bemüht. Allerdings führe die Stallbesitzerin ihn nach wie vor selbst an der Longe und kümmere sich tatsächlich auf ihre Art und Weise sehr intensiv um ihn. Und das herrische Verhalten kenne sie ebenso wie die Geringschätzung, die diese Frau ihr gegenüber an den Tag lege.

Sie habe der Stallbesitzerin oft genug gesagt, dass man dem jungen Pferd noch Zeit lassen solle, denn es sei schließlich noch nicht ausgewachsen. Doch die Stallbesitzerin sei der Meinung, man dürfe keine Zeit vergeuden. Und Daniela hatte sich, entgegen ihrem eigenen Gefühl, der vermeintlichen Erfahrung der Trainerin gefügt.

Daniela betonte auch, dass einiges von dem, was Rusty bei der Kommunikation mitgeteilt habe, nun auch einen Sinn mache. Der Osteopath, den die Stallbesitzerin gerufen habe, sei recht brutal vorgegangen und habe Rusty eine Spritze gesetzt, woraufhin in den Gelenken so eine Art Entzündung hervorgerufen worden sei.

Daniela sagte weiter, sie habe sogleich ein schlechtes Gefühl bei der Sache gehabt, und Rustys Reaktion habe es nur bestätigt, denn er sei anschließend außer sich gewesen. Die Stallbesitzerin habe allerdings darauf bestanden, dass alles seine Richtigkeit habe.

Ebenso bezeichnend fand Daniela die Tatsache, dass die Spirits am Ende der Ausheilung Rusty frei herumlaufen ließen. Sie habe bereits unzählige Male der Stallbesitzerin vorgeschlagen, Rusty doch einfach mal laufen zu lassen, da jedes Tier zunächst einmal versuchen würde, Schmerz zu vermeiden. Doch die Stallbesitzerin habe entgegnet, es sei an der Zeit, gezielt Muskelaufbau zu betreiben.

Ich verblieb mit Daniela so, dass sie mir in den kommenden Tagen berichten solle, wie es Rusty nach der Seelenrückholung ergangen sei. Ich wies sie darauf hin, dass es durchaus möglich sei, dass sich nicht unmittelbar Besserung zeigen würde, denn er wolle ja auch krank sein, damit die Stallbesitzerin das Interesse an ihm verliere.

Außerdem bat ich sie um Erlaubnis, erneut mit ihrem Rusty Kontakt aufnehmen zu dürfen; diese Kommunikation gehe dann auf meine Rechnung. Für mich war die erste Kommunikation nicht zufriedenstellend verlaufen, da ich durch den akuten Zustand nicht wirklich sein wahres Wesen zu spüren bekommen hatte. Daniela stimmte zu, und ich wollte ein paar Tage verstreichen lassen, bevor ich erneut mit ihm kommuniziere. Vier Tage später war es dann soweit.

Rusty fühlt sich gleich beim Einstimmen schon leichter an als beim letzten Mal. Auch im Sinne von erleichtert. Er ist noch nicht völlig gelöst, dennoch ist deutlich spürbar, dass es eine gravierende Veränderung gegeben hat. Es ist weder diese Anspannung noch die Panik wahrnehmbar. Rusty ist nicht sorglos, doch auch nicht überängstlich.

Er zeigt mir das Bild, wie er aus der Dunkelheit ins Licht tritt. Dies ist ein Hinweis darauf, wie er den Heilungsprozess wahrnimmt. Doch trotz dieses Bildes sagt er unvermittelt, dass ihm der Stall zu dunkel sei. Und zwar in jeglichem Sinne, wie er betont. Rusty sagt hierzu weiter:

„Die Energie stimmt hier nicht. Sie stimmt schon lange nicht. Doch nun wird es nicht nur augenscheinlich, sondern es passt auch nicht mehr. Daniela hat sich sehr verändert. Ihre alte Energie passte zu dem, was hier gelebt wurde. Heute ist das aber einfach nicht mehr kompatibel. Sage ihr, wenn ihr eine Hose nicht mehr passt, weil sie abgenommen hat, dann zieht sie diese Hose doch auch nicht mehr an, nur weil sie ihr mal gepasst hat. Das ist hier nichts anderes!

Es finden im Stall Machtkämpfe statt, unter denen nicht nur Daniela und ich leiden. Doch andere müssen für sich selbst sorgen und handeln. Hier jedenfalls wird Daniela es nicht mehr lange aushalten können. Das hat dann aber nichts mit uns zu tun; zumindest nicht im direkten Sinne. Sie wird es nicht mehr ertragen können, da ihre immer reiner und lichter werdende Energie einen krassen Gegensatz zu der hier gelebten darstellen wird. Das bedeutet Krieg. Einen Krieg, den Daniela gewinnen würde, doch der nicht sein muss.“ Rusty zeigt mir an dieser Stelle, wie Daniela den Stall verlässt, sprich kündigt und sich somit abgrenzt. Er sagt hierzu:

„Sie wird Reaktionen erfahren, die sie nur zusätzlich in ihrem Tun bestärken werden.“ Er übermittelt das Gefühl, dass Daniela sich daher nicht einmal mehr darüber aufregen sollte, da alles dazu dient, ihren Entschluss zu bestätigen. Er zeigt mir, wie er nervös wird, sich windet, und sagt dann, das Wort direkt an Daniela gerichtet:

„Vorsicht auch bei den anderen im Stall, denn sie stachelt gerade alle gegen dich auf! Und kümmere dich nicht um Gerede. Hierüber

nachzudenken wäre reinste Zeit- und vor allem Energieverschwen-
dung. Nicht einmal Worte lohnen dann gesprochen zu werden!

Vertraut mir, ich helfe euch nur dabei, aus Energiefeldern herauszutreten, die euch und eurer weiteren Entwicklung schädlich sind.
Hier möchte ich auch Stefanie mit einbeziehen. Sie soll mein Erleben und diese Erfahrung für sich beherzigen. Für sie selbst und
für ihr weiteres Leben ist sie von großer Bedeutung und Wichtigkeit. Sie bedarf eines besonderen Schutzes, den sie jedoch nur selbst
schaffen kann."

Endlich erfasse ich sein wahres Wesen. Rusty ist ein äußerst warm-
herziger und sensitiver Typ, der jegliche Art von Gefühlsregung erfasst. Er zeigt mir dabei, wie er diese Schwingungen bereits aus der
Entfernung wahrnimmt. Der Urheber dieser Schwingungen müsse
sich dafür gar nicht in seiner unmittelbaren Nähe aufhalten.

Dann gibt er unvermittelt einen Hinweis auf ein Pferd, das rechts
neben seiner Box untergebracht ist und offensichtlich Probleme hat.
Rusty übermittelt dabei ein Gefühl von Unbehagen. Es ist auch fast
so, als würde er auf der einen Seite sagen wollen, dass es ihm nicht
gut tut, neben diesem Pferd zu stehen. Gleichzeitig lässt er mich
aber auch wissen, dass dieses Pferd Hilfe benötigt. Rusty übermittelt dabei viel Schwere und Dunkelheit. Und er gibt einen Hinweis
darauf, dass Daniela es wohl auch schon bemerkt hat.

Ich empfinde ihn vom Körpergefühl her ein wenig seltsam, denn
er fühlt sich an wie ein Mensch, der unter Neurodermitis leidet.
Er verweist dann auch auf seine Wunden, die ihm auf seelischer
Ebene zugefügt wurden. Er fühlt sich ganz wund an und ist daher

wohl auch – zumindest zu diesem Zeitpunkt – recht empfindlich am ganzen Körper. An dieser Stelle sagt er ziemlich bedeutungsvoll: „Nicht alle Wunden sind äußerlich sichtbar ..." und beendet damit die Kommunikation.

Daniela teilte mir wenig später mit, dass Rusty seit der Seelen-rückholung wesentlich ruhiger und entspannter wirke. Es habe auch keine Aussetzer mehr gegeben. Sie habe sogleich das Ritual mit der Longe durchgeführt.

Seltsamerweise würde die Stallbesitzerin seit dem Tag der Seelenrückholung nicht mehr mit ihr sprechen. Nicht einmal zu einem Gruß habe sich die Frau durchringen können. Sie wirke tatsächlich wie in sich zusammengefallen, wie das eigentlich möglich sei, denn sie wisse ja nichts von der Sitzung. Ich erklärte Daniela, dass auf seelischer Ebene recht viel geschehen sei, denn Rustys Seelenanteil, auf den diese Frau Macht ausgeübt hatte, sei ihr entzogen worden, somit auch ein Stück Macht. Das sei ihr zwar nicht bewusst, dennoch zeige es seine Wirkung.

Daniela erwähnte auch, dass sie sich bereits seit Längerem nicht mehr wohlfühle in diesem Stall. Nun stünde es für sie aber fest, dass sie dort nicht bleiben könne. Sie habe sich früher tatsächlich alles gefallen lassen, doch seit ihrer eigenen Sitzung und der darauf einsetzenden Entwicklung sei es nicht mehr kompatibel, wie Rusty richtig festgestellt hatte. Sie sei bereits dabei, sich nach einem geeigneten Stall umzuschauen. Und um Rustys Nachbarn – das Pferd, das offenbar so dringend Hilfe benötige – bemühe sie sich bereits.

Ich möchte betonen, dass es bei der schamanischen Arbeit weder um Schuldzuweisungen geht noch darum, andere Beteiligte schlecht zu machen. Letztendlich sind sie Erfüllungsgehilfen, wenn sie ihren Part an der ganzen Geschichte so „spielen", wie wir ihn für unsere Entwicklung benötigen. Außerdem ist es ein Lebensgesetz, dass wir die Energien und die Themenbereiche in der Anziehung haben, die wir noch unbearbeitet in uns tragen. Dies ist das Gesetz der Resonanz und Rusty hat es nur allzu gut beschrieben, als es um das Verlassen des Stalls ging.

Trotzdem möchte ich darauf hinweisen, dass wir im Energiefeld eines anderen Wesens nichts verloren haben, wenn wir nicht ausdrücklich die Erlaubnis dazu erhalten haben. Das gilt für die Durchführung von Tierkommunikationen ebenso wie für die schamanische Arbeit. Ich würde weder einen Auftrag für eine Tierkommunikation annehmen, wenn mich nicht der Tierhalter selbst beauftragt, noch würde ich mit jemandem schamanisch arbeiten, der mich nicht persönlich darum gebeten hat.
Ich bin in diesen Dingen sehr, sehr empfindlich, denn meines Erachtens ist es nichts anderes als Missbrauchsenergie, wenn jemand ungefragt in die Seelenlandschaft eines anderen Wesens eintaucht. Es stellt eine ganz klare Grenzüberschreitung dar, die keiner Seele gut tut, denn eine solche Missachtung der Intimsphäre bleibt vom Energiefeld niemals unbemerkt.
Wenn allerdings, wie in Rustys Fall, die Spirits während der Sitzung Wesen zeigen, die am Seelenverlust beteiligt waren, dann nehme ich das als gegeben hin, greife jedoch nicht von mir aus ein. Ich versuche nicht auch noch, mehr über diese Person herauszufinden und vertraue darauf, dass das, was die Spirits

zeigen und vollziehen, genau das ist, was der Vorsehung entspricht.

Es ist also ein Unterschied, ob die Spirits im Rahmen einer Sitzung einen Beteiligten zeigen oder ob ich persönlich der Meinung bin, bei jemand anderem nachschauen zu müssen, was mit ihm ist. Das steht mir nicht zu, denn es geht mich schlicht und ergreifend nichts an.

Ich erlebe das leider allzu häufig, dass ich gebeten werde, mit Nachbars Hund zu kommunizieren, weil „es ihm da so schlecht ginge". Oder eine Frau meint, ich sollte bei ihrem Mann eine Seelenrückholung durchführen, weil sie möchte, dass er sich ändere oder endlich sein Problem angehe. Solche Aufträge lehne ich grundsätzlich ab, denn es wäre in meinen Augen mehr als nur unseriös.

Bei den Tieren respektiere ich ebenso die Privatsphäre wie bei jedem anderen Wesen auch. Und selbst wenn man ganz subjektiv der Meinung ist, man müsse dem Hund des Nachbarn helfen oder dem eigenen Ehemann, so heißt es nicht, dass man es darf. Auch die vermeintlich gute Absicht ändert nichts an der Tatsache, dass es ein unerlaubter Eintritt in einen ganz intimen Bereich, der Seelenlandschaft des Betroffenen, bedeuten würde. Dieser Bereich ist mir heilig! Und jedem anderen auch, denn jeder möchte dort, in seiner Seele, ganz für sich alleine sein.

Tjaldur ist anders als andere

Ich möchte noch ein wenig bei den Pferden verweilen und Sie an einer Kommunikation mit einem Pferd namens Tjaldur teilhaben lassen. Der Inhalt dieser Botschaft spricht für sich, daher bedarf es meines Erachtens keiner weiteren Worte.

Es schüttelt ihn bei der Frage nach dem Vorbesitzer. Ein Schauer jagt den nächsten, und ihm wird ganz schwindelig dabei. Es ist, als würde sich allein bei dem Gedanken daran eine Falltür unter ihm auftun. Ich sage ihm daher, dass er mir nicht darauf antworten muss, wenn es ihm so viel Unbehagen bereitet, doch trotz allem bessteht er darauf und antwortet folgendermaßen:

„Für Kathrin ist es wichtig, da sie es verstehen will. Aber uns Tiere kann man erst verstehen, wenn man fühlt wie wir. Ich habe seelische Höllenqualen erlitten! Zuerst wurde ich für mein Empfinden viel zu früh von meiner Mutter getrennt, und dann wurde ich immer wieder aufs Neue getreten und vertrieben. Ich gehörte nie richtig dazu, denn ich war immer und überall wie ein Verstoßener, ein Aussätziger. Aber nicht nur bei meinen Artgenossen, sondern auch bei den meisten Menschen. Ich war nie so, wie man mich gerne gehabt hätte. Ich entsprach nie dem Bild der Menschen – und so wurde ich dann auch behandelt.
Ich erkenne daher jede Art von innerer Ablehnung, auch ohne äußerlich sichtbare Merkmale. Sobald jemand auf mich zukommt mit unreinen Gedanken oder Emotionen, spüre ich das. Es ist so etwas wie ein Frühwarnsystem in mir geworden. Kathrin hätte besser auch etwas von diesem System in sich …"

Da er nicht weiter von sich aus berichtet, frage ich ihn, wie es ihm jetzt auf dem Hof beziehungsweise bei seiner Kathrin gefällt. Darauf antwortet er:

„Es ist besser, aber ich gehöre noch immer nicht richtig dazu. Es ist wie bei euch Menschen, wenn jemand behindert ist. Selten erblicken die Menschen die Seele hinter dem äußerlich Sichtbaren. Kathrin aber tut das sehr wohl! Und sie bemüht sich, immer mit meinem inneren Kern in Verbindung zu treten.
Sage ihr, dass ich irgendwann soweit sein werde, den entscheidenden letzten Schritt auf sie zu machen zu können, um dann mit ihr zu verschmelzen. Noch ist es mir aber nicht möglich. Ich habe schon so viele Verletzungen in meinem Leben erfahren müssen, daher kann ich nicht ganz die Kontrolle loslassen. Übrigens geht es meiner Kathrin da ganz ähnlich …"

Auf der körperlichen Ebene bekomme ich Kopfschmerzen, als sei ich irgendwie halsstarrig. Ich bin recht steif und nehme eine deutliche Schonhaltung ein. Mein Sehvermögen ist etwas beeinträchtigt und mir kommt plötzlich in den Sinn, dass ein Nerv eingeklemmt sein könnte, denn die Schmerzen schießen förmlich von hinten in den Kopf über die Stirn in die Augen. Es fühlt sich an, als hätte ich eine zentnerschwere Last auf meinen Schultern liegen. Wobei hier ganz deutlich der Schmerz in den Schulterblättern zu spüren ist. Jede Bewegung tut mir weh, und ich finde irgendwie keine Position, in der ich schmerzfrei bin. Ich bin auch relativ geräuschempfindlich. In etwa so wie bei einem Menschen, der unter Migräne leidet. Sowie ich das niederschreibe, macht sich Übelkeit in mir breit. Ich habe nur noch das Bedürfnis, die Augen zu schließen und darauf zu warten, dass der Anfall vorübergeht.

Mit der Übermittlung dieser Gefühle soll meines Erachtens nichts anderes ausgedrückt werden, als dass er in einer solchen Phase auch lichtempfindlich ist und nur noch seine Ruhe haben möchte.

Auf die Frage nach seinem Verhalten hinsichtlich Traktoren zeigt er mir eine Situation, in der er sehr lange neben einem Traktor geführt worden ist. Vom Gefühl her muss er da noch sehr jung gewesen sein. Und ich spüre, dass es eigentlich als eine Art erzieherische Maßnahme gedacht war, so als hätte man die jungen Pferde beizeiten daran gewöhnen wollen.
Ich glaube gar nicht, dass es so lange war, wie er es empfunden hat, nur kam es ihm wohl in seinem subjektiven Empfinden wie eine Ewigkeit vor. Jedenfalls ist er in Panik geraten, konnte der Situation aber nicht entkommen. Er verweist an dieser Stelle auf Schmerzen im linken Hinterbein, so als habe er aus einem Reflex heraus nach dem Traktor treten wollen und sich dabei verletzt. Er sagt, heute käme auch noch die Lautstärke hinzu, die ihm einfach wahnsinnig im Kopf wehtun würde. Meiner Meinung nach liegt die Ursache des Problems in dieser alten Prägung, eben gepaart mit seiner momentanen körperlichen Verfassung.

Auf die Frage, was an dem Tag los gewesen sei, als er Kathrin abgeworfen habe, antwortet er:

„Das weiß sie jetzt, nach all dem, was sie nun über mein Befinden erfahren hat. Es war ein schlimmer Anfall, deshalb war ich auch so missmutig." Ich spüre an dieser Stelle selbst, dass die Frage tatsächlich schon beantwortet ist und seine körperliche Verfassung der Grund dafür war, dass es zu dieser Reaktion gekommen war.

Bei der Frage, warum er Menschen gegenüber so scheu sei, richtet er das Wort direkt an Kathrin und sagt:

„Liebe Kathrin, auch das kannst du dir jetzt erklären. Ich habe nicht allzu viele gute Erfahrungen in diesem Leben sammeln dürfen. Du bist das erste Menschenwesen, das mich sieht – wirklich sieht!
Dir werde ich mich öffnen, aber erwarte nicht von mir, dass ich es anderen gegenüber auch tun werde! Ich tue es bei dir nur, weil du in mein Herz, in meine Seele blickst. Und ich wünsche mir, dass du dies beibehältst, denn dann öffnet sich dort eine ganz neue Welt für dich! Dein unermüdlicher Einsatz wird sich lohnen. Eines Tages wirst du mich verstehen können … und du weißt längst, dass es so sein wird. Du hast nur Angst davor, aber bei mir gibt es kein Versagen deinerseits – das verspreche ich dir!"

Damit verabschiedet sich Tjaldur aus der Kommunikation, und ich habe den Eindruck, als sei der letzte Satz für ihn der wichtigste in dieser Kommunikation gewesen.

So wie Tjaldur feststellt, dass seine Menschenfreundin ihn eigentlich längst versteht (da sie in sein Herz blickt), so kommt es durchaus auch vor, dass ein Tier ganz konkret darauf hinweist, dass es keinen Dolmetscher möchte, sondern die direkte Kommunikation bevorzugen würde.

Ich persönlich werte das immer als Anspielung darauf, dass der Menschengefährte sein Tier entweder bereits verstehen kann, also unbewusst telepathisch mit dem Tier kommuniziert, oder aber es ist eine Andeutung darauf, dass der Mensch in der Lage wäre, es zu erlernen. Meistens aber berichten mir die Adressaten einer solchen Botschaft sogleich, dass sie schon so einiges ganz spontan und unabsichtlich von ihrem Tier empfangen hätten, ihrer Wahrnehmung allerdings nicht trauen würden.

Ich sage das auch immer wieder meinen Seminarteilnehmern, dass viele Menschen schon sehr viele Impulse oder Botschaften ihres Tieres ganz unvermittelt erfassen. Ob es ihnen nun bewusst ist, dass es von ihrem Tier kommt, oder sie annehmen, es sei ihr eigener Gedanke, spielt letztendlich keine Rolle, wenn das Tier damit den Zweck erreicht hat, wie zum Beispiel mit dem Aussenden des Impulses, den Tierarzt aufzusuchen.

Die Kunst der Tierkommunikation ist es jedoch, ganz gezielt die Tiere zu befragen und darauf konkrete Antworten zu erhalten. Dies bedarf zwar der Übung, ist aber definitiv machbar. Es ist nicht so einfach, wie es oftmals dargestellt wird, doch es ist sicherlich nicht unmöglich, wenn man gewillt ist, stetig zu üben und seine Kanäle dafür zu öffnen.
Es hört sich jetzt vielleicht ein wenig demotivierend an, aber das liegt daran, dass ich nicht gerne Dinge verspreche, die nicht einzuhalten sind. Ich pflege meinen Seminarteilnehmern immer zu sagen, dass sie, wenn sie das Spielen eines Instruments erlernen, auch nicht den Anspruch hegen, es nach einem Wochenende perfekt zu beherrschen und gleich ein Konzert geben zu können.
Nichts anderes gilt in diesem Bereich auch. Wer wirklich darum bemüht ist, die Tiere verstehen zu können, und auch stetigen Einsatz beim Üben und Arbeiten an sich selbst aufzubringen gewillt ist, dem eröffnet sich schon sehr bald diese Ebene,

auf der die Tiere ihm ganz viel ihres großen Wissens vermitteln können.

Ich würde mich freuen, wenn jeder Mensch direkt und ohne Umwege mit seinem Tier kommunizieren könnte – das wäre doch grandios! Stellen Sie sich vor, wie hilfreich das wäre, wo wir doch inzwischen wissen, wie viel die Tiere tatsächlich wahrnehmen. Meines Erachtens wäre das ein gewaltiger Schritt in Richtung Heilung – für alle!

Wie sehr sich das so manches Tier wünschen würde, zeigt auch folgende Kommunikation mit Black Jack, ebenfalls ein Pferd. Er würde lieber auf direktem Wege mit seiner Nicola kommunizieren, statt über einen Dolmetscher:

Jack kommt gleich beim Einstimmen zur Sache. Ich empfinde ihn als relativ cool, so als würde ihn nicht allzu schnell etwas aus der Fassung bringen. Er antwortet auf die Frage, wie es ihm dort im Stall gefiele, wie folgt:

„Es gefällt mir hier, obwohl einige etwas kühl sind … aber das soll nicht unser Problem sein! Ich werde nicht ewig hier bleiben, daher ist es für mich völlig in Ordnung, so wie es ist."

Jack übermittelt an dieser Stelle das Gefühl, als sei da so etwas wie Kompetenzgerangel unter den Menschen und als ob sich diese Energie auch auf die Pferde übertrage. Er geht aber nicht näher darauf ein, und ich bemerke dabei, dass ihm die anderen Fragen viel wichtiger sind. Daher frage ich auch gleich, warum Nicola beim Reiten immer noch Angst vor ihm habe, obwohl sie ihm vertraue. Er richtet dann das Wort direkt an Nicola und sagt:

„Ha, von wegen! Du vertraust mir zwar, aber immer nur so lange, wie ich das tue, was du willst. Wenn ich mal das machen möchte, was besser wäre, sieht es da schon anders aus. Dabei möchte ich dich dazu bringen, wirklich – also aus tiefster Seele – zu vertrauen. Das nämlich tust du nicht, denn dafür fürchtest du viel zu sehr die Unwägbarkeiten des Lebens.

Ich sage dir aber, dass du nicht drum herumkommen wirst, weiter an deinem Gottvertrauen zu arbeiten. Lass dich wirklich auf das Leben ein und nicht nur auf die Vorstellung davon! In der Theorie funktioniert alles einwandfrei, aber in der Praxis sieht es da schon anders in dir aus. Da ist eine uralte Angst in dir. Es ist eine Angst, die dich überkommt und dann regelrecht lähmt. Du weißt dann weder, wo sie herkommt, noch, wann sie dich überrollt wie eine Flutwelle. Du versuchst sie zu verdrängen, doch sie ergreift dich immer wieder aufs Neue. Besonders nachts.

Ich möchte, dass du dich ganz und gar auf mich einlässt. Auf jede einzelne Bewegung, selbst wenn sie dir holprig erscheinen mag. Doch so ist das Leben; es läuft nicht planmäßig.

Damit du wieder richtig leben lernst, bin ich da! Ich möchte dir zeigen, dass es mitunter zwar auf und ab geht, du dabei aber trotz allem getragen wirst. Das ist dann Vertrauen, alles andere ist nur Gerede darüber!

Kannst du Deine Kontrolle ein wenig loslassen, wenn du zu mir kommst? Wenn ja, werden wir beide das Fliegen lernen. Erst dann wirst du loslassen. Und zwar in der Gewissheit, dass dir nicht wirklich etwas Schlimmes passieren kann. Und das gilt dann immer. Hörst du? Immer! Immer! Immer! Ich warte auf dich!"

Jack zieht sich dann aus der Verbindung zurück. Es ist, als wolle er nicht mehr, dass seine Botschaft über mich als Dolmetscher seine Nicola erreicht. Er würde sich wünschen, Nicola ließe sich endlich wirklich auf ihn ein, sodass sie das, was er ihr zu sagen oder zu übermitteln habe, selbst fühlen könnte.

Die Tiere reagieren, wie Sie feststellen, sehr unterschiedlich. Die einen freuen sich einfach nur darüber, dass sie endlich zu Wort kommen, andere nehmen die Gelegenheit zum Anlass, deutlich kundzutun, dass sie es bevorzugen würden, keinen Außenstehenden zu benötigen.

Ich möchte nicht unerwähnt lassen, dass ich immer wieder erfahren darf, wie loyal Tiere sind. Oftmals zögern sie regelrecht, wenn es darum geht, gewisse Intimitäten zu verraten Meistens gelingt es mir dennoch, sie dazu zu bewegen, die gestellten Fragen zu beantworten, selbst wenn sie darüber sehr persönliche Dinge über ihren Menschengefährten verraten. Ich habe es schon erlebt, dass Tiere sich zwar einen Ruck gegeben haben, ihre Botschaft dann aber recht verschlüsselt formuliert haben. Das Schöne daran ist, dass der Adressat sie trotz der Verschlüsselung versteht. Und das, obwohl selten ein Klient mit einer solchen tiefgründigen Botschaft rechnet.

Sie werden auch bemerkt haben, dass sehr viele Tiere davon sprechen, dass Vertrauen erforderlich ist. Sie bitten dann nicht nur darum, man möge ihnen vertrauen, sondern fordern mitunter auch regelrecht dazu auf, sich ihnen anzuschließen, sodass sie ihren Schützling dorthin führen können, wo er sich tatsächlich fallen lassen kann.

Die meisten Menschen glauben, ihr Tier sei ihr Schützling. Das sind sie auch. Auf der weltlichen Ebene bestimmt, doch auf der seelischen Ebene ist es ganz gewiss umgekehrt.

Dieses Sicheinlassen auf sein Tier ist leichter gesagt als getan. Ich kenne das nur allzu gut von mir selbst, sodass ich auf die Ansage eines meiner Tiere häufig verzweifelt entgegne: „Und, wie bitteschön soll ich das jetzt bewerkstelligen?!"

Doch genau da scheint schon der Knackpunkt zu sein, denn wenn wir uns einlassen sollen, heißt das nichts anderes, als dass wir versuchen, die Kontrolle aufzugeben. Solange wir aber denken, dass wir etwas tun sollten oder tun müssten, versuchen wir es zu steuern. Das ist das Gegenteil von Vertrauen. Dieses Bedürfnis nach Kontrolle basiert häufig auf den im Hintergrund laufenden (meist unbewussten) Blockaden, wo auch immer diese herrühren. Wenn wir uns aber auf die Art und Weise einlassen können, die unser Tier für stimmig und richtig erachtet, um uns durch das nächste Nadelöhr des Lebens führen zu können, dann eröffnen sich uns andere Perspektiven und damit auch andere Möglichkeiten.

Ich finde, wenn ich in Liebe mit meinem Tier verbunden bin und verinnerlicht habe, dass es mir niemals absichtlich schaden würde, dann ist es einen Versuch wert, mein Kontrollbedürfnis mal loszulassen. Es findet doch in einem vertrauten und geschützten Rahmen statt – was soll mir also passieren? Schlimmstenfalls gelingt es mir nicht, die Blockade aufzulösen, und alles bleibt so, wie es bisher war. Sollte jedoch der Plan meines Tieres funktionieren und ich durchbreche die Mauern meines Gefängnisses, dann hat sich dieser mutige Schritt mehr als nur gelohnt!

Isidor und zwischenmenschliche Beziehungen

Dass auch unsere Kleintiere große Pläne mit uns Menschen haben, durfte ich Ihnen schon anhand einiger Beispiele vermitteln. Auch sie tragen dazu bei, vorhandene Blockaden – ob sie dem Menschen bewusst sind oder nicht – mithilfe ihrer Hinweise aufzulösen.

So können die kleinsten unserer tierischen Mitgeschöpfe bedeutungsvolle und große Leistungen vollbringen. Genau darum geht es ihnen im Zusammensein mit uns Menschen.

Ich möchte Sie daher erneut an einer weisen Botschaft eines Meerschweinchens teilhaben lassen:

Isidor ist ein ganz klarer Typ, das heißt, er sieht und erfasst alles, so als ob er sein Gegenüber scannen würde. Offenbar hat seine Menschenfreundin Chantal den Eindruck, Isidor habe Angst vor ihr, denn er sagt ganz spontan:

„Chantal macht mir keine Angst, aber ihre Erwartungshaltung ist mir einfach zu viel! Ich habe einige Male schon diese Erwartungshaltung bei Menschen kennengelernt; wir Tiere sind dabei am Ende meistens die Verlierer ..."

Ich frage ihn, was er damit meine, und vor allem, was Chantal denn von ihm erwarten würde. Darauf antwortet Isidor folgendermaßen:

„Es ist keine Erwartungshaltung mir gegenüber, zumindest nicht in direkter Form. Aber sie hat eine große Erwartungshaltung gegenüber ihrem gesamten Umfeld. Damit macht sie insbesondere sich selbst das Leben schwer, da sie natürlich sehr häufig enttäuscht wird. Deshalb leidet sie oftmals unter einer Art Frustration, die ihr aber niemand dauerhaft abnehmen kann. Auch wir nicht.
Minimi (eine Meerschweinchen-Dame) nimmt ihr schon sehr viel ab, damit Chantal es besser erträgt, und dient hier als Art Katalysator." Er gibt an dieser Stelle einen Hinweis auf Durchfall und sagt dann weiter dazu:

„Dies ist aber Minimis Aufgabe, nicht meine. Ich zeige Chantal, dass ihre Haltung eine Wirkung auf andere hat. Und nicht jeder zeigt dann seine Ablehnung offen, dennoch ist sie da. Ich möchte Chantal helfen zu erkennen, wo das Problem in ihren zwischenmenschlichen Beziehungen zu finden ist.
Es ist nämlich genau dort, wo ihre Erwartungshaltung andere in die Enge treibt. Dabei hat Chantal so ein großes Herz und ist so ein liebenswürdiges Wesen! Doch sie ist eben auch sehr liebebedürftig und akzeptiert nur schwer, dass andere es nicht gleichermaßen sind. Und auch wenn sie das nun kaum glauben mag, aber ich liebe sie aus tiefster Seele! Und dennoch es ist meine Aufgabe in diesem Leben, ihr das zu spiegeln, was in ihren zwischenmenschlichen Begegnungen immer wieder ein Thema ist. Eben weil es ihr Thema ist und nicht das der anderen.

Daher ist es auch wichtig, dass zunächst ich zu Wort komme, damit sie anschließend Minimis Botschaft und ihre Aufgabe überhaupt begreifen kann. Und damit sie versteht, dass die Liebe des einen nicht weniger stark ist als die des anderen – nur weil die Aufgaben *unterschiedlich gelagert sind –, sollte sie daher erst einmal meine Botschaft verinnerlichen, bevor sie die von Minimi erfährt. Dies ist auch und insbesondere in Minimis Sinne."*

Damit verabschiedet sich Isidor aus der Kommunikation, jedoch nicht, ohne mich wissen zu lassen, dass wir erneut das Vergnügen haben werden, miteinander zu „plaudern", denn er weiß, dass seine Botschaft Chantal nicht nur berühren, sondern auch wirklich bewegen wird. Und er weiß, dass sie ihn von nun an mit anderen Augen, nämlich mit denen des Herzens sehen wird. Er weiß das einfach.

Hier waren wir beide ein wenig sprachlos. Ich sagte zu Chantal, dass es ein bisschen schwierig für uns Menschen sein dürfte, hinter einem solchen Tierverhalten die wahre Thematik erkennen zu können. Trotzdem habe ich bisher noch nie erlebt, dass die Tiere Unrecht hatten. Es mag sein, dass wir Menschen es nicht gleich auf Anhieb begreifen, was gemeint ist. Dies liegt jedoch nicht daran, dass das Tier sich geirrt hat. Manchmal müssen sich erst einmal einige Dinge ereignen, die in der Folge eine andere Sicht auf die erhaltenen Aussagen zulassen. So müssen wir dann am Ende zugeben, dass die Botschaft des Tieres eben nicht falsch war, wir aber einfach noch nicht in der Lage waren, sie zu verstehen.

Meistens sind tatsächlich unsere Vorstellungen das große Hindernis. Unser vermeintliches Wissen ebenso wie unser Wunsch, die Dinge mögen so sein, wie wir sie uns subjektiv wünschen. Wenn es jedoch anders ist als in unserer Vorstellung, dann kann das Tier trotzdem nicht von dem abrücken, was es weiß oder wahrnimmt. Es spricht die Wahrheit.

Ein besonderes Geschwisterpaar

Ich möchte Sie an einer Geschichte teilhaben lassen, die mich heute noch, nach etlichen Jahren, immer wieder zum Lachen bringt. Da war es nicht nur die Menschengefährtin, die den wahren Inhalt der Botschaft nicht verstanden hat, sondern ich selbst auch. Ich darf zwar ohnehin nichts interpretieren, doch in diesem Fall habe ich die überaus deutlichen Anspielungen einfach nicht erkannt.

Zu meiner Verteidigung muss ich aber hinzufügen, dass die dazugehörige Menschengefährtin es ebenso wenig konnte, weil es für sie einfach undenkbar war.

Nadine bat mich, mit ihrer Hündin Sally Kontakt aufzunehmen. Diese Kommunikation fand im Sommer statt und es ging dabei hauptsächlich um körperliche Befindlichkeiten. Sally hatte aber noch anderes im Sinn, womit wir überhaupt nicht rechnen konnten, und so haben wir sie auch zunächst einmal nicht richtig verstanden. Ich werde nur einen Auszug, den entscheidenden Part, aus der Botschaft verwenden. Sie werden nun sehen, wo uns die süße Sally letztendlich hinführte …

Ich frage sie, wie ihr der Urlaub gefallen habe, und sie sagt dazu Folgendes:

„Dort, wo wir waren, war es sehr schön. Sehr rein. Es wäre ein schöner Ort zum Leben. Ein Ort des inneren Friedens und der Harmonie. Es hat mir gefallen, wie die beiden (Nadine und ihr Mann) sich haben einlullen lassen von dieser Atmosphäre."

Auf meine Frage, was sie denn mit „einlullen" meine, sagt sie:

„Na, sie sind richtiggehend dort eingetaucht, so wie wenn man in flüssige Seide eintaucht – viel Sanftheit und viel heilende Zärtlichkeit. Ein wahrer Genuss für die Seele!"

Da wir am Ende der gestellten Fragen angelangt sind, frage ich sie – einem starken inneren Impuls folgend – ob es noch etwas gäbe, was sie gerne loswerden möchte. Da kommt von Sally, wie aus der Pistole geschossen:

„Sag Nadine, dass es wichtig ist, niemals das Herz zu verschließen. Auch nicht, wenn es gerade mal wieder richtig dicke kommt und schwer ist! Sie soll Vertrauen haben. Sie ist gut aufgehoben und es wird ihr nichts geschehen. Alles wird gut werden!"

Sally lässt mich eine gewisse Form von Bitterkeit spüren, als gäbe es Momente beginnender Verbitterung bei Nadine. Sally bittet Nadine also, die Verbitterung nicht in ihr Herz ziehen zu lassen.
Ich habe am Ende den Eindruck, als würde sie gerne im Winter an den Ort, an dem sie Urlaub gemacht haben, zurückkehren. Da Sally hier das Gefühl vermittelt, dass sich dann etwas hinsichtlich des Zweithundes ergeben würde, vermute ich, dass es dann soweit sein wird. Und da sie hier ständig von einem Chico spricht, vermute ich, dass es ein Rüde sein wird. Sie wiederholt den Namen immer wieder, als sei es wichtig, sich diesen zu merken. Vielleicht wird der Hund so heißen, oder aber er sollte so genannt werden.

Für mich war dieser Part der Botschaft absolut nicht verständlich. Dies sagte ich auch zu Nadine. Und weil sie es ebenso wenig nicht verstand, sind wir folglich so verblieben, dass wir einfach mal schauen wollten, was sich ereignet. Und es hat sich tatsächlich so einiges ereignet!

Wir waren damals also gespannt auf den Winter und natürlich darauf, ob dann auch Chico die Verabredung einhalten würde. Für uns war klar: Sally spricht von einem kleinen Hund namens Chico.

Ich wusste zu dem Zeitpunkt der Kommunikation nicht, dass Nadine und ihr Mann sich vergeblich um ein Kind bemühten. Das war dann wohl auch die Bitterkeit, von der Sally in ihrer Botschaft gesprochen hatte, aber offenbar aus Loyalität nicht ausdrücklich hatte benennen wollen. Es war uns beiden nicht die Unstimmigkeit aufgefallen, die sich hierdurch ergab, denn in einer früheren Botschaft hatte Sally auf die Frage, ob sie einen Artgenossen wünsche, auf ziemlich deutliche und unmissverständliche Art und Weise mitgeteilt, dass sie das nicht wolle. Doch dies war weder Nadine noch mir aufgefallen.

Als der Winter kam, verstanden wir endlich, was Sally schon im Sommer wusste und vergeblich versucht hatte, uns mitzuteilen: In ungewöhnlich kurzer Zeit bekamen Nadine und ihr Mann einen kleinen Adoptivsohn. Frisch geboren, und zwar Anfang Januar … ein kleiner Junge – nichts anderes heißt Chico: kleiner Junge!

Und ich – als gebürtige Spanierin wohlgemerkt – habe diese überaus deutliche Anspielung nicht verstanden! Nun war mir auch klar, warum Sally den Namen ständig wiederholt hatte.

Ich wusste damals weder von dem Kinderwunsch noch von dem Gedanken der beiden, ein Kind zu adoptieren.

Derartige Hintergrundinformationen spielen für die Durchführung einer Tierkommunikation ohnehin keine Rolle. Doch selbst Nadine wäre nicht darauf gekommen, Sallys Aussage könne bedeuten, dass sie bereits ein halbes Jahr später ihren größten Wunsch erfüllt bekäme.

Nachdem der kleine Junge auf die Welt gekommen war, durfte ich erneut mit Sally kommunizieren, und ich möchte gerne auch diese Botschaft (der Vollständigkeit halber) wiedergeben. Die Kommunikation fand kurz nach der Geburt des Jungen statt:

Sally übermittelt mir gleich zu Beginn das Gefühl, dass sie durchaus weiß, dass sie „die Nummer 2" ist, doch es ist okay für sie. Allerdings kommt auch der Hinweis, dass Nadine und ihr Mann das Kind natürlich für unantastbar erklären könnten. Doch schöner wäre es, wenn sie, also Sally, ihre Aufgaben, die sie mit dem Kind hat, auch erfüllen könnte …

Auf ihre Nervosität und Ängstlichkeit angesprochen, sagt Sally, dass es aufgrund der totalen Hochspannung sei, unter der das ganze Umfeld stehe. Es ist, als ob alle Beteiligten unter Strom stehen würden. Sie sagt, dass es zu ihren Aufgaben gehöre, einiges von diesen Spannungen abzuleiten, nur sei es im Moment des Guten zu viel. Sie sagt hierzu weiter:

„So spiegle ich natürlich auch ihre Ängste wider. Sage ihnen, dass die Zukunft mit einem angenommenen Kind nicht weniger oder mehr ungewiss ist als mit einem leiblichen Kind. Sie sollen im Vertrauen

bleiben! Man weiß nie, was die Zeit bringen wird – egal, worum es geht! Sie sollen daran denken, dass sie dem Kind Ruhe, Gelassenheit und innere Ausgewogenheit schulden. Dies ist nur möglich durch reine Liebe. Und reine Liebe heißt nichts anderes als Vertrauen – da ist kein Raum für Ängste und Zweifel. Sie sollen sich nicht weiter mit Versagensängsten plagen. Das Baby würde es spüren und diese Ängste auf sich beziehen. Dies sollten sie zu vermeiden wissen.

Sie sorgen sich auch um mich und wissen nicht, wie das sein wird mit mir und unserem neuen Familienmitglied. Dabei habe ich es bereits angekündigt, ihr habt es nur nicht verstanden. Wir müssen uns alle aneinander gewöhnen. Lasst euch und uns Zeit, aber verbringt sie nicht mit sorgenvollem Zweifeln!"

Ich wünschte, zu diesem Buch gäbe es bewegte Bilder, dann würde ich Ihnen zeigen, wie liebevoll diese beiden Geschwister – denn nichts anderes sind Sally und ihr „Chico" – miteinander umgehen.
Es hat mich ungemein erfreut, als ich vor Kurzem, nach einigen Jahren, wieder Kontakt zu Nadine hatte und in ihrem Zuhause all diese wunderschönen Bilder erblickte, auf denen immer beide Kinder – Sally und ihr kleiner Bruder – zu sehen sind.
Wie hätte es auch anders kommen können, wo doch Sally schon beizeiten von dieser Verabredung wusste?! Und wenn sie damit recht hatte, warum sollte sie unrecht haben, wenn sie davon spricht, dass man Zeit brauche, um sich zusammenzufinden?

Nadine und ihr Mann haben sich darauf eingelassen und durften so auch erfahren und erleben, wie eine richtige kleine, sehr harmonische Familie entstanden ist. Ich ziehe innerlich den

Hut vor diesen mutigen vier Seelen, denn das war für alle ein gewaltiger Akt!

Doch so schön diese Geschichte auch sein mag, ich möchte an dieser Stelle darauf hinweisen, dass uns die Tiere leider nicht immer alles sagen können, vor allem, wenn es um ihre eigenen Traumata geht. Und da ich dieses Buch auch deshalb schreibe, weil ich aufzeigen möchte, welche Möglichkeiten der Hilfestellung gegeben sind, wenden wir uns nun wieder etwas weniger erfreulichen Themen zu.

Ein Anfall mit Folgen

Manchmal wundern sich Tierhalter über gewisse Verhaltensweisen oder Krankheitssymptome und sind ratlos. Meiner Meinung nach liegt dies oftmals an der versteckten Ursache. So auch in Avilas Fall, denn die wahre Ursache ihres Anfalls lag in einem früheren Trauma. Ich möchte Sie daher gerne teilhaben lassen an der ungewöhnlichen Sitzung, die ich bei dieser Hündin erleben durfte. Ich werde auch hier die Seelenrückholung in ihrer gesamten Länge wiedergeben, damit kein wichtiges Detail verloren geht:

Avila ziert sich, als ich sie in die nichtalltägliche Wirklichkeit mitnehmen möchte. Und auch wenn sie sich so zeigt, ist spürbar, dass sie nicht wirklich etwas gegen die Durchführung dieser Sitzung hat. Irgendetwas ist aber komisch.

Sie bleibt unvermittelt stehen, rührt sich nicht mehr und hat einen fast schon entrückten Blick. Ich bin ein wenig verwirrt über diese Art und Weise, und da mir keiner der Spirits Auskunft darüber gibt, beschließe ich, die Reise abzubrechen. Ich komme zu dem Schluss: Entweder will Avila keine Seelenrückholung oder aber sie braucht gar keine.

Doch sie geht nicht mit mir zurück in die alltägliche Wirklichkeit. Ich bekomme das Gefühl von Todessehnsucht vermittelt, und auch, dass zwar eine Seelenrückholung zu machen sei, es aber gerade erst einmal hauptsächlich darum gehe, ihren Zustand offenzulegen. Sowie ich das endlich begreife, geht sie auch bereitwillig mit.

Ich lasse sie in der Höhle zurück (dort „parke" ich meine Klienten, während ich in die Situation geführt werde, in der sich das Trauma ereignet hat), aber ich bekomme da schon den Eindruck, dass ich nicht die „ganze" Avila bei mir habe.

Ich werde dann von meinen Helfern in einen Zwinger geführt, in dem Avila keine Möglichkeit hat, der Sonne und ihrer Hitze aus dem Weg zu gehen. Die einzige vorhandene Hütte ist dauernd belegt. Ich spüre auch, dass sie es nicht wagt, die Hütte für sich zu beanspruchen.

Avila fühlt sich gefangen und ausgeliefert. Sie müsste heute eine deutliche Abneigung gegen Zwinger (und vielleicht auch gegen solche Stäbe) haben. Und ich habe den Eindruck, dass das Anlegen bzw. das Tragen einer Leine ihr dieses alte Gefühl vermittelt. Also das Gefühl, dass sie nicht ausweichen, nicht flüchten kann. Avila braucht viel Raum, mehr aus dem alten Gefühl des Ausgeliefertseins heraus als aufgrund eines etwaigen Freiheitsbedürfnisses.

Sie erleidet in dieser Situation einen epileptischen Anfall, offenbar ausgelöst durch einen Hitzschlag. Dabei spaltet sich ein Teil ihrer Seele ab, um sich in Sicherheit zu bringen.

Avila lebt in ständiger Sorge, erneut einen solchen Aussetzer zu erleben. Sie ist sehr vorsichtig, und es scheint, als würde sie hier und da auch unter Absenzen leiden. Man müsste dann den Eindruck haben, als stünde sie neben sich oder als sei sie gar nicht richtig „da".

Ich nehme auch wahr, dass in ihr richtig viel Potenzial steckt, doch sie hat die Erfahrung gemacht, dass äußere Umstände sie immer blockiert haben. Sie ist immer ausgeliefert gewesen und konnte sich daher nicht richtig entwickeln.

Hier an dieser Stelle geben die Spirits einen Hinweis auf die Menschengefährtin und dass ihre Traumata sehr viele Parallelen zu denen von Avila aufweisen würden. Außerdem habe Avila diesel-

143

be zarte Energie wie ihre Menschenfreundin, sagen meine Helfer. Die beiden verstünden sich auf besondere Art und Weise. Avilas zurückhaltende Art habe aber nichts mit der Frau zu tun, schon gar nicht mit Ablehnung, denn sie fühle sich total geborgen. Avila sei einfach „nur" blockiert, denn auch Geborgenheit beinhalte eine gewisse Gefahr des Ausgeliefertseins.

Genau damit arbeiten die Spirits in der Oberen Welt, denn sie wollen die damalige physische Blockade ebenfalls auflösen. Sie arbeiten neurologisch mit Avila und es ist, als wollten sie den noch im System gespeicherten Anfall neutralisieren. Meine Helfer sagen, dass man bei Avila immer darauf achten müsse, dass sie keinen Vitaminmangel erleide, denn die Disposition zu solchen Anfällen trage sie in sich.

Mir gefällt an dieser Sitzung besonders gut, dass sie auf sehr eindrucksvolle Art und Weise zeigt, welche Ursachen für ein undefinierbares Problem bestehen können. Gerade, was epileptische Anfälle angeht, tappen Tierhalter und auch die involvierten Ärzte und Therapeuten oftmals im Dunkeln.

Bei Avila gab es einen glasklaren Hintergrund zu diesem Anfall. Selbst wenn sie keinen erneuten Anfall hatte und „nur" eine bestimmte Auffälligkeit die Menschenfreundin veranlasst hatte, mal nachschauen zu lassen, um herauszufinden, was eigentlich wirklich mit ihrer Hündin los ist, so sind ihr bei der Sitzung hilfreiche Hinweise für die Zukunft gegeben worden. Wenn die Hintergründe bekannt sind, kann man auch entsprechend Vorsorge treffen und weitere Anfälle vermeiden.

Wir können selbstverständlich nicht davon ausgehen, dass sich eine Thematik, die sich vielleicht schon über einige Jahre im Körper manifestiert hat, einfach und vor allem so schnell auflöst. Wenn jedoch die Disposition dazu in einem Trauma begründet ist und die Tierhalter Hinweise bekommen, was sie tun können, damit sich diese Symptomatik nicht weiter entwickelt, dann ist das doch schon ein gewaltiger Schritt.

Ich weiß leider aus eigener Erfahrung, wie schlimm es ist, wenn man einem Tier, das unter epileptischen Anfällen leidet, nicht helfen kann. Es ist sowohl für das Tier selbst als auch für den Menschengefährten einfach nur furchtbar.

Meine Jana litt damals auch unter heftigen epileptischen Anfällen. In ihrem Fall lag es an einem Gehirntumor. Es war schlimm für uns, so ohnmächtig zu sein. Das Einzige, was wir in diesen Situationen tun konnten, war, darauf zu achten, dass sie sich nicht auf die Zunge beißt und dass sie sich nicht beim Krampfen verletzt.
Als wären diese Anfälle nicht schon schlimm genug, kam auch noch hinzu, dass sich meine kleine Zaubermaus hinterher furchtbar schämte, weil sie während des Anfalls unter sich gemacht hatte. Das tat mir in der Seele weh, doch ich konnte ihr einfach nicht begreiflich machen, dass dies überhaupt nicht schlimm ist. Es war einfach ihre ureigene Art. Daran ändert man auch mit der Tierkommunikation nichts, denn an den Eigenarten des Wesens lässt sich – zum Glück – nichts „ummodeln" …

Es gilt also, bei der Behandlung von Tieren mit epileptischen Anfällen herauszufinden, ob rein organisch bedingte Ursachen vorliegen, oder ob es sich bei der Neigung zu Krampfanfällen

145

um die körperliche Manifestation eines Traumas handelt. Es leuchtet jedem ein, dass eine rein medikamentöse Behandlung bei einem vorliegenden Trauma allenfalls Symptome eindämmen kann. Dies gilt für betroffene Menschen selbstverständlich gleichermaßen.

Colita und der wahre Grund ihrer Panik

Das Protokoll der folgenden Sitzung zeigt leider wieder einmal, wozu der Mensch fähig ist. Es zeigt aber auch, dass wir nicht den Hauch einer Ahnung haben, was so manch ein Tier, das aus dem Ausland und/oder aus einer Tötungsstation geholt wird, schon mitgemacht hat.

Hier sitzen dann viele dieser Wesen oftmals in Tierheimen und gelten als verstört und damit als nicht vermittelbar, obwohl sie „einfach" nur völlig überfordert sind mit den Erfahrungen, die sie gemacht haben. Mitunter sind es wirklich furchtbare Dinge, die ihnen widerfahren sind. Colita ist ein Beispiel für ein solch grausames und folgenschweres Trauma. Und sie ist auch ein Beispiel dafür, dass ein derartiges Trauma das Tier ein ganzes Leben lang wie ein Schatten verfolgen kann.

Ich werde von den Spirits sogleich in eine ziemlich vertrocknete Gegend geführt. Ich empfinde sie als trostlos. Das Erste, was ich erblicke, sind ein paar Jagdhunde, die kopfüber an einem Baum hängen. Die meisten schreien, einige sind bereits gestorben. Colita kann kaum atmen, so geschockt ist sie über diesen Anblick. Das Bild, und vor allem die Schreie, prägen sich ihr ein.

Ich werde sodann ganz unvermittelt in eine andere Situation geführt, in der ein Mann einige Hunde erschießt. Ich habe den Eindruck, der Mann ist Jäger und hat viele Hunde. Wieder kann Colita kaum atmen, angesichts dieser Art des Sterbens.

Fast ohne spürbaren Übergang zeigt man mir, wie Hunde bei lebendigem Leibe gehäutet werden. Auch das muss Colita mit ansehen. Es ist grauenhaft und daher bitte ich meine Helfer, mir den Rest zu ersparen. Man lässt mich all dies aus der kleinen Colita erfahren, die es zwar „nur" ansehen muss, doch dadurch so traumatisiert ist, dass sie beschließt fortzulaufen.

Sie muss sich bereits als Welpe für ein Leben auf der Straße entschieden haben, obwohl ihr wahres Wesen weder für das Leben als Jagdhund geeignet ist noch für das Leben auf der Straße. Colita ist nur deshalb Straßenhund, weil sie kein Zuhause hat, und nicht etwa, weil ihr dieses Leben gefällt. Aber auch auf der Straße kommt sie mit viel Gewalt von menschlicher Seite in Berührung. Das ist für Colita das Allerhärteste überhaupt. Sie sehnt sich nach Ruhe und Frieden.
Ich nehme wahr, dass auch Kämpfe unter den Hunden stattgefunden haben müssen, in die Colita verwickelt war oder wurde (das kann ich nicht so genau sagen). Doch diese Kämpfe waren nicht so brutal wie das, was sie bei oder durch Menschen erlebt hat.
Sie selbst muss dem Tod schon einige Male von der Schippe gesprungen sein, und sie hat darüber ein deutliches Gespür für Gefahr entwickelt. Dennoch nehme ich wahr, wie nach wie vor die Schreie der sterbenden Artgenossen in ihr nachhallen und die damaligen Bilder sie beherrschen. Colita wird diese für sie traumatische Prägung einfach nicht los. All diese Erfahrungen verfolgen sie immer noch, und sie hat schreckliche Angst vor einem qualvollen Tod durch Menschenhand.

Ich nehme sie mit in die Obere Welt, wo sich die Spirits sofort um sie kümmern. Man bettet sie ein wie einen Welpen und Colita schläft fast augenblicklich ein, so als habe man sie narkotisiert. Meine Helfer sagen, dass man mit ihr arbeiten müsse, damit diese Erlebnisse verarbeitet und dann beiseitegeschafft werden könnten. Dies bedürfe aber einer etwas intensiveren Behandlung. Außerdem habe Colita aufgrund ihres Traumas eine Disposition zu Problemen mit den Atmungsorganen. Auch darum müsse man sich nun kümmern. Sie sprechen von einer unregelmäßigen Atmung (immerzu hörte sie quasi auf zu atmen) und dass sich diese negativ auf das Herz auswirken könne. Daher müsse man unbedingt daran arbeiten.

Und dann sprechen die Spirits davon, dass Colita mal haarscharf an einer tödlichen Vergiftung vorbeigeschrammt sei. Diese Information sei nach wie vor im Organismus abgespeichert und sogar abrufbereit ähnlich einem Notfallprogramm.
Ich habe so etwas noch nie gehört, doch ihre Panik vor einem qualvollen Tod hat offenbar zu einer Art Todesmechanismus geführt: Wenn es für Colita brenzlig wird, kann sie dieses Notfallprogramm aktivieren, und dann stirbt sie ganz schnell. Denn alles ist (in ihren Augen) besser, als durch Menschenhand sterben zu müssen. Dieser Mechanismus müsse unbedingt aufgelöst werden, wie meine Helfer betonen, denn er resultiere aus den vielen traumatischen Erfahrungen.

In Sitzungen, in denen sich derartige Erlebnisse offenbaren, dreht sich mir nicht nur der Magen herum, ich schäme mich dann auch meiner Gattung. Und selbst wenn ich persönlich solche Dinge niemals tun könnte, so ist es dennoch so, dass allein schon das Wissen darum, dass es diese Art Mensch gibt, unsagbar beschämend ist.

Manchmal frage ich mich, was auf uns Menschen zukommen wird, wenn wir weiterhin so achtlos mit den Geschöpfen Gottes umgehen. Und ich spreche nicht etwa allein vom völlig überzogenen Fleischkonsum und dem daraus resultierenden Rattenschwanz, sondern ich spreche hier auch und insbesondere von all den anderen Quälereien, die von Menschenhand nicht nur zur Lebenserhaltung, sondern mitunter auch einfach nur aus reiner Vergnügungssucht oder Tötungslust praktiziert werden.

Ich wünschte, diese Menschen würden ein Mal nachempfinden, was die Tiere dabei fühlen – nur ein einziges Mal ...

Hilfe beim Bewusstseinswandel

Wenn man sich die einfachsten Lebensgesetze anschaut – hier vor allem das über Ursache und Wirkung –, dann wird einem schnell klar, dass all diese Taten nicht ungesühnt bleiben können. Dass schon in der Bibel steht, der Mensch werde das ernten, was er sät, wird zwar von vielen zitiert, doch niemand scheint es zu beherzigen. Ich glaube, es ist wichtig, dass wir uns genau damit auseinandersetzen.

Ständig wird darüber gesprochen, dass es zu einem Bewusstseinswandel kommen muss. Ja, das ist auch richtig. Doch der Mensch funktioniert nun einmal nicht per Knopfdruck, da bedarf es gewisser Entwicklungsschritte. Wir müssen fühlen, sonst erfahren wir nicht. Und wir erfahren über das Erleben.
Wenn Sie einem kleinen Kind sagen, es soll mit seinen Fingern nicht an den heißen Ofen fassen, da es sich sonst verbrennt, wird es erst aufhören, wenn es erfahren hat, was „heiß" und „verbrennen" bedeuten.
Es ist genau das Prinzip, weshalb wir überhaupt hier auf Erden sind und eine menschliche, sprich körperliche Inkarnation erleben: Wir sammeln Erfahrungen. Wir sammeln irdische Erfahrungen, die unserer Seelenentwicklung dienlich sind.

Wenn wir Menschen nun also über viele Jahrzehnte und Jahrhunderte verlernt haben, worum es im Leben wirklich geht, und wir uns jetzt in einer Zeitqualität befinden, die es uns ermöglicht, uns wieder genau daran zu erinnern und uns darauf zu besinnen, so wird dies meines Erachtens aber nur möglich sein, wenn wir uns um die wahren Werte bemühen.

Ich denke, es ist der Wertezerfall in unserer Gesellschaft, der diese Energie von Ignoranz und Gleichgültigkeit schafft. Ich glaube, dass genau da – und nur da – der Wandel im Bewusstsein erst einmal stattfinden kann und auch muss. Denn wenn jeder für sich verinnerlicht, dass er für das, was er fühlt, denkt und tut, am Ende selbst verantwortlich ist und auch dementsprechend die Konsequenzen tragen wird (und als Seele wird dies jeder ganz selbstverständlich tun!), dann wird jeder Einzelne ganz von sich aus dafür sorgen, dass er die Wahrhaftigkeit und damit auch solche Werte lebt, durch die er für sich und seine Nachkommen eine lebenswerte Erde erhalten kann. Solange es aber Menschen gibt, die nicht an die Schöpfung glauben und auch nicht daran, dass wir geistige Wesen sind, die hier auf der Erde zu Gast sind, um gewisse Erfahrungen zur Vervollkommnung unserer Seele zu machen, werden Profitgier und Machtbedürfnisse immer im Vordergrund stehen.

Wir kennen das alle nur allzu gut, inzwischen leider schon in viel zu vielen Lebensbereichen. Dies hat zur Folge, dass wir uns bisweilen sogar schon daran gewöhnt haben und es oftmals nicht einmal mehr bemerken, dass all das, was uns da vorgegaukelt wird, mit dem Leben als solchem nichts mehr zu tun hat.

Ich bin sicher, dass der erforderliche Bewusstseinswandel nur darüber entwickelt werden kann, dass wir spüren, was wirklich wichtig ist. Das geschieht in der Regel durch schmerzhafte Prozesse, denn ich kenne niemanden, der die Dinge hinterfragt, wenn sich ihm das Leben gerade – ganz subjektiv empfunden – von seiner Sonnenseite zeigt. Das heißt, solange wir nicht selbstreflektiert leben und somit auch nicht erkennen, was in uns noch nicht aufgelöst ist, werden wir im Außen, also in unserem Umfeld, mit genau diesen Themen konfrontiert sein.

Die Menschen wundern sich dann nur allzu oft und „gerne",
warum ihnen immer wieder dasselbe widerfährt, statt mal genauer hinzusehen und zu erkennen, dass es nichts anderes als
ein Spiegel ihrer eigenen Defizite ist, worüber sie sich ärgern
oder wundern. Doch der Mensch lässt sich gerne ablenken
und kehrt mit Vorliebe vor Nachbars Tür statt vor der eigenen.
Mein Mann sagt zu Recht immer wieder, dass wir eine saubere
Welt hätten, wenn jeder Einzelne vor seiner eigenen Tür keh-
ren würde …

Und dass wir im selbst produzierten Abfall zu versinken drohen, ist nur ein weiterer Spiegel für unseren Seelenmüll, der
kontinuierlich weiter verursacht wird, indem wir achtlos sind,
indem wir uns verstellen und verbiegen, indem wir nicht auf
die Signale unserer Seele hören und auch indem wir einem
Konsumdenken folgen, der uns trotz aller angehäuften Reich-
tümer innerlich verkümmern und erkalten lässt. Wo also sind
die wahren Werte geblieben? Worauf kommt es im Leben
wirklich an?

Die Tiere geben ganz konkrete Hinweise auf diese Themen. So
habe ich dahingehend in den vergangenen Jahren von ihnen
unglaublich viel lernen dürfen.

Meines Erachtens helfen gerade sie uns auf sehr effiziente und
mitunter recht hartnäckige Art und Weise, wieder auf unseren
Pfad zurückzukommen. Nur so kann das Fundament für eine
tiefgreifende Veränderung hinauf auf eine neue Bewusstsein-
sebene gelegt werden.

Wir bekommen bei sogenannten Naturkatastrophen ein leises Gespür dafür, was wirklich zählt im Leben. Doch selbst da suchen wir dann allzu schnell wieder die Ablenkung. Leider, denn ich glaube, das ist mit ein Grund, warum all diese Dinge geschehen: Sie ermahnen uns. Und sie fordern uns auf, innezuhalten und uns auf das Wesentliche zu besinnen. Tun wir das?

Ich denke, wir sind inzwischen Meister im Verdrängen und Verleugnen. Nicht umsonst stellen sich so viele Tiere ganz selbstlos zur Verfügung. Ich pflege inzwischen zu sagen, dass etwas dran sein muss an uns Menschen, sonst bekämen wir nicht so viele Chancen, das Ruder herumzureißen … dem lieben Herrgott scheint etwas an uns zu liegen, daher sendet er uns diese wundervollen Engel, die uns dann meist liebevoll und doch sehr bestimmt dahinbringen, wo sie uns gerne sähen: bei uns selbst, bei unserem wahren Kern, also bei uns und unserer Seele. Damit wir endlich das erfüllen, was wir uns einst vorgenommen haben.

Eine uralte Seele kommt zu Wort

Immer mehr Tiere sprechen von ihrer Mission. Einige dieser besonderen Botschaften möchte ich gerne mit Ihnen teilen. Es sind vor allem die darin enthaltenen Aussagen, die dazu geführt haben, dass ich mir Gedanken darüber mache, wie es denn überhaupt weitergehen soll (und kann) mit uns Menschen.

Eine dieser außergewöhnlichen Botschaften ist die von einem Kater namens Lucky. Eigentlich hatte ich von Silvia den Auftrag für die Kommunikation aufgrund einer gewissen körperlichen Problematik (er litt unter Durchfallattacken) erhalten. Umso verwunderlicher war dann, ebenso sehr für sie wie für mich, was Lucky daraus entstehen ließ. Da es eine äußerst ungewöhnliche Kommunikation war und kein Detail ausgelassen werden sollte, möchte ich auch diese Botschaft vollständig wiedergeben.

Ich bekomme gleich beim Einstimmen Bauchweh, obwohl ich das Gefühl habe, dass Lucky irgendwie noch weit weg ist. Ich empfinde den Schmerz rechts etwas schlimmer als links. Rechts ist er eher als stechender Schmerz wahrnehmbar, nicht so dumpf und großflächig. Ich habe auch das Gefühl, als sei da so etwas wie ein Engpass im Darm.

Seltsamerweise schalten sich an dieser Stelle (was mir in meiner ganzen Laufbahn noch nie passiert ist!) die Spirits ein. Ich erschrecke mich, doch sie stören sich nicht daran und sagen, dass der Durchfall das geringere Übel sei, denn es sei besser, Lucky habe

Durchfall, als dass er unter Verstopfung leide. Sie weisen darauf hin, dass bei Lucky die Gefahr eines Darmverschlusses bestehe.

Ich wundere mich nicht nur über diese Einmischung als solche, sondern auch über den Inhalt ihrer Aussage. Ich frage sie daher, was denn eigentlich los sei, und sie antworten, dass Lucky auf diese körperlichen Dinge keine Antwort geben könne. Da er jedoch ein sehr wichtiges Wesen sei (für sie, aber auch für Silvia), hätten sie beschlossen, an dieser Stelle helfend einzugreifen. Die Spirits betonen, es sei wichtig, ihn – parallel zur tierärztlichen Versorgung – ebenso zu ihnen zu bringen. Ich muss ihnen versprechen, es Silvia genau so auszurichten. Und damit steht dann auch wieder die Verbindung zu Lucky.

Ich nehme sogleich wahr, dass es ihn große Mühe kosten muss, auf meiner Ebene zu bleiben. Dies erklärt dann auch das Gefühl am Anfang der Kommunikation, als ich ihn noch so weit weg empfand.

Lucky scheint mehr mit der geistigen Welt verwurzelt zu sein als mit der materiellen. Es ist irgendwie anstrengend mit ihm, denn es ist, als würde man in der Kommunikation mit ihm einen riesigen, mit Helium gefüllten Ballon in den Händen halten und dabei verzweifelt versuchen, ihn nicht entkommen zu lassen. In diesem Ballon sitzt Lucky und er hat nichts anderes im Sinn, als gen Himmel zu fliegen. Ich habe ständig Sorge, dass er mir entwischt und ich ihn dann nicht mehr zu greifen bekomme.

Mir ist auch nicht verständlich, warum Lucky sich nicht etwas mehr darum bemüht, auf meiner Ebene zu bleiben. Erst, als ich schon enttäuscht und auch etwas genervt frage, ob er denn gar nichts mitzuteilen habe, kommt von ihm ohne Umschweife Folgendes:

„Und ob ich was zu sagen habe! Aber es hat nichts mit all dem zu tun, was Silvia von mir erfahren möchte – das da ist nicht meine Liga! Außerdem weiß sie, dass ich nicht so sehr unter dem Durchfall leide wie sie. Sie findet es schlimm, ich selbst aber nicht. Meine Wichtigkeiten liegen ganz woanders. Und wenn Silvia etwas über mich erfahren will, dann soll es so sein, wie es meinem Sein und meinem wahren Wesen entspricht. Ich bin für diese unwichtigen Dinge nicht zu haben … und über mein Alter macht sie sich keine Vorstellung!“

Hier an dieser Stelle verweist er auf eine Begegnung, die ich auf den Galapagos-Inseln mit Leguanen hatte. Diese hatten mir unter anderem übermittelt, dass sie schon so lange auf der Erde seien, wie es dort Leben gebe, und daher dafür sorgen würden, dass es auch weiterhin Leben geben werde.
Lucky vermittelt das Gefühl, dass er zu eben diesen alten Tierseelen gehört. Plötzlich sagt er, das Wort dabei an seine Silvia, aber auch an mich persönlich gerichtet:

„Silvia kann viel von mir lernen, wenn sie dazu bereit ist. Das wird sie sein, wenn sich eure Wege auch im Physischen gekreuzt haben. Und das wird nicht mehr so lange dauern, wie ihr denkt …

Eure Zeit ist gekommen, denn sowohl du als auch Silvia habt große Dinge zu vollbringen! Ich bin ein Teil dessen. Und alles, was ich euch jetzt schon sagen würde, wäre lediglich eine leise Stimme im Wind – kaum gehört und ebenso flüchtig. Nein, nein, ich kann warten.
Ich weiß, dass meine Zeit gekommen ist. Es ist die Zeit des Wissens. Und ich habe den Auftrag, es an diejenigen weiterzugeben, die be-

reit sind, es in Ehrfurcht in sich aufzunehmen und es zu tragen. Es geht um das Empfangen, das Austragen und auch um das Gebären dieses kostbaren Guts. Ihr wisst noch nicht, wie kostbar es wirklich ist. Doch ich weiß es!

Sage Silvia, dass ich oftmals abwesend bin. Doch es ist nicht ganz so, wie es für sie aussieht. Sie ahnt schon, dass viel mehr dahintersteckt – und das bereitet ihr auch Angst. Es ist aber in Wahrheit die Angst vor der Größe, auch vor der eigenen! Es ist diese Furcht, doch nun weiß sie, dass all dies hier auch für sie geschieht. Also sollte sie nun das Körperliche denen überlassen, die es in der Hand haben, und dann kann sie sich mit ganzer Energie auf das einlassen, was als Berufung auf ihrem Weg liegt. Sie wird ein wenig Zeit benötigen, um all das hier zu verdauen, damit sie versteht, wo die Reise hingeht – und diese Zeit bekommt sie auch gerne von uns."

Damit beendet Lucky ganz unvermittelt seine Botschaft, sodass ich keinerlei Chance mehr habe, irgendetwas zu hinterfragen. Er weiß viel, viel mehr, als er hier preisgegeben hat – das steht fest. Aber ich habe das dumpfe Gefühl, dass er möchte, dass Silvia mit diesen Hinweisen und dem, was sie in ihr in Gang bringen, etwas macht. Es ist, als ginge es darum, endlich einem Ruf in ihrem Inneren zu folgen.

Für Silvia passte alles, auch wenn wir uns beide zunächst ein wenig überfordert fühlten mit dem Inhalt dieser Botschaft. Doch sie sagte sogleich, dass Lucky schon immer etwas Majestätisches an sich gehabt hätte und sie sich oft Gedanken darüber mache, wo er denn sei, wenn er so abwesend wirke.

Inzwischen geht es Lucky wunderbar, doch Silvia muss immer ein Auge auf die körperlichen Aspekte haben. Es ist ganz typisch für Tierseelen, die mehr mit der geistigen Welt verbunden sind als mit der physischen, dass sie sich nicht sonderlich für die Befindlichkeiten des Körpers interessieren. Es ist, als würden sie diese kaum oder nur schwer wahrnehmen, weil ihr Fokus auf die feinstoffliche Ebene gerichtet ist. Für den Tierhalter jedoch birgt das gewisse Gefahren, denn üblicherweise lassen sich diese Tiere körperliche Befindlichkeiten nicht anmerken, was es dem Menschen schwer macht, zu erkennen, wann er im Sinne des Tieres helfend eingreifen sollte.

Wenn ich eine Kommunikation mit einem solchen Tier hatte, weise ich den dazugehörigen Menschen immer auf diese Besonderheit hin, da die Thematik den wenigsten bekannt ist. Die Tierhalter sind dann immer dankbar und die meisten bestätigen, dass sie bereits erlebt haben, dass selbst im akuten Krankheitsstadium das Tier erst Anzeichen erkennen ließ, als es schon fast zu spät war. Das ist für uns Menschen, die wir an dem lebendigen Tier hängen, äußerst tückisch. Doch wenn wir um diese Thematik und die daraus resultierende Gefahr wissen, können wir achtsamer damit umgehen und bei entsprechendem Impuls oder Empfinden helfen.

Wie bereits mehrfach erwähnt, empfangen die Tierhalter häufig völlig unvermittelt Impulse ihrer Tiere, sodass sie einer Eingebung folgend das Richtige tun. Wenn jedoch dieser Impuls vom Tier ausbleibt, müssen wir als liebende Tierhalter noch aufmerksamer sein als sonst. Normalerweise gehen entsprechende Zeichen jedoch vom Tier selbst aus. Oft genug sind sie es, die meinen Klienten den Floh ins Ohr setzen, eine Kommunikation in Auftrag zu geben. Gerne bedienen sich die Tiere auch gewisser Möglichkeiten wie zum Beispiel Auffälligkeiten im Verhalten, die wir Menschen so gar nicht schätzen. Genau diese Auffälligkeiten veranlassen uns aber dazu, es wissen zu wollen. Die Tiere brennen dann förmlich darauf, endlich ihre Botschaft loszuwerden.

Scheinbar flüchtige Begegnungen

Ich möchte an dieser Stelle eine weitere Kommunikation mit einem Hund namens Yaro wiedergeben. Es handelt sich dabei um einen Fundhund, der offenbar einiges an Bewegung in die Familie gebracht hat. Sandra bat mich um eine Kommunikation mit ihm und natürlich stand die Frage im Raum, ob er überhaupt zu ihr gehöre. Selbstverständlich wusste Yaro um diese Thematik, denn auch wenn die Tiere nicht unbedingt immer dem folgen, was wir ihnen sagen, so bekommen sie doch all das mit, was wir denken, fühlen und meinen zu wissen – oftmals sogar noch mehr als das …

Yaro ist sofort „da" und er scheint ein echter Lausbub zu sein. Er kennt bereits die erste Frage, die lautet, ob er von seinem vorherigen Zuhause fortgelaufen sei. Seine Antwort darauf ist sehr deutlich:

„Ha, ich bin ausgebüxt – was sonst?! Da, wo ich war, hat es mir nicht gefallen. Und es war auch nicht mein Platz. Bei dir bleibe ich jetzt auch nur für eine Weile. Du weißt es ebenso wie ich. Das ist auch gut so, denn meine Aufgaben liegen woanders.
Ein Mann wird mich zu sich nehmen, wenn es an der Zeit ist. Bis zum Frühjahr wirst du mich abgegeben haben. Aber vergiss nicht, dass es gut so ist. Und dass es im Sinne meiner Entwicklung ist. Und auch im Sinne deiner Entwicklung. Bis dahin aber habe ich noch etwas für dich, denn Folgendes ist mein Spezialgebiet im Umgang mit den Menschen, bei denen ich gerade bin:
Liebe Sandra, es geht im Leben nicht nur um das, was ihr euch für euch wünscht. Dazu ist das Leben nicht da! Das Leben will sich

161

entwickeln – und fordert es auch. Nichts bleibt stehen, um zu verweilen. Weder im Schönen noch im vermeintlich Schlimmen. Diese Klassifizierung existiert auch nur in den Köpfen der Menschen. Wir Tiere gehen da anders mit um, denn wir nehmen das, was ist, als gegeben und blicken darauf durch den Filter der ewigen Entwicklung. So sehen wir dann auch, was notwendigerweise getan werden muss, um voranzukommen. Aber genau da verwehrt ihr Menschen euch. Ihr verrennt euch dann in Vorstellungen vom Sein, statt das zu leben, was ist.

Das wäre für dich mal eine richtig heilsame Übung, denn allzu oft neigst du dazu, dein Leben – und so manch anderes auch – in deinem Sinne zu verplanen. Ich zeige dir aber, dass das so nicht funktioniert. Das tue ich nicht, um dich zu verärgern. Im Gegenteil sogar, denn ich tue dir damit einen großen Gefallen. Schließlich sollst du mit mir etwas lernen, das dir in deinem ganz alltäglichen Leben hilfreich sein wird. Naja, wenn du es endlich annimmst …

Ich wünsche mir, dass du es annimmst, denn glücklich bist du mit deiner ganzen Planerei ohnehin nicht. Ich wünsche es mir so sehr! Für dich wünsche ich es mir, aber auch für mich selbst, damit meine Zeit bei euch nicht fruchtlos war. Doch weitergehen werde ich in jedem Fall, da meine wahre Lebensaufgabe in einer anderen Mission steckt. Also nutze die Zeit!"

Ich habe auf einmal das Gefühl, als würde Yaro keinen Sinn darin sehen, die übrigen Fragen zu beantworten. Er vermittelt den Eindruck, als seien in seinen Augen die wichtigsten bereits durch das beantwortet, was er bisher übermittelt hat. Ich wage es trotzdem, ihn zu fragen, ob er sich bezüglich des Jagens bzw. des Abhauens einschränken könnte. Aber er reagiert darauf prompt und sehr forsch, indem er sagt:

„Dann hast auch du nicht verstanden, dass es genau darum geht, dass Sandra die Dinge mal akzeptieren muss, wie sie sind. Sie muss sich auf Situationen einlassen, richtig einlassen. Dann erst findet sie heraus, ob etwas passt oder nicht. Und wenn es nicht passt, dann ist das ebenso im Sinne der Vorsehung, wie wenn es passt. Punkt. Sie hat eben keinen Einfluss, wenn es um andere Wesen geht. Sie kann nur ihre eigenen Dinge verändern. Mich jedenfalls kann sie nicht ändern. Es gibt mich nur so! So wie es sie ja auch nur so gibt. Das wird sie auch zunehmend in ihren zukünftigen Begegnungen zu spüren bekommen.*

Sandra kennt es schon allzu gut aus Partnerschaften, will es aber nicht aus diesem Blickwinkel betrachten. Ich jedoch zwinge sie durch meine Art dazu hinzusehen. Mir kann sie auch nicht drohen, da mein Weg eh schon feststeht. So geht es anderen aber auch …"

Ich hatte etwas Sorge, wie Sandra auf diese Botschaft reagieren würde, doch bei unserem Telefonat stellte sich sehr bald heraus, dass Yaro den Nagel auf den Kopf getroffen hatte. Natürlich ist es bitter, wenn man ein solches Tier bereits ins Herz geschlossen hat, es ziehen lassen zu müssen. Aber in Yaros Fall hat er offenbar schon gleich zu Beginn ganz deutlich und damit unmissverständlich gezeigt, dass er dort nicht bleiben wird.

Wir können uns dann natürlich diesem Vorhaben in den Weg stellen. Meiner Erfahrung nach führt dies aber lediglich dazu, dass die Tiere zu Plan B greifen und anderweitig ihr Ziel erreichen, sei es durch Krankheit oder durch Tod. Sie haben ihre eigenen Möglichkeiten, und da sie ihren Fokus auf die Erfüllung ihrer Lebensaufgabe gerichtet haben, hat dies immer höchste Priorität.

Die Tiere handeln diesbezüglich um einiges bewusster als wir

Menschen. Zudem kommt auch noch hinzu, dass sie den Tod nicht fürchten, wie wir immer wieder erleben dürfen.

Eine ähnliche Thematik ist mir bei der Kommunikation mit einer Hündin namens Gaja begegnet. Auch sie schien nur vorübergehend bei Doris verweilen zu wollen. In ihrem Fall reicht es, einen Auszug aus der Botschaft wiederzugeben. Auch Gaja spricht von einer Mission:

Gaja richtet in ihrer Botschaft das Wort direkt an Doris und sagt:

„Ich möchte dein Herz öffnen für die Dinge, die da noch kommen werden. Ich möchte, dass du die Augen öffnest und genau hinsiehst! Es ist wichtig zu erkennen, was wirklich um dich herum geschieht. Es ist nicht nur gut für dich, sondern dann auch für alle, die mit dir in Berührung kommen.
Du weißt noch nicht, was kommen wird, ich aber schon. Leider darf ich dir keine Einzelheiten verraten, dennoch kannst du darauf vertrauen, dass die Dinge gut sind, so wie sie geschehen.

Ich bin eine Art Abgesandte. Meine Aufgaben sind vielfältig, obwohl es von der Essenz her immer wieder nur darum geht, Herzen zu öffnen, und damit Horizonte zu erweitern.
Die Welt braucht Seelen wie mich. Ich bin frei. Ich muss frei sein, sonst könnte ich meine große Mission nicht erfüllen. Daher gräme dich nicht, denn wenn du mich festhalten würdest, wäre mein Leben von da an ohne Sinnhaftigkeit. Das willst du doch nicht!
Ich werde noch mit vielen Seelen in Berührung kommen – menschliche wie tierische. Das ist auch genau so vorgesehen. Ihr Menschen müsst noch viel lernen, wenn ihr wahre Heilung erfahren wollt. Ihr

denkt, ein Tier kann nur glücklich sein, wenn es ein Zuhause hat. Ein festes, bleibendes Zuhause. Für mich aber wäre dies das größte Unglück schlechthin, denn von da an wäre meine Mission nicht mehr zu erfüllen!

Es ist wichtig, dass du es als das begreifst, was es ist. Andernfalls erschwerst du dir dein Leben ebenso wie meins, denn ich darf auf meinem Weg keine Schwere hinterlassen. Meine Aufgabe ist es ja, eben genau diese Schwere umzuwandeln, indem ich Herzen öffne. Denn wenn sich dein Herz öffnet und du anders in die Welt blickst, nämlich mit Liebe, dann strahlst du in deinem Licht und die Welt kann sich daran erfreuen. Und du selbst auch!

Unser Ziel ist es, mehr von dieser strahlenden Energie zu erzeugen. Neben mir sind noch einige andere Abgesandte in ähnlicher Mission hier auf Erden. Du siehst, du kannst mich nicht aufhalten. Aber du machst es uns leichter, wenn du meine Mission wirklich begreifst. Ich brauche daher all die anderen Fragen nicht mehr zu beantworten, da alles gesagt ist, was wichtig ist.

Es wird jemand kommen, der ebenso das Herz geöffnet bekommen soll. Allerdings wird es jemand sein, der viel unterwegs ist und somit viele Kontakte hat. Es wird den Anschein haben, als würde ich sesshaft werden." Sie grinst dabei und sagt dann weiter:

„Der Schein trügt, denn ich tue meine Arbeit oft auch bloß im Vorbeigehen. Eine kurze, aber intensive Begegnung kann große Wellenbewegungen auslösen. Ich bin darin sehr gut!

Fürchte dich nicht! Und noch ist es nicht soweit. Ich werde erst dann gehen, wenn ich spüre, dass du mich und mein wahres Sein erfasst *und begriffen hast. Erst dann können wir in großem, gegenseitigem Respekt Abschied nehmen. Ich bin sehr stolz auf dich! Und Alina (die andere Hündin) ist deine beste Freundin. Vergiss das niemals!"*

Ich möchte der Vollständigkeit halber die Kommunikation mit Alina hinzufügen, die zuvor stattgefunden hatte. Alina hatte schon auf einiges hingewiesen, was Gaja dann in ihrer Botschaft konkretisiert hat. Dennoch ist es interessant zu sehen, wie die beiden aus ihrer jeweiligen Sicht auf die in Rede stehende Situation blicken. Daher glaube ich, dass Alinas Botschaft ebenfalls wiedergegeben werden sollte, damit ein für Sie nachvollziehbares Gesamtbild entsteht:

Alina wartet erst gar nicht die Begrüßung ab, sondern will sofort beginnen. Ohnehin spüre ich, dass sie sehr direkt ist und auf gewisse Art und Weise auch kompromisslos. Doch nicht etwa aus Unvermögen, sondern einfach, weil sie genau weiß, was sie will und was zu tun ist. Sie ist eine Art Oberlehrmeister. Sie spricht ihre Doris persönlich an, so als würde sie tatsächlich gerade mit ihr reden und nicht mit mir:

„Ich kann Gaja hier nicht akzeptieren! Und das nicht etwa, weil ich sie nicht mag – darum geht es nicht! Es hat damit zu tun, dass sie nicht dauerhaft hierher gehört. Ihre Aufgaben sind nicht grundsätzlich hier bei dir, meine dagegen schon!
Du denkst, du könntest einfach so mit irgendeiner Idee, die dir in den Sinn kommt, eine Harmonie erschaffen, die dich und auch alle anderen glücklich macht?! Das geht nicht, denn echte Harmonie kommt von innen heraus. Und nur, wenn sie hart erarbeitet wurde, ist sie beständig, sodass sie jedem Sturm standhalten kann!

Hier geht es in Wirklichkeit gar nicht um Gaja und um mich. Und eigentlich weißt du das schon, denn es hat kurze Momente gegeben, auch schon vor Gaja, in denen sich etwas in dir dahingehend geregt hat, dass du wusstest, dass etwas schiefläuft ...

Deine Angst vor den Konsequenzen und damit vor den Veränderungen, die in dein Leben treten würden, wenn du diesen Gefühlen und Gedanken nachgeben würdest, bewirkt, dass du einen derartigen Impuls sofort beiseiteschiebst. Doch ich sage dir, je mehr du es zu verdrängen versuchst, umso schlimmer wird es. Für dich.

Du brauchst eine grundlegende Veränderung in dir. Nur so wird es dir gelingen, in dir selbst endlich den Frieden zu erlangen, nach dem du dich schon so lange sehnst. Das lässt sich nicht auf uns projizieren.

Ich bin dir treu, zeige dir aber auch ganz klar die Grenzen. Ich möchte, dass du siehst, wie sich dein eigenes Sein auf dein Umfeld auswirkt. Denn nur diese Erkenntnis wird dir zeigen, wie sehr du dich letztendlich selbst blockierst – und auch limitierst!

Du tätest nun gut daran, dich auch zurückzuziehen, aber um auf dich selbst zu blicken. Auf dich und auf das, was da in dir ist. Auf etwas, das du dir nicht anschauen magst. Gaja kann dir da trotz allem etwas zu sagen, denn ganz umsonst ist ihr Dasein nicht."

Hier lässt Alina mich ganz deutlich spüren, dass es kein Zufall und auch kein Fehler ist, dass Gaja bei Doris ist, aber sie ist eben nicht gekommen, um zu bleiben. Das will sie damit deutlich machen. Und offenbar ist ihr die Frage, warum sie so wenig Nähe zuließe, sehr wichtig, denn sie beantwortet diese von sich aus, indem sie sagt:

„Oh, ich wünsche mir oftmals Nähe, doch ich gewähre sie nur, wenn die Absichten reiner Natur sind! Das ist bei dir häufig nicht der Fall. Du bist dir der meisten deiner Beweggründe nicht einmal bewusst. Das schafft viel Ungleichgewicht. Im Außen ebenso wie in dir selbst. Dort ganz besonders.

Wir zeigen dir gerade nur deine eigene, uralte Zerrissenheit. Da ist sehr viel Unfrieden in dir. Weil du haderst, meine liebe Freundin. Du haderst mit deinem Leben, besonders mit deiner Vergangenheit. Daher kannst du alte Prägungen nicht einfach als das ansehen, was sie sind: Erfahrungen, die du machen musstest, um dich dann aus eigener Kraft daraus zu lösen wie der Phönix aus der Asche. Stattdessen aber verharrst du dort! Der Gang durch den alten Schmerz ist nicht leicht. Aber immerhin leichter, als ein Leben lang auf der Flucht davor zu sein. Du fürchtest und meidest die Konfrontation damit. Wir aber laufen nicht fort, wir stellen uns den Problemen und tragen auch die Konsequenzen. Gaja weiß das ebenso wie ich. Und das ist es wert, denn am Ende sind wir diejenigen, die es geschafft haben, dir den Weg aus dem Sumpf zu weisen. Es macht mich unsagbar traurig, dich dort zu sehen. Du verzweifelst innerlich so sehr darüber, dass es mir das Herz bricht! Du solltest Gaja noch zu Wort kommen lassen." (Damit richtet sie sich auch und insbesondere an mich, denn ich habe zwischendurch immer wieder den Gedanken, dass ja eigentlich alles gesagt sei und damit die Hauptfrage geklärt wäre, sodass man Gaja gar nicht mehr befragen müsste. Das nimmt Alina selbstverständlich wahr und reagiert auch prompt darauf.)

„Und dann solltest du dich auf das besinnen, was wir dir mitgeteilt haben. Du wirst dann zu einer Lösung gelangen, die sich nicht nur stimmig für dich anfühlen wird, sondern auch richtig ist!"

Beide Botschaften waren wichtig für Doris, und wie sich bei unserem Telefonat zeigte, entsprach ihr Inhalt auch dem Gefühl, das sie im Zusammensein mit den beiden Hündinnen hatte. Ich finde es auch deshalb spannend, beide Botschaften zu veröffentlichen, da man hierdurch deutlich erkennen kann, dass jedes Tier eine eigene Sicht auf eine Thematik hat.

Andere Betrachtungsweisen

Folgende Kommunikation mit einem Hund namens Schröder beinhaltet nicht nur das Thema Mission, sondern sie zeigt vor allem, wie wichtig es ist, hinter dem vermeintlich Sichtbaren zu blicken, um die Dinge wirklich zu begreifen. Wir können sehen, wie Tiere Geschehnisse wahrnehmen und wie sie auf gewisse Begebenheiten reagieren können. Vor allem aber lässt sie uns erkennen, was unser Unverständnis und die daraus resultierenden Missverständnisse auslösen können.

Auf die Frage nach dem Unfall mit Gipsy antwortet Schröder etwas genervt und das Wort dabei gleich an Tanja gerichtet:

„Da solltest du Gipsy besser selbst zu befragen. Aber eins kann ich dir schon sagen: Es war kein Unfall! Es ist nicht immer das, wonach es aussieht. Ihr Menschen seid zu sehr auf das fixiert, was äußerlich sichtbar ist. Wir aber möchten euch dazu bringen, mit eurem inneren Auge zu schauen, denn nur so erkennt ihr, was wirklich die Essenz einer Sache ist. Das gilt für alles, nicht nur für die Belange der Tiere! Du wirst da noch viel lernen. Ohnehin wird es für dich – und somit auch für uns – ein spannendes Jahr werden."

Hierbei vermittelt er den Eindruck, als gäbe es Familienzuwachs. Doch mehr verrät er uns nicht. Es ist, als würde er still darüber schmunzeln. Nicht nur über die Sache an sich, sondern auch darüber, dass er mehr weiß als wir alle zusammen. Und sowie ich dieses Gefühl erfasse, lässt er mich spüren, dass er oftmals unterschätzt wird von den Menschen. Wohl auch aufgrund seiner äußerlich sichtbaren Art. Doch er vermittelt hier ganz deutlich das Gefühl, dass da viel mehr in ihm steckt, als man auf den ersten Blick vermuten würde. Ich frage ihn daher ganz spontan, ob es ihn störe, dass man ihn unterschätze, woraufhin er wieder schmunzelt und sagt: „Das bin ich doch längst gewöhnt!"

Auf die Frage, ob er wieder mit einer Katze in einem Haushalt zusammenleben könne, reagiert er sofort mit Ablehnung. Hier habe ich sogleich den Eindruck, als ginge es ihm dabei nicht um die Katze an sich. Er bestätigt diesen Eindruck und sagt weiter:

„Es ist nicht die Katze, die mich stören würde, sondern vielmehr die Tatsache, dass ich mit meinen Aufgaben bei dir wieder mal hinten anstehen müsste! Eine Katze würde zum jetzigen Zeitpunkt dahingehend viel zu viel Ablenkung bringen. Ich aber konzentriere mich ganz und gar darauf, dich auf das vorzubereiten, was wichtig für dich und für deine Zukunft ist. Eine Katze würde hier eher hinderlich, wenn nicht sogar störend wirken. Also, überlege es dir gut! Ich weiß, dass du ein Meister der Ablenkung sein kannst, aber ich mache da nicht mit! Ich möchte, dass du dich auf das besinnst, was wichtig ist. Und die Zeit bis zum Sommer will sinnvoll genutzt werden …"

Als ich das Training anspreche, reagiert er erneut mit Ablehnung, sogar etwas genervt. Ich verstehe diese Reaktion nicht, denn er macht mir eigentlich gar nicht den Eindruck, als könne er sich nicht für etwas begeistern. Daher will ich von ihm wissen, was denn eigentlich los sei, dass er so genervt auf die Fragen reagiere. Die Antwort ist verblüffend:

„Es geht mir einfach nicht um diese Dinge! Ich mache sie. Und manches davon macht sogar Spaß, aber es ist einfach nicht das, wozu mein Leben bestimmt ist! Ich möchte daher auch nicht, dass Tanja diesen Dingen so große Bedeutung beimisst. Deshalb diese Ablehnung.

Wenn sie endlich begreift, worum es mir in Wirklichkeit geht, dann mache ich jeden Mist mit. Aber solange das nicht klar ist, befinde ich mich immer in einer Art Konflikt, denn ich bin nun einmal nicht für diese Dinge hier auf dieser Welt und bei Tanja. Damit jedoch setzt sie sich viel zu wenig auseinander. Mein derzeit größter Wunsch ist daher der, dass Tanja genau das begreift und so verinnerlicht, dass wir endlich unsere wirklichen Aufgaben angehen können. Es wird Zeit, sowohl für sie als auch für mich."

Auf die Frage, wie Tanja ihn besser motivieren könne, antwortet er etwas unwirsch, dass er doch gerade von nichts anderem gesprochen habe. Erst da verstehe ich, was er meint und dass er recht hat, wenn er nun auf diese Nachfrage so vehement reagiert.

Ich weiß zwar nicht, was Tanja dazu bewogen hat, diese Frage zu stellen, doch für Schröder steht sie offenbar in einem direkten Zusammenhang zu dem, was er bereits gesagt hat.

Sowie ich Schröder frage, wie Tanja ihm bei seinem Knie helfen könne, zieht er sich erst einmal zurück. Ich habe schon die Befürchtung, dass er sich einfach aus der Kommunikation zurückzieht, doch plötzlich ist er wieder ganz da. In mir entsteht dabei der Eindruck, als habe er sich gerade irgendwie rückversichert; es ist ganz seltsam, so als sei da etwas, das nicht ausgesprochen werden darf. Ich frage ihn daher erneut, formuliere die Frage nun aber etwas anders: „Was steckt hinter den Problemen mit den Knien?"

Darauf erhalte ich endlich eine Antwort, selbst wenn sie zunächst zögerlich kommt:

„Es ist noch zu früh, um darüber zu reden, denn es hat mit Tanjas Bedürfnis zu tun, alles im Griff zu haben. Doch wir können an dieser Stelle bei ihr noch nicht viel bewegen, da die Basis dafür noch nicht geschaffen ist. Es ist wichtig, dass sie mir vertraut. Nicht äußerlich und oberflächlich, sondern so, dass sie versteht, warum es mich gibt und warum ich ausgerechnet bei ihr bin und nicht woanders.
Ich bin es, der sie gewählt hat. Ich möchte meine Mission eines Tages auch erfüllen können. Doch dies geht nur, wenn sie unser Band versteht. Wenn sie es im Herzen versteht und nicht nur im Kopf. Mehr darf ich dazu noch nicht sagen."

Bei der Besprechung teilte mir Tanja dann mit, dass Gipsy ein Kater gewesen sei. In der Tat habe sie immer angenommen, Schröder habe ihn auf dem Gewissen, da sie ihn und einen anderen Pflegehund neben dem sterbenden Kater vorgefunden hatte. Das sei ihr seit damals nicht mehr aus dem Kopf gegangen, was sich nachhaltig auf ihre Beziehung zu Schröder ausgewirkt habe.

Nun aber war sie erleichtert über diese Aussage, zumal ihrem Erzählen zufolge wohl einiges dafür sprach, dass der Kater einen Anfall hatte und die anwesenden Hunde einfach hinzugekommen waren. Da nur Speichel vorzufinden gewesen war und keine Bisswunden, kann man davon ausgehen, dass die Hunde einfach nur dabei gewesen waren, sonst nichts. Die Situation aber, so wie sie sich dargestellt hatte, als man die drei vorgefunden hatte, hatte erst einmal nur die Annahme zugelassen, die beiden Hunde seien sich einig gewesen. Das war es, was Schröder meinte mit „es ist nicht immer das, wonach es aussieht". Und so konnte mithilfe der Informationen, die Tanja von Schröder bekommen hatte, das große Missverständnis endlich aus der Welt geschaffen werden.

Einige Wochen später berichtete mir Tanja, dass sie sich Schröders Botschaft sehr zu Herzen genommen habe, und nun sei er auch beim Training ganz anders, viel motivierter. Es passte haargenau zu dem, was er übermittelt hatte. Selbst Außenstehenden fiele die Veränderung an dem Hund auf.

Ich finde es wundervoll, dass durch eine einzige Botschaft so viel verändert werden kann. In diesem Fall führte die Botschaft vor allem zu Verständnis und natürlich auch dazu, dass beide sich nicht mehr mit dem Missverständnis von damals herumplagen müssen. Doch viel wichtiger scheint das zu sein, was die Botschaft in Tanjas Seele bewirkt hat.

Wandel durch tiefes Verständnis

Auch und insbesondere solche Erfahrungen, wie die von Tanja und ihrem Hund Schröder, führen in kleinen Schritten dazu, dass ein Wandel im Bewusstsein der Menschen stattfindet. Wie sehr sich die Tiere im Einzelnen darum bemühen, zeigt auch folgende Botschaft von Janosch:

Janosch richtet gleich zu Beginn meine Aufmerksamkeit auf den Rücken- und Hüftbereich. Er hat ziemlich starke Schmerzen auf der linken Seite, obwohl beide Seiten betroffen sind. Es ist schwierig für ihn, eine angenehme Sitzposition zu finden.

Außerdem übermittelt er Schmerzen in der linken Vorderpfote, wie man es bei Überbelastungen kennt. Wahrscheinlich wird dieser Bereich durch die Schonhaltung bzw. Gewichtsverlagerung in Mitleidenschaft gezogen. Der gesamte Nacken- und Schulterbereich ist recht verspannt, was ebenfalls durch die Schonhaltung bedingt sein kann.

Er zeigt mir immer wieder eine bestimmte Frau, die ich vom therapeutischen Hundeschwimmen kenne. Es ist, als wolle er sagen, dass ihm diese Therapieform Linderung verschaffen würde. Dann richtet er das Wort direkt an seine Menschenfreundin Marlene und sagt:

„Ich bin dein Beschützer, das weißt du. Und die Aggressionen sind auch nichts Neues für uns … Heute bist du ihnen nicht wehrlos ausgeliefert, so wie es einst mal der Fall war. Und heute bin ich in der Lage, sie abzufangen.

Alex wird seine Wut gegen sich selbst richten. Noch versucht er es auf diesem Weg, doch es befriedigt ihn nicht in dem Maße, wie er es benötigt. Hier solltet ihr innerliche Distanz wahren, denn er hat sich bereits entschieden. Er wird am eigenen Leib erfahren, was es heißt, ganz unschuldig bestraft zu werden. Er muss es erfahren, um sein eigenes Handeln überhaupt erst mal hinterfragen zu können. Erst dann ist er bereit, Heilung zuzulassen. Alex kann, wenn er will, viel von mir lernen. Ich bin durch meine Vergangenheit ebenso sehr geprägt wie er. Doch ich habe Hilfe und Liebe erfahren und dankbar annehmen können. So weit ist er aber noch nicht. Er fühlt sich vom Leben bestraft und ungerecht behandelt. Genau das versucht er irgendwie weiterzugeben ...“

Janosch gibt mir während der gesamten Kommunikation immer wieder einen Hinweis auf Drogen, so als würde er sagen wollen, dass da eine Gefahr bestehe. Marlene solle das im Hinterkopf behalten. Dann sagt Janosch weiter:

„Marlene, halte durch! Es geht hier nicht darum, sich für oder gegen etwas zu entscheiden. Es geht darum, Verständnis zu entwickeln – trotz allem! So wie du für mich und meine Ängste aufgrund von Traumata Verständnis hast, so sollte dies auch jedem anderen Wesen – egal, aus welcher Prägung er kommt – zustehen.

Es geht auch darum, den Spagat zwischen Mitgefühl und Abgrenzung zu schaffen. Dabei helfe ich dir. Doch es wird dir nicht gelingen, wenn du dich auf die eine oder die andere Seite schlägst. Ihm gebührt dasselbe Mitgefühl wie mir! Beide tragen wir seelische Verletzungen in uns, die etwas in uns bewirken. Habe Mitgefühl, ohne dich dabei selbst darin zu verlieren. Kein Mitgefühl zu haben, wäre falsch. Sich dabei selbst zu verlieren, aber ebenso!

Und es geht darum, die Brücke zwischen beidem zu schlagen und darüber schreiten zu können, ohne dabei abzustürzen. Meine früheren Erlebnisse gehören zu meinem Leben wie die heutigen auch. Sie sind Teil meiner Aufgaben und sollen zeigen, wie umsichtig ein jeder sein sollte.

Meine Angst erinnert nicht nur an das, was war, sondern auch an das, was jederzeit passieren kann. Es geht um ein besseres Miteinander. Und dies beginnt im eigenen kleinen Umfeld."

Er übermittelt wider Erwarten eine recht enge Verbindung zu Alex, trotz der offensichtlichen Aggressionen des Mannes ihm gegenüber. Es ist, als wolle er sagen, dass es gewisse Parallelen hinsichtlich ihrer traumatischen Prägungen zwischen ihnen gebe.

Janosch ist eine recht alte und weise Seele, die definitiv weiß, worum es tatsächlich im Leben geht. Er urteilt nicht. In keiner Art und Weise. Da ist keinerlei Wertung in seinen Aussagen; und dies ist etwas, was er gerne vermitteln möchte. Er weist immer wieder auf den Spagat hin, den er bereits beschrieben hat. Dies ist seine Mission hier auf Erden, insbesondere im Zusammensein mit Menschen.

Wie sich bei der Besprechung der Kommunikation herausstellte, handelt es sich bei Alex um den inzwischen erwachsenen, aber noch im gemeinsamen Haushalt lebenden Adoptivsohn von Marlene. Es war auch richtig, was Janosch hinsichtlich der Drogen übermittelt hatte. Eine äußerst schwierige Situation. Umso mehr, da Alex sich nicht einsichtig zeige. Daher fand ich Janoschs Hinweise für Marlene so wichtig, denn es ging um Vertrauen, aber auch um Verständnis. Alex wird nicht angeprangert, sondern Janosch sorgt mit seiner Botschaft vielmehr dafür, dass Mitgefühl entstehen kann. Und da er in diesem Zusammenhang ebenfalls von einer Mission spricht, ist es durchaus vorstellbar, dass derzeit viele dieser weisen Seelen auf der Erde sind, um Mitgefühl und Verständnis zu vermitteln.

Es sind also offenbar keine Endzeitszenarien, mit denen ein Wandel im Bewusstsein geschaffen werden soll, sondern die gefühlten Werte in jedem Einzelnen. Das eine Tier spricht davon, dass sein Menschengefährte sein wahres Ich leben solle, damit er in seine Größe komme. Das andere Tier davon, dass es bei der Entwicklung seines Menschenfreundes um Verständnis für sich selbst und auch anderen gegenüber gehe. Ein anderes spricht wiederum davon, dass Abgrenzung zum Selbstschutz erforderlich sei. Die Aussagen der Tiere sind so mannigfaltig wie die Seelen selbst – und ebenso individuell. Wenn wir begreifen und berücksichtigen, dass die Tiere uns dabei helfen, unsere eigene Mission hier auf Erden zu erkennen und anzunehmen und jeder Einzelne darüber einen wichtigen Beitrag zur Heilung von Mutter Erde leisten kann, weil er ein anderes Bewusstsein für alles, was ihn umgibt, entwickelt, dann sind wir an genau dem Punkt, zu dem wir meines Erachtens endlich mal gelangen sollten.
Ich möchte damit nicht etwa behaupten, dass es nur die Tiere sind, die uns dabei behilflich sind. Da ich dieses Buch jedoch den Tieren widme, sehe ich es als meine Aufgabe an, explizit auf ihre Dienste hinzuweisen. Natürlich gibt es auch andere Wege hin zu einem anderen, für Mutter Erde heilsamen Bewusstsein. Ich habe allerdings bisher keine Möglichkeit kennengelernt, bei der mit so viel Achtsamkeit und Liebe die Individualität eines jeden Einzelnen angesprochen wird.

Es mag an meinem eigenen Strickmuster liegen, dass ich so großen Wert auf Individualität lege, doch ich glaube einfach nicht, dass es einen allgemeingültigen, sozusagen den einzig wahren Weg gibt. Ich lebe in der Überzeugung, dass jeder seinen ureigenen Weg entdecken und leben muss. Und diesbezüglich darf ich immer wieder Zeuge sein, wie es den Tieren durch ihre Botschaften gelingt, genau den Punkt in dem jeweils betroffenen Menschen zu treffen, der die entsprechende Öffnung für Erkenntnis, Heilung, Verständnis usw. offenbart. Dann bedarf es nicht mehr allzu großer Anstrengung, dem angezeigten Pfad weiter zu folgen. Den meisten meiner Klienten fällt es von da an leichter, ihren eigenen Weg zu gehen. Sie vertrauen immer mehr ihrem eigenen Gefühl, aber auch darauf, dass es zwischen Himmel und Erde etwas geben muss, das Großartiges bewirken kann.

Ich selbst bin immer wieder aufs Neue fasziniert, wie dieses riesige „Netzwerk" im Universum funktioniert. Unser Schöpfer ist ein wahres Genie, denn wie kann es sonst sein, dass sich alles wie ein Rädchen ins andere fügt und so reibungslos funktioniert? Alles ist miteinander verwoben, ob wir es nun erkennen oder nicht. Natürlich gibt es auch solche Menschen, die es nicht erkennen wollen, doch dafür hört es nicht auf, so zu sein.

Es ist diese unbeschreiblich große Kraft, diese unermessliche Macht, die sogenannte höhere Ordnung, die dafür sorgt, dass die Dinge geschehen, wie sie geschehen sollen. Wir alle werden spätestens dann damit konfrontiert, wenn wir Abschied von einem geliebten Wesen nehmen müssen.
Die Spirits sagten mal in einer Reise Folgendes: „Die größte

Überheblichkeit des Menschen zeigt sich darin, dass er glaubt, dem Schicksal ins Handwerk pfuschen zu können." Wie recht sie damit haben! Und ich kann mich selbst leider gar nicht davon ausschließen, denn spätestens, wenn eines meiner Tiere geht oder gehen will, hadere ich mit eben dieser höheren Ordnung, dem Schicksal. Dabei ist das Schicksal alles andere als „böse". Für die meisten allerdings birgt das Wort an sich schon etwas Bedrohliches oder Negatives, weil es eben fast immer nur in für uns unschönen Situationen benannt wird. Dann sagen wir, dass das Schicksal unbarmherzig zugeschlagen habe.

Doch niemand beklagt sich, wenn ihm beispielsweise die große Liebe über den Weg gelaufen ist und das große Glück mit sich gebracht hat. Ich kenne keinen, der dann sagt, dass das Schicksal ihm diesen besonderen Menschen geschickt habe. Dennoch ist beides gleichermaßen Schicksal, denn es gehört auch zur höheren Ordnung, wenn uns subjektiv positiv empfundene Dinge widerfahren.

Was die Sicht auf das sogenannte Schicksal angeht, ist die Aufstellungsarbeit eine grandiose Hilfe, denn durch das Erleben, welche Dynamik die höhere Ordnung mit sich bringt, wenn sie mit ins Geschehen genommen und aufgestellt wird, findet ein Begreifen statt, das uns in jeder einzelnen Zelle bewegt. Ich glaube, das ist der Augenblick, in dem die Seele erkennt, dass es genau das ist, was sie sich als Lernaufgabe ausgesucht hat. Es ist dann, als würde man zwei lose Enden zusammenführen, wodurch alles wieder frei und völlig ungehindert fließen kann. Sich dem Schicksal widersetzen zu wollen, kostet nicht nur unnötig viel Energie, sondern schafft auch zusätzliche Blockaden. Es ist natürlich menschlich, dass wir ein geliebtes Wesen nicht gehen lassen wollen. Etwas anderes ist es jedoch sich dem Schicksal in den Weg zu stellen und zu glauben, etwas tun zu können, das nicht im Sinne der Vorsehung ist.

Ich erlebe das selbst nur allzu oft. Natürlich kann es sein, dass wir rechtzeitig zum Tierarzt fahren oder andere Aktivitäten dazu führen, dass wir das vermeintliche Ende abwenden können. Inzwischen weiß ich jedoch, dass auch dies Teil der Vorsehung ist, sonst geschähe es nicht!
So sind Seelenverluste ebenso wenig „Zufall" wie ihre später stattfindende Ausheilung. Hinter allem steckt ein tieferer Sinn und alles hat seine ureigene Zeit.
Oftmals sind nicht nur die Traumata der Tiere eng mit denen ihrer Menschengefährten verbunden, sondern auch die Heilung erfolgt häufig zu einem Zeitpunkt, an dem sich auch für den Menschen Grundlegendes verändert oder verändern soll. Vor allem bei den Tieren gibt es dann so etwas wie spontane Auslöser, die mitunter erschreckend und damit sehr aufwühlend für den Menschenfreund sein können, letztendlich aber genau den richtigen Anstoß für alles Weitere geben.
Ich möchte daher ein paar Seelenrückholungen wiedergeben, bei denen sich über das Trauma und deren Ausheilung unbeschreiblich viel für den dazugehörigen Menschen verändert hat. Ich nenne diesen Prozess auch gerne Domino-Effekt. Inzwischen bin ich mir ziemlich sicher, dass die Tiere sich dieser Dynamik bewusst sind und daher wissen, was sie wann, wie und wo am besten einfädeln.

My home is my castle

Eine Frau namens Angela bat mich, ihr kurzfristig zu helfen. Ihr dreijähriger Kater Kashmir sei nach einem Sturz tierärztlich unter Narkose versorgt worden und befinde sich seitdem in einem sehr schlechten Zustand. Mein Impuls war sogleich, ihn lieber direkt zu den Spirits zu bringen, statt eine Kommunikation mit ihm durchzuführen.

Manchmal ist es besser, die Tiere gleich eine „Etage höher" zu bringen, denn bei einer Tierkommunikation sind wir darauf angewiesen, dass das Tier genau weiß, was los ist und was es braucht, um wieder gesund zu werden. Das ist nicht immer der Fall, und unter Umständen verliert man dann kostbare Zeit. Außerdem kommt es relativ häufig vor, dass Tiere unter Narkose einen Seelenverlust erleiden und dadurch der Genesungsprozess erheblich behindert wird. Sofern ich einen entsprechenden Impuls habe, schlage ich dem Klienten vor, mit dem Tier lieber schamanisch zu arbeiten. Zum einen kann man sich dann die Kosten für eine Tierkommunikation sparen, zumal ich zuvor nie wissen kann, ob das, was das Tier übermitteln kann, wirklich so aufschlussreich ist, dass es in einer derartigen Notsituation von Nutzen sein könnte. Zum anderen muss man für eine solche Tierkommunikation in der Regel etwa vier Stunden einkalkulieren, sodass sich die Frage stellt, ob man in einem akuten Notfall die Zeit effektiver nutzen könnte. Die Entscheidung liegt selbstverständlich immer beim Tierhalter. Ich kann dahingehend stets nur beratend zur Seite stehen.

Bei Kashmir war es jedenfalls so, dass Angela meinem Impuls vertraute, sodass ich ihn rasch zu meinen Spirits bringen konnte. Meine Eingebung stellte sich als richtig heraus, denn Kashmir benötigte dringend eine Seelenrückholung.

Ich muss Kashmir in die nichtalltägliche Wirklichkeit tragen, da er nicht mehr selbst laufen kann. Ich bemerke aber sogleich, dass es nicht etwa an dem physischen Zustand liegt, sondern vielmehr an seiner seelischen Verfassung.

Ich werde von den Spirits wider Erwarten nicht in die Narkosephase geführt, sondern in die Situation, in der er gestürzt ist.
Kashmir hat sich dabei zu Tode erschrocken. Das Schlimmste – und damit das für ihn Traumatische – in diesem Augenblick des Sturzes war für ihn das Gefühl von Unsicherheit, das sich sofort in ihm breitgemacht hat. Er fühlte sich von da an nicht mehr sicher in seinem Zuhause. Dies war für ihn ganz furchtbar.

Die Spirits lassen mich spüren, wie in Kashmir so etwas wie ein alter Film abläuft. Mir kommt sofort die Frage, ob er mal fortgegeben worden sei. Vielleicht war es aber auch das Gefühl, das er dort hatte, wo er aufgewachsen ist, denn es ist klar, dass er sich dort weder zu Hause noch sicher aufgehoben gefühlt hat. Jedenfalls war es damals traumatisch für ihn, sodass ihm die Sicherheit und die Geborgenheit in seinem jetzigen Zuhause das Wichtigste geworden ist. Durch den Sturz daheim hat er aber genau dieses Gefühl verloren. Und da er dann auch noch fortgebracht worden ist (in die Klinik), hat es die Angst in ihm nur zusätzlich verstärkt. Kashmir ist dabei innerlich ins Bodenlose gestürzt. Es ist ganz deutlich spürbar, dass wir es hier mit einem alten Trauma zu tun haben, das nun durch eine neue Situation mobilisiert worden ist.

Meine Helfer führen Kashmir bei der Ausheilung nach Hause und lassen ihn dann alles wahrnehmen, wie es eigentlich (vor besagtem Sturz) für ihn war, nämlich sicher und geborgen. Nirgendwo lauert Gefahr.

Er lässt nun langsam, aber sicher wieder die Erinnerung an das Gute seines Zuhauses in sich hineinfließen, sodass er das geschützte und geborgene Gefühl nach und nach wieder annehmen und integrieren kann.

Sobald er sein Zuhause wieder als sicher empfindet (es dauert eine Weile), kümmern sich die Spirits zunächst einmal um die Ausleitung der Narkose aus dem Organismus und dann erst um das verletzte Bein. Während sie ihn behandeln, erklären sie, dass es sehr wichtig sei, ihm immer das Gefühl von Sicherheit und Geborgenheit zu vermitteln, da er dies noch mehr brauche als das tägliche Futter. Kashmir sei äußerst sensibel und benötige ein gewisses Maß an Stabilität. Meine Helfer heben hervor, dass dies bei ihm am besten über feste Rituale zu erreichen sei, denn auf Rituale könne man sich verlassen. Es gehe dabei um deren sichere Wiederkehr, also um die ständige Wiederholung. Diese führe dazu, dass er die Verlässlichkeit und das für ihn so wichtige Sicherheitsempfinden vermittelt bekomme.

Am Ende verbinden sie das Bein neu und sagen, Angela solle auf etwaige Stauungen achten. Dann lassen sie uns wieder zurückgehen. Jetzt trottet Kashmir neben mir her und er wirkt auf mich sichtlich zufrieden. Zwar vorsichtig und auch umsichtig beim Gehen, aber dennoch zufrieden. Mir ist klar, dass für Kashmir Folgendes gilt:

My home is my castle!!

Angela bestätigte ziemlich erstaunt, dass sie Kashmir als kleines Baby für zwei Wochen fortgegeben habe. Man hatte ihr den Kater so überraschend geschenkt, dass sie den bevorstehenden Urlaub nur dadurch habe antreten können, dass sie Kashmir für diese Zeit fortgab. Allerdings habe sie beim Abholen festgestellt, dass der kleine Kater total verstört gewesen sei. Sie habe sich damals schon geschworen, so etwas niemals wieder zu tun. Kashmir habe sich allerdings mit der Zeit wieder beruhigt, auch wenn er sich von da an extrem misstrauisch gab. Erst jetzt wurde ihr das Ausmaß dessen, was es für Kashmir bedeutet haben muss, bewusst.

Ich erklärte ihr, dass so etwas durchaus lange Zeit in einem Wesen schlummern könne, bis es durch einen äußeren Umstand wieder mobilisiert werde. Man würde dann zwar noch schwerlich den Zusammenhang erkennen können, dennoch sei da die Wurzel des Übels zu finden.

Wir konnten uns keinen Reim auf das erneute Verbinden des Beins machen, doch ich ermahnte sie, es zu beachten, denn die Spirits würden nie etwas sagen, das ohne Bedeutung sei. Am nächsten Tag teilte sie alsdann lachend mit, Kashmir habe sich den Verband selbst abgenommen, das Bein sei geschwollen gewesen. Offenbar war der Verband zu stramm angelegt worden oder durch die anschließend einsetzende Schwellung zu stramm geworden. Weitere Versuche, das Bein erneut zu verbinden, führten zu nichts, Kashmir weigerte sich standhaft. Erst jetzt verstanden wir, dass sich das Verbinden auf energetischer Ebene körperlich auswirken und das Bein sicherlich bald heil werden würde, auch wenn Kashmir sich auf physischer Ebene keinen neuen Verband anlegen ließe. So kam es dann auch und

Kashmir erholte sich recht bald von all diesen Strapazen.

Bezeichnenderweise passierte in der Folge auch noch so manch anderes in Angelas Leben. Nicht nur, dass eigene frühere traumatische Erlebnisse mobilisiert und offenkundig wurden. Auch ihre vermeintliche Sicherheit in ihrem Zuhause wurde zu einem sehr zentralen Thema.
Ich bin sicher, dass der Zeitpunkt des Sturzes und die Ausheilung mit all den Informationen, die Angela in diesem Zusammenhang erhielt, kein Zufall gewesen sind. Es war vielmehr wie ein Einleiten dieser wichtigen Prozesse, die nun auf Angela zukamen.

Manchmal fordert uns das Schicksal auf unbarmherzige Art und Weise auf, uns endlich unseren Themen zu stellen. Wir bekommen alle zweifellos genügend Hinweise auf unsere vorhandenen Baustellen, doch wir übergehen sie nur allzu gerne. Meistens ist es ja auch nicht wirklich bequem, sich seinen inneren Baustellen zu stellen; da macht man zugegebermaßen gerne etwas anderes. Eben solche Dinge, die vermeintlich angenehmer erscheinen …
Da wir jedoch nicht aus diesem Grunde auf der Welt sind, bedient sich das Schicksal hier und da auch gerne seiner Abgesandten, wie die Tiere sich selbst gerne bezeichnen.
So war es auch in Angelas Fall, denn ziemlich zur gleichen Zeit, als Kashmir seinen Part erfüllt hatte, war ihre Katze Mimi offensichtlich der Meinung, diese „günstige" Zeit für sich nutzen zu müssen: Kurze Zeit nach Kashmirs Seelenrückholung bat mich Angela erneut um Hilfe. Sie hatte Mimi gerade kastrieren lassen und nun drohe Mimi zu verbluten.

Ich kümmerte mich umgehend darum, denn auch hier nahm ich zunächst an, dass Mimi während der Operation etwas widerfahren sei; eventuell, während sie in Narkose lag. Viele Tiere empfinden diesen Zustand als Kontrollverlust. Dies kann so traumatisch für sie sein, dass ein Teil von ihnen nicht mehr zurückkehrt. Man merkt es oftmals daran, dass sie nach dem Eingriff nicht wieder richtig zu sich kommen bzw. nicht richtig genesen.

Häufig berichten mir besorgte Klienten, dass ihr Tier auch noch Stunden nach der Operation unaufhörlich leise wimmern würde. Meines Erachtens sollte ein Tierhalter immer hellhörig werden, wenn sein Tier sich nicht zeitnah von einem Eingriff erholt, denn üblicherweise sind Tiere recht widerstandsfähig, was Operationen angeht. Sollte dem Tierhalter jedoch etwas seltsam oder gar unheilvoll erscheinen, ist es in der Regel tatsächlich so, dass etwas nicht so läuft, wie es in Wirklichkeit sollte.

Ich ziehe derartige Fälle immer vor, denn je schneller die Tiere in ihre Ganzheit gelangen, umso geringer ist die Gefahr, dass sich etwas von diesem Trauma körperlich manifestiert und den Genesungsprozess stört. Die Heilung setzt bei den Tieren glücklicherweise im Normalfall unmittelbar ein, sodass sie entsprechend von den Tierhaltern erkannt wird. Häufig ist es so, dass mir die Menschen anschließend, wenn wir die Sitzung telefonisch besprechen, berichten, dass kurze Zeit, nachdem ich meine Arbeit begonnen hatte, nicht nur das Wimmern aufgehört habe, sondern das Tier wie nach einer Aufwachspritze aufgesprungen sei. Das ist genau das, was ich anfangs erklärt habe: Die Tiere sind nicht kopflastig und reagieren unmittelbar auf die Behandlung.

Bei meinen eigenen Tieren handhabe ich es bei Operationen inzwischen immer so, dass ich gar nicht erst abwarte, ob sich Hinweise auf einen Seelenverlust zeigen. Ich bringe sie nach der Operation ohne weitere Verzögerung zu den Spirits und frage, ob es etwas zu tun gebe. Ich bin der Meinung, dass insbesondere die ersten Stunden nach einem Eingriff elementar wichtig für die Heilung sind und durch nichts gestört werden sollten.

Mimi und ihre Babys

Bei Mimi gab es gleich mehrere Baustellen, sodass ziemlich bald klar war, dass der akute Zustand lediglich als Auslöser genutzt wurde. Nun aber das ganze Protokoll der Seelenrückholung bei Mimi:

Ich werde von meinen Helfern in die Situation geführt, in der sie operiert wird. Schon mit der Narkose hat sich Mimi aus dem Körper verabschiedet. Ich wundere mich, weil es sich dabei nicht um einen speziellen Seelenanteil handelt, sondern ich vielmehr den Eindruck habe, dass Mimi fast im Ganzen geht. Ich folge ihr und finde sie dann auch sogleich in der Oberen Welt auf einer saftig grünen Wiese wieder, wo sie völlig ausgelassen und fröhlich mit ihren beiden verstorbenen Babys spielt. (Sie hatte zwei Jahre zuvor einen Wurf, bei dem zwei ihrer Kitten im Geburtskanal steckengeblieben waren und in der Folge starben.)

Ich bin total überrascht, sie dort anzutreffen. Ich möchte Mimi sogleich mitnehmen, doch sie will lieber dort bleiben. Erst, als die beiden Babys ihr vermitteln, dass sie bald wieder bei ihr sein werden, wenn ihre Tochter Maja Nachwuchs bekommt, wird Mimi endlich zugänglicher und auch kooperativ.

Es ist deutlich spürbar, dass das eine ein Mädchen und das andere Baby ein Bub ist. Sie sind auf besondere Art und Weise miteinander verbunden. Ich vermute, man wird es gleich bemerken, wenn man sie erlebt. Sie verabschieden sich fröhlich von ihrer Mama und ich kann Mimi nun mit zu den Spirits nehmen, damit sie sich um die Ausheilung kümmern können.

Erst bei ihrer Behandlung verstehe ich, warum ich während der Operation den Eindruck hatte, dass sich kein spezieller Seelenanteil, sondern fast die ganze Seele aus Mimis Körper verabschiedet hat, denn meine Helfer arbeiten mit dem Seelenverlust, den Mimi seinerzeit durch den Verlust der Babys erlitten hatte. Mimi hat sozusagen den Zustand der Narkose „benutzt", um dem Leben zu entfliehen.

Die Spirits erläutern, dass der Verlust der Babys auch deshalb so schlimm für sie sei, weil obendrein auch noch die letzte verbliebene Tochter fortgegeben worden sei. Dies hätte ihren Schmerz nur noch zusätzlich verstärkt.

Als Nächstes führen mich meine Helfer in die Situation, in der es Mimi nach der Operation so schlecht ging und sie in ihrer Transportbox festsaß.

Ich spüre (als Mimi) einen regelrechten Adrenalinschub in mir und auch, wie sich ein ganzer Schwall Blut in mir ergießt. Ich bin völlig in Panik und verliere meine ganze innere Stabilität. Ich will nicht mehr, ich muss hier weg!

Die Spirits holen uns sofort aus dieser traumatischen Lage, da es auch mich wie ein Sog in die Tiefe hinabzuziehen droht. Bei der Ausheilung in der Oberen Welt arbeiten meine Helfer mit Mimi dergestalt, dass diese am Ende ihre innere Stabilität wiedererlangt. Ich nehme wahr, dass die Spirits ihr immer wieder die Rückkehr ihrer beiden Babys vor Augen führen. Und sie versuchen ihr begreiflich zu machen, dass diese Babys insbesondere ihre Fürsorge benötigen. Sie wollen ihr das Gefühl vermitteln, gebraucht zu werden. Mimi wird dadurch auch sichtlich besänftigt, sodass sich ihre ganze Anspannung langsam, aber sicher löst und sie den Heilungsprozess zulassen kann.

Körperlich nehmen meine Helfer eine Organseelenrückholung vor (die Organseele der Gebärmutter) und reinigen den gesamten Bauchraum. Sie kümmern sich plötzlich auch um den Rachen. Es ist, als sei dieser ganz geschwollen und als sei Mimi vom erstickten Schreien heiser. Die Spirits sorgen dafür, dass die Schwellung im Halsbereich zurückgeht. Dann legen sie Mimi zum Schlafen nieder und sagen, dass sie zwar nun dringend Ruhe benötige, es aber gut wäre, wenn sie so bald wie möglich bei ihren Lieben daheim sein könnte.

Mimi befand sich noch zur Beobachtung in der Klinik, wurde dann aber zum Glück doch eher entlassen, als anfangs angekündigt. In der Tat bekam ihre Tochter Maja bald Babys und zwei davon, ein Mädel und ein Bub, blieben dort – bei Mama Maja und Oma Mimi.

Da Angela um meinen Beistand bei der Geburt gebeten hatte, durfte ich Zeuge sein, als sich Mimi bereits während der Geburt rührend um die Kitten kümmerte und allergrößtes Interesse zeigte. Es dürfte niemanden wundern, dass sich sehr bald schon herauskristallisierte, welche der fünf Babys ihre beiden eigenen von damals waren. Heute noch spürt jeder, wie eng Mimi mit Sina und Amitola verbunden ist. Bezeichnenderweise blieb Sina bei dieser Geburt wieder stecken, doch wir konnten ihr behilflich sein. Nicht nur durch sofortiges Eingreifen während des Geburtsvorgangs, sondern anschließend auch noch mit einer Seelenrückholung. Wie es leider so oft bei Geburtstraumata der Fall ist (vor allem bei Menschen), war Sina durch dieses Festsitzen im Geburtskanal sogleich mit Todesenergie in Berührung gekommen.

Sobald sie jedoch wieder mit ihrem Seelenanteil verbunden war, entwickelte sie sich prächtig.

All diese Seelenverluste waren auch versteckte Hinweise auf Prozesse in Angela. Man kann sich nur innerlich verbeugen vor diesen großen Seelen und ihnen danken für ihren unermüdlichen Einsatz, wenn es darum geht, uns dabei zu helfen, unsere ganz eigenen Hürden zu meistern.

Passionata will nicht gehen

Die Sitzung mit dem Pferd Passionata, genannt Püppi, ist in meiner bisherigen Laufbahn die erste gewesen, bei der sich die Problematik offenbart hat, dass das Tier nicht ins Licht gehen konnte, nachdem es verstorben war. Bis dahin kannte ich dieses Problem tatsächlich nur bei der Arbeit mit Menschen. Wie wichtig es sowohl für Vera als auch für Püppi war, dass an dieser kritischen Lage gearbeitet wurde, wird jedem deutlich, der davon erfährt. Und dass es für die weitere Entwicklung der beiden gleichermaßen erforderlich war, versteht sich fast von selbst, sofern man begreift, wie schlimm dieser Zustand für alle war. Ich freue mich außerordentlich, dass Vera mir erlaubt, Sie an dieser überaus traurigen, aber wahrlich erstaunlichen Geschichte teilhaben zu lassen. Und damit Sie nachvollziehen können, wie wir des Problems überhaupt gewahr wurden, ist es wichtig, ganz von vorne zu beginnen:

Püppi drängte sich mir ganz unvermittelt auf. Ich hatte ein Jahr zuvor bereits eine Kommunikation mit ihr, als sie noch am Leben war. Dennoch vergesse ich die Energie eines Tieres nicht, wenn ich einmal damit in Berührung gekommen bin, sodass ich sie sofort „wiedererkannte".

Offensichtlich brauchte Püppi dringend Hilfe. Ich hatte zwar schon den Auftrag von Vera, mit Püppi zu kommunizieren, allerdings war sie noch nicht an der Reihe. Der Grund, weshalb ich sofort auf dieses „Anfunken" reagierte, war mein Eindruck, dass Püppi gar nicht richtig „drüben" sei. Vielmehr vermittelte sie die Impression, irgendwie umherzuirren.

Ich sprach mit Vera und wir vereinbarten, dass ich unverzüglich die Spirits um Rat bitten würde. Es offenbarte sich eine Thematik, die für alle Beteiligten äußerst traurig und auch niederschmetternd war.

Ich werde von meinen Helfern sogleich in die Reithalle geführt, doch statt mich direkt zu Püppis Seele zu bringen, lassen sie mich erst einmal die entsprechende traumatische Situation von damals aus Püppis Empfinden heraus erleben:

Ich blicke auf Vera und es bricht mir das Herz, sie so zu sehen. Ich kämpfe und kämpfe, spüre aber, wie ich den Kampf zu verlieren drohe. Es ist, als weiche mit jedem Atemzug das Leben aus mir und ich kann absolut nichts dagegen tun.

Ich bin kaum noch in der Lage, mich auf den Beinen zu halten. Es ist, als sei ich wie zugeschnürt und ich atme ganz flach. Mal rast mein Herz, mal schlägt es bedrohlich langsam. Es ist völlig aus dem Takt. Und ich friere so entsetzlich. Es ist ein innerliches Frieren, als bliebe da keine Energie mehr im Körper.

Doch viel schlimmer noch als all dieser körperliche Zerfall ist, dass ich das, was gerade geschieht, nicht will. Und doch spüre ich, dass ich nicht mehr dagegen ankomme. Ich weiß, dass die Kapitulation unmittelbar bevorsteht, und dennoch kämpfe ich mit letzter Kraft dagegen an.

Ich blicke erneut auf Vera – und das alles tut mir sooo leid! Ich wünschte, ich hätte es ihr einfacher machen können. Ich wünschte, ich wäre stabiler gewesen. Aber dann wäre ich nicht die Püppi.

Ich kann einfach nicht mehr. Ich trage so einen innerlichen Schrei in mir; es ist wie ein nicht enden wollendes Nein.

Dann wird von einer Sekunde auf die andere plötzlich alles ganz schwarz und schon blicke ich auf meinen Körper herab. Die physischen Schmerzen sind nun fort, doch das Frieren ist seltsamerweise immer noch da. Und mein Herzschmerz ebenfalls.

Ich sehe, wie auch Vera innerlich kollabiert. Ich bin darüber total schockiert. Dann steht sie auf, doch ich sehe, dass ein Teil von ihr bei meinem leblosen Körper zurückbleibt. Ein Teil ihrer Seele bleibt dort in dieser Situation. Ich gehe zu ihr, erreiche sie jedoch nicht. Selbst Veras abgespaltener Seelenanteil ist wie paralysiert.

Ein paar Tage scheint das so zu bleiben, doch plötzlich erhebt sich Veras Seelenanteil und verlässt die Halle. Ich (immer noch aus Püppis Erleben heraus) möchte ihm folgen, aber mir ist es irgendwie nicht möglich, diesen Ort ebenfalls zu verlassen. Ich bin hier gefangen und bekomme Panik. Ich laufe von da an immer im Kreis herum, durchlebe dabei immer wieder diese letzten Minuten meines Lebens, immer und immer wieder. Es gibt für mich keinen Ausgang, keinen Ausweg aus dieser Situation. Und ich nehme wahr, selbst wenn es einen Ausweg gebe, ich würde ihn nur nutzen, um Veras Seelenanteil zu suchen.

Die Spirits entlassen mich (Pina) endlich aus dieser furchtbaren Situation, sodass ich Püppi zu guter Letzt doch noch gegenübertreten kann. Sie läuft aber ungehindert weiter, so als würde sie mich gar nicht wahrnehmen. Ich bin ratlos, denn so kann ich ihr schließlich nicht weiterhelfen. Doch plötzlich rufe ich ihr zu: „Ich bin hier, um dich zu deiner Vera zu bringen!" Erst da horcht sie auf und bleibt sogar stehen. Ich erkläre ihr, dass sie dort in dieser Halle nicht mehr bleiben kann und dass Vera auch nicht mehr dorthin zurückkehren wird.

Püppi wirkt daraufhin sehr niedergeschlagen. Ich verspreche ihr da-

her, dass ich Veras Seelenanteil suchen und auch finden werde, aber dass dies erst möglich sei, wenn sie nun mit mir komme. Ich muss es ihr erneut versprechen, sogar schwören; sie ist – zumindest in dieser Situation – sehr misstrauisch.

Endlich geht sie mit und ich bringe sie alsbald fort aus dieser Halle, direkt in die Obere Welt zu meinem Stamm, wo alle meine Helfer bereits warten. Dort angekommen schaut sie sich sogleich um und wird regelrecht panisch, als sie bemerkt, dass Vera gar nicht anwesend ist. Ich erkläre ihr, dass das jetzt nicht alles in einem geht, aber dass ich Veras Seelenanteil so schnell wie möglich ebenfalls in die Obere Welt bringen werde.
Püppi entgegnet, dass sie dort verharren werde, bis dass auch Vera hinzukommen würde. Und sie sagt weiter, sie werde sich keinen Millimeter von der Stelle fortbewegen, bevor Vera nicht auch dort erscheine und beide die Möglichkeit hätten, sich richtig zu verabschieden.
Ich bin etwas verwirrt darüber und frage die Spirits, was hier zu tun sei, doch diese nicken nur zustimmend und sagen dann, wir sollten es genau so machen. Bis dahin würden sie mit Püppi arbeiten und ihr helfen, die Strapazen dieses Lebens loszuwerden. Sie erläutern weiterhin, dass die beiden sich bei Veras Seelenrückholung begegnen würden – und das sei ebenso wichtig.

Für Vera war es zunächst einmal schrecklich zu erfahren, dass sich ihr verstorbenes Pferd in einem solchen Zustand befunden hatte. Da ihre eigene Sitzung jedoch ohnehin unmittelbar bevorstand und sie selbst schon den Eindruck hatte, dass sie durch den plötzlichen Tod des Pferdes und die für sie völlig traumatischen Begleitumstände einen Seelenverlust erlitten hatte, mussten wir nur noch einige Tage überbrücken, bis dass die beiden richtig Abschied nehmen konnten.

Sie sehen, wie eng verbunden ein Mensch und sein Tiergefährte sein können, dass die Liebe über den Tod hinausgeht und der Verlust sogar so traumatisch sein kann, dass sich darüber ein Seelenanteil abspaltet. In diesem Fall sogar bei beiden!

Ich hatte schon so manch einen Klienten, der über den Verlust seines Tiergefährten eine psychosomatische Erkrankung entwickelt hat. Sie können sich vorstellen, wie schlimm dieser Umstand an sich schon ist. Meistens haben diese Menschen dann aber obendrein auch noch mit dem Unverständnis des Umfelds zu kämpfen. Wie viele müssen sich in diesem Zusammenhang auch so tröstende und aufbauende Worte anhören, wie „Ist doch bloß ein Hund gewesen!" oder „Kauf dir doch einen neuen Hasen, dann ist es wieder gut!" – nein, ist es eben nicht!!
Wenn sich über diesen traumatischen Verlust ein Seelenanteil abgespalten hat, dann heilt diese Wunde nicht „einfach so". Je nachdem, welcher Seelenanteil sich bei einem derartigen Trauma abgespalten hat, kann sich daraus zweifellos eine Depression entwickeln.

Für jemanden, der unter dem Tod eines geliebten Wesens leidet, ist es der Schmerz eines liebenden Herzens, der ihn innerlich zerfrisst. Da spielt es meines Erachtens keine Rolle, welcher Gattung das Wesen angehörte, denn es geht um die Liebe – und um den Schmerz, den dieser Verlust mit sich bringt. Wenn man begreift, dass es genau das ist, was uns so sehr den

Boden unter den Füßen fortreißt, spielt es dann eine Rolle, ob wir hier von dem Verlust eines Meerschweinchens, eines Wellensittichs, eines Hundes oder einer Katze sprechen? Nein, es spielt keine Rolle, denn die Liebe ist das alles verbindende Gefühl – nicht wirklich anders als bei Menschen, die den Tod ihres Kindes zu betrauern haben. Denn es geht hier einzig und allein um die Liebe – die Mitspieler sind beliebig austauschbar. Daher nehme ich jeden Trauernden in seinem Schmerz ernst, denn es gibt für mich keinen Unterschied, ob jemand um sein Kind trauert oder um seinen Partner, ob er um seine Eltern, seine Schwester, Tante, Opa, einen Freund oder ob er um eine Katze, einen Hamster oder um ein Kaninchen trauert … Nein, denn es macht keinen Unterschied, wenn er trauert, weil er jemanden gehen lassen musste, den er sehr liebte und mit dem er gerne noch etwas mehr Zeit verbracht hätte!

Ich habe vor vielen Jahren eine Frau beim Sterbeprozess ihrer 33-jährigen Stute begleitet. Die Frau hatte dieses besondere Pferd bekommen, als sie elf Jahre alt war. Das Pferd war nicht nur ein Tier, es war wie die Schwester, die diese Frau nie hatte; es war die beste Freundin, die treu mit ihr durch alle Höhen und Tiefen des Lebens gegangen war. Und es gab sonst kein Wesen, mit dem sich diese Frau so eng verbunden gefühlt hätte. Was glauben Sie, wie sich ein solcher Mensch fühlt, der seinem geliebten Tier auch noch dabei behilflich sein muss, den alten Körper abzustreifen?!
Natürlich weiß dieser Mensch, dass er sich geehrt fühlen sollte, so viele wundervolle Jahre gemeinsam verbracht haben zu dürfen. Ja, das weiß er – aber erst später, wenn der Schmerz etwas nachlässt und nicht mehr alles trübt. Dann kann dieser

Blickwinkel beachtet werden. Doch bis dahin ist da nur der tiefe Schmerz und es ist wichtig, diesen auch zuzulassen.

Die besten und noch so vernünftigen oder logischen Erklärungen wollen dann einfach nicht gehört werden. Es ist nämlich das Herz, das dann in uns regiert und sich gegen diese Erklärungen wehrt.

Es geht nicht darum, in diesem Kummer ganz und gar zu versinken. Doch es ist enorm wichtig, ihn zu spüren, denn nur so können wir die Trauer Stück für Stück verarbeiten. Jeder auf seine Art und Weise. Und jeder in seinem ureigenen Tempo. Die einen benötigen dabei Hilfestellung von außen und andere möchten und müssen ganz alleine ihre Schritte durch dieses Tal der Tränen bewältigen. Der eine sucht vielleicht Halt, indem er sich sogleich um ein neues Tier bemüht, wogegen ein anderer sich nicht mehr in der Lage sieht, jemals wieder eine Verbindung zu einem neuen Gefährten aufzubauen. Und alles ist richtig, denn es gibt kein allgemeingültiges Rezept.

Tiere und ihre ganz eigenen Baustellen

Manchmal finden wir in der Arbeit mit den Tieren allerdings auch solche Fälle, die keinen Bezug zu dem dazugehörigen Menschen aufweisen, denn es gibt Erfahrungen, die die Tiere ganz für sich und ihre eigene Entwicklung benötigen.

So habe ich bei unserer Hündin Luca nach ihrer Kastration nachfragen wollen, ob eine Organseelenrückholung erforderlich ist, und bin dann auf folgende Thematik gestoßen, die rein gar nichts mit mir oder meinem Mann zu tun hatte, sondern mit ihrer ureigenen Lernaufgabe.

Luca weigert sich zunächst vehement und will nicht mit mir in die nichtalltägliche Wirklichkeit. Offenbar hat sie Angst. Sie sagt immer wieder „Ich will nicht zum Arzt!" und seltsamerweise bekomme ich dabei ein Gefühl von Brutalität.

Nach langem Hin und Her geht sie dann doch mit und ich lasse sie bei den Spirits, damit ich mich auf die Suche nach der Ursache dieser Problematik begeben kann.

Ich werde von meinen Helfern in die Untere Welt geführt und finde Luca dort vor. Man hat mich geradewegs zu ihrem abgespaltenen Seelenanteil geführt. Dort irrt dieser nun völlig orientierungslos umher, nachdem er sich während der Operation losgelöst hat und hierher geflüchtet ist. Da Luca ständig in Bewegung ist und herumläuft, ist klar, dass sie immer noch auf der Flucht ist.

Ich verstehe nicht, warum mich die Spirits zuerst zu der abgespaltenen Kraft führen und nicht in die Situation, in der sich der See-

lenverlust ereignet hat. Doch dann erkenne ich den Grund dafür: Es scheint ihnen wichtig zu sein, mir begreiflich zu machen, in welcher Verfassung sich Luca gerade befindet. Dies erkennt man im Zweifelsfall am besten daran, wie sich der abgespaltene Seelenanteil verhält.

Ich werde nun von meinen Helfern in die Situation geführt, die so traumatisch für Luca war: Sie ist während der laufenden Operation aufgewacht und hat einen Schock über den Zustand ihres Körpers erlitten. Die Kastration an sich war hier also nicht das Problem, sondern dieses schockierende Erlebnis.

Ich versuche zunächst vergeblich, sie zu überreden, mir in die Obere Welt zu folgen, damit die Spirits sich um die Ausheilung kümmern können. Plötzlich geht sie doch mit, ohne dass für mich ersichtlich wird, wie der Sinneswandel zustande gekommen ist. Ich bemerke jedoch, dass alles an ihr recht sprunghaft ist.

In der Oberen Welt wird Luca sofort behandelt. Sie muss scheinbar fortlaufend springen, denn sie tut es weiterhin. Ich verstehe dieses Verhalten nicht, doch niemand sagt mir etwas dazu. Und meine Helfer scheinen es irgendwie auch zu begrüßen, dass Luca so herumspringt. Nach einer Weile bemerke ich, dass es Luca immer schwerer fällt, hochzuspringen, und dass genau das der Sinn der Übung ist: Sie soll mit jedem Sprung schwerer werden und sich somit wieder mit der Erde, sprich mit ihrem Körper verbinden. Es dauert ein wenig, doch irgendwann gelingt es ihr und wir gehen gemeinsam wieder zurück in die alltägliche Wirklichkeit. Eine Organseelenrückholung ist hier nicht erforderlich.

Ich möchte zum besseren Verständnis und auch der Vollständigkeit halber noch etwas zu den Organseelenrückholungen erläutern: Es gibt Eingriffe, die für den Organismus traumatisch sein können. Oftmals erleben wir das bei Amputationen.

Um das Nachfolgende zu verstehen, sollten Sie wissen, dass wir zu unserem physischen Körper auch eine Art Blaupause auf der feinstofflichen Ebene haben. Dieser energetische Körper sollte immer ganz, also vollständig sein. Ganz bedeutet im schamanischen Verständnis, dass alle Organseelen vorhanden sind. Zum physischen Magen gehört folglich die entsprechende Organseele, ebenso wie zum physischen Zeh auch die dazugehörige Seelenenergie gehört usw.

Wenn zum Beispiel eine Amputation vorgenommen wird, und dieser Eingriff für den Organismus traumatisch ist, dann kann es durchaus sein, dass sich die Organseele des amputierten Körperteils abspaltet. Im Falle von amputierten Gliedmaßen zeigt sich das gerne in dem bekannten, aber wenig verstandenen Phantomschmerz. Die Frage, die sich jeder stellen sollte, wenn er vom sogenannten Phantomschmerz hört, sollte lauten: Wie kann etwas wehtun, das nicht mehr existiert?

Eigentlich ist die Antwort recht simpel und auch logisch, sofern man die feinstoffliche Ebene berücksichtigt: Auf der körperlichen, sprich materiellen Ebene wurde die Gliedmaße entfernt, doch der wahre Schmerz stammt von der fehlenden Organseele der entsprechenden Gliedmaße im feinstofflichen Körper.

Dies bedeutet jedoch nicht, dass der vorgenommene Eingriff medizinisch falsch war oder nicht korrekt durchgeführt wurde. Es heißt lediglich, dass der Eingriff traumatisch für den Organismus war. Und in dem Moment, in dem die Organseele wieder zurückgebracht wird, hört folglich auch der Schmerz auf.

Nicht nur bei Amputationen können sich Organseelen abspalten. Ganz typisch für einen Organseelenverlust ist zum Beispiel auch die Entfernung der Gebärmutter. Ein solcher Prozess vollzieht sich zwar meiner Erfahrung nach häufiger bei Menschen als bei Tieren, dennoch habe ich schon bei so manchen Hündinnen und Katzen nach erfolgter Kastration eine Organseelenrückholung durchführen müssen. Es spielt hierbei offenbar auch keine Rolle, ob das Tier um die Kastration gebeten hat oder nicht. Ich habe schon beide Varianten erlebt.

Viele Klienten nehmen fälschlicherweise an, dass alles gut verlaufen muss, wenn das Tier zuvor hinsichtlich des Eingriffs befragt worden ist und hierzu seine ausdrückliche Zustimmung gegeben hat. Doch das eine hat mit dem anderen nichts zu tun. Dass ein Tier mit einem Eingriff einverstanden ist oder sogar darum bittet, verhindert in keiner Art und Weise den Seelenverlust, wenn der Eingriff für den Organismus traumatisch ist. Darauf hat das Tier ebenso wenig Einfluss wie wir Menschen. Dies gilt für Organseelenverluste bei Eingriffen ebenso wie für den Verlust von Seelenanteilen im Rahmen traumatischer Erlebnisse. Niemand kann im Vorfeld sagen, was sich auf der seelischen Ebene vollzieht, wenn ihm dies oder jenes widerfährt.

Daher kann man auch nicht verallgemeinern und Behauptungen aufstellen, welcher Seelenanteil sich bei welchem Trauma abspaltet. Es handelt sich dabei um einen äußerst individuellen Prozess, auf den wir weder bewusst noch unbewusst Einfluss nehmen können. Dies geht weder bei uns selbst noch bei Wesen, die mit uns in irgendeiner Art und Weise verbunden sind.

Es ist schon vorgekommen, dass Tierhalter in für sie subjektiv schlimme Situationen geraten sind und das Tier darauf reagiert hat, entweder mit bestimmten Verhaltensauffälligkeiten, Krankheitssymptomen oder im schlimmsten Fall mit einem Seelenverlust. Das kommt sicherlich nicht häufig vor, doch ich habe es bereits erlebt. Auch darauf haben wir keinen Einfluss.

So wie wir es nicht verhindern können, dass unsere Tiere uns aus Liebe das ein oder andere Päckchen abnehmen, so können wir auch nicht verhindern, dass sie in dieser liebenden Verbundenheit einen Seelenverlust erleiden, wenn wir uns in schwierigen Lebensphasen befinden.

Heilung für zwei

Es ist durchaus möglich, dass sich ein Tier besonders auffällig zeigt oder sogar krank wird, damit etwas in Bewegung gesetzt wird, wodurch dem dazugehörigen Menschengefährten in der Folge geholfen werden kann.

Ein gutes Beispiel dafür ist folgende Seelenrückholung. Sie ist etwas umfangreich, und damit sie besser verstanden wird, möchte ich vorwegschicken, dass ich zwar den Auftrag von der Mutter erhielt, das Pferd jedoch der Tochter Karina gehörte. Wie sehr Karina mit ihrem Pferd verbunden war, zeigte nicht nur das Pferd durch seinen Seelenverlust, sondern auch die Art und Weise, wie die Spirits bei der Ausheilung vorgegangen sind.

Ich werde umgehend zu Dustin in die Obere Welt geführt. Er steht auf einer riesigen Weide, und zwar mutterseelenallein. Ein einzelner Sonnenstrahl fällt auf ihn, und er wirkt wie ein Spot. Es ist fast so, als würde man damit noch zusätzlich auf Dustins Einsamkeit hindeuten wollen, denn sie wird dadurch nur noch mehr betont.
Ich nehme überaus deutlich wahr, dass Dustin sich allein gelassen fühlt. Ich empfinde bei ihm allertiefste Traurigkeit, fast schon wie bei einer Depression. Ihn umgibt so etwas wie eine unsichtbare Wand. Da wird mir plötzlich klar, dass er sich abgeschottet hat und ich nicht ohne Weiteres so zu ihm hingehen kann, geschweige denn ihn einfach mitnehmen könnte. Ich spüre, dass etwas passieren muss, damit ich ihn dort wegholen kann, ansonsten wird er einfach an diesem Ort bleiben. Ich beobachte ihn noch eine Weile, ohne dass etwas Nennenswertes passiert. Ich spüre, dass er dort wahrschein-

lich noch Jahre so verharren würde. Das macht mich erst einmal ratlos und gleichzeitig auch etwas mutlos, denn diese ganze Szene hat etwas sehr Trostloses.

Nach einer ganzen Weile sehe ich eine Gruppe von Weitem auf mich zukommen. Ich höre zwar aufgeregte Stimmen wie bei einer recht lebhaften Diskussion, doch ich verstehe kein einziges Wort von dem, was gesprochen wird. Sowie die Gruppe nähertritt, erkenne ich mittendrin Karina. Ich bin etwas erstaunt über ihr Erscheinen, spüre aber gleichzeitig, dass nun etwas Entscheidendes geschehen wird.

Ich höre, wie Karina sagt, dass sie eigentlich nicht hier in der nicht-alltäglichen Wirklichkeit sein bräuchte und dass die Spirits doch noch vor Kurzem sehr richtig erkannt hätten, dass sie da auch gar nicht sein wolle. Sie sagt, sie sei noch nicht soweit. Meine Helfer schmunzeln darüber. Und da erst fällt mir auf, wie jung sie alle sind. Es sind ausschließlich Männer, junge Krieger um genau zu sein. Und da sie einfach nur schmunzeln, wird Karina wütend. Ich habe den Eindruck, dass sie von jetzt auf gleich in absolute Rage geraten kann. Doch die Spirits halten sich in keinster Weise daran auf. Stattdessen erklären sie Karina, dass ihr nun aber gar nichts anderes übrig bliebe, als eben in den Spiegel zu blicken. Dustin zeige ihr gerade sehr deutlich ihren eigenen, wahren Seinszustand, mehr nicht.

Meine Helfer erklären Karina auch, dass sie durch ihre Abwehr nur deutlich mache, wie sehr es ihr widerstrebe, sich selbst zu betrachten, denn sie wüsste nur zu gut, dass es ihr nicht gefallen würde, was sie erblicken würde. Karina senkt daraufhin den Blick, dann den Kopf und nun bemerke ich, dass sie weint.

Die Spirits sagen zu Karina, dass Dustins Einsamkeit und Isoliertheit, und auch seine Traurigkeit, nichts anderes als ihre eigenen Empfindungen und Zustände seien. Über die Seelenrückholung bei Dustin würde nun auch ein Teil ihrer eigenen Seele zurückgebracht werden. Sie selbst würde nun also dafür sorgen. Karina zögert zunächst, willigt dann aber ein. Sie sagt zu der ganzen Gruppe gewandt: „Solange ich nichts dafür tun muss, okay!" Wieder schmunzeln alle nur und lassen diese Aussage einfach völlig unkommentiert im Raum stehen. Viel wichtiger scheint das zu sein, was daraufhin erfolgt.

Die Spirits führen Karina zu der Weide, begleiten sie jedoch nicht bis zu der Stelle, wo Dustin steht. Karina tritt den Gang zu ihm alleine an – und das mit sehr viel Bedächtigkeit, wie ich finde. Es dauert eine Weile, bis Karina bei ihrem Dustin angelangt ist. Plötzlich nehme ich wahr, dass das, was sich auf diesem Weg zu ihm in Karina vollzieht, von großer Bedeutung ist und heilsamen Charakter hat. Für beide, sowohl für Dustin als auch für Karina. Sowie sie näher an Dustin herankommt, löst sich Stück für Stück diese unsichtbare Wand um Dustin herum auf. Gleichzeitig aber auch die, die Karina umgeben hat, auch wenn ich diese bis dahin nicht bemerkt hatte.

Karina umarmt ihren Dustin, und erst da hebt er den Kopf. Sie muss sich nun ein wenig strecken und ich erkenne, wie ihr seine wahre Größe (nicht die physische, sondern die seelische) bewusst wird. Ich sehe auch, wie die Liebe zwischen den beiden fließt und wie dadurch Lebenskraft hineinströmt. Bei Dustin ebenso wie bei Karina.

Meine Helfer winken mich zu sich und sagen, dass diese Umarmung eine ganze Weile andauern werde, und schicken mich fort. Als ich später wiederkomme, sehe ich noch, wie sich Karina aus der Umarmung löst und ihren Dustin von der Weide führt. Er ist wieder komplett – und nur Karina, sonst niemand, konnte ihm die Heilung bringen, die er so dringend brauchte.

Wie mir die Mutter von Karina anschließend berichtete, wollte ihre Tochter aufgrund eigener Schwierigkeiten eine Zeit lang tatsächlich nichts mehr von ihrem Pferd wissen und zog es daher vor, es nicht mehr zu sehen. Da der Mutter das veränderte Wesen des Pferdes aufgefallen war, nahm sie zwar an, dass es etwas mit der Haltung der Tochter zu tun haben könnte, ahnte jedoch nicht, welche Auswirkungen die Probleme ihrer Tochter tatsächlich hatten.

In diesem Fall haben die Spirits mit Hilfe von Dustins Seelenrückholung zwei Fliegen mit einer Klappe schlagen und ihrem „Schäfchen Karina" zumindest bei diesem Schritt helfen können.

Trauer unter Artgenossen

Ich möchte Ihnen in diesem Zusammenhang auch gerne ein Beispiel für die Verbundenheit unter Artgenossen zeigen. Im nachfolgenden Fall wurde ich von den Tierhaltern gebeten, bei den Spirits nachzufragen, was mit ihrer Hündin Cara los sei, da sie sich seit dem Tod einer anderen Hündin äußerst auffällig verhalte.

Es war keine Seelenrückholung erforderlich, doch die Aspekte, die sich bei dieser schamanischen Reise offenbart haben, finde ich persönlich sehr spannend, denn sie zeigen unter anderem auch, wie unterschiedlich die Tiere auf das Sterben eines Artgenossen reagieren können.

Ich nehme Cara mit in die nichtalltägliche Wirklichkeit. Sie macht dabei gar keine Schwierigkeiten. Das wundert mich, denn durch ihre zurückhaltende Art hätte ich Probleme erwartet. Bald wird mir aber klar, warum sie so bereitwillig mitgeht.

Ich werde in die Situation geführt, in der Sandy „verkündet", dass sie sterben wird. Für die anderen Hündinnen, Tessa und Melina, hätte es dem Anschein nach keiner Verkündung mehr bedurft. Es sieht auch so aus, als würde sich Sandy ausschließlich an Cara richten, auch wenn sie es in die Runde sagt. Cara entgegnet darauf völlig verstört: „Und was wird dann aus mir?!" Sie scheint das Gefühl zu haben, dass sich niemand dafür interessiert, was sie bei der ganzen Sache empfindet.

Aus Caras subjektivem Empfinden heraus – obwohl sie ja eigentlich nicht so sehr der Gemeinschaftstyp zu sein scheint – sieht es so aus, als würde sie durch Sandys Fortgang ihren ganzen Halt und auch ihre Stabilität verlieren. Dies findet zwar irgendwie mehr in ihrem Kopf statt als in der Realität, doch so sieht sie es nun mal und demzufolge gestaltet es sich dann auch so für sie. Das Schlimme dabei ist, dass die Unbekümmertheit, mit der die anderen beiden auf die ganze Angelegenheit reagieren, ihre ganz subjektiven Eindrücke noch verstärkt. Es ist, als wolle sie – wenn schon kein anderer trauert – für alle gemeinsam leiden. Sie steht ganz allein da und weiß nicht mehr, wo ihr Platz im Leben ist. Sandy muss für Cara so etwas wie der Anker im Gefüge gewesen sein. Cara brauchte diese Art von Anschluss, der ihr so viel Halt gab. Ganz im Stillen muss Sandy alles bestimmt und das Rudel regiert haben, was Cara offenkundig auch gebraucht hat.

Ich bringe sie in die Obere Welt, damit meine Helfer sich um sie kümmern können, und da wird mir dann schlagartig bewusst, warum Cara so bereitwillig mitgegangen ist: Sandy erwartet uns dort und auch wenn sie sich freut, zeigt sie ihre Freude aber nicht offen. Irgendetwas stimmt an dieser Situation nicht. Sandy erscheint mir auch recht reserviert. Und da beginnt Sandy auch schon damit, Cara darauf hinzuweisen, dass ihr Platz zu Hause bei ihren Menschengefährten sei und nicht bei ihr dort in der geistigen Welt. Und sie betont auch, dass sie, Sandy, ihre Aufgaben auf Erden erfüllt habe und nun aus dem Jenseits ihren Einfluss ausüben wird. Sie erklärt weiterhin, dass nun die Zeit gekommen sei, in der Cara ihrerseits ihren Menschengefährten Halt und Stabilität geben müsse.

Sandy hat damit nichts anderes getan, als Cara einen Auftrag zu erteilen. Dies ist offenbar ein Teil der Ausheilung. Nun wird mir auch gänzlich bewusst, dass Cara ihrem Leben nichts Gutes mehr abzugewinnen wusste. Sandy hat ihr mit diesem Auftrag die Sinn-

haftigkeit ihres Lebens zurückgegeben. Es ist, als habe sich Cara
ganz und gar auf Sandys ewiger Präsenz „ausgeruht", sich sozusa-
gen darauf verlassen, dass Sandy einfach immer da sein wird. Das
ist nicht negativ, kann jedoch in einem Moment der Resignation
fatale Folgen haben.

Sandy schärft Cara noch einmal ein, dass sie dort noch nicht zu
sein habe, und schiebt sie dann den Spirits zu, damit diese die kör-
perlichen Folgen dieser seelischen Resignation behandeln können.
Man beginnt sogleich, den Organismus zu vitalisieren, denn es ist,
als habe Cara den körperlichen Zerfall nicht nur begrüßt, sondern
förmlich herbeigesehnt, um Sandy folgen zu können.

Ich habe so etwas in der Art auch unter unseren eigenen Hunden erlebt, allerdings war da sehr wohl eine Seelenrückholung
erforderlich. Unsere Luca kam damals nicht über den Tod ihrer besten Freundin im Rudel hinweg. Es war in ihrem Fall weniger der Tod an sich, der ihr Probleme bereitet hatte, sondern
vielmehr die subjektive Annahme, ihre Freundin Nakita habe
zu schnell aufgegeben. Luca war die Einzige in unserem Rudel,
die es so empfunden hat. Und weil es für Luca so furchtbar
schlimm war, manifestierte sich dieser Seelenverlust auf physischer Ebene im Herzen und sie bekam in der Folge Herzpro-
bleme.

Bei der Seelenrückholung zeigte man mir seinerzeit während
der Ausheilung, wie Nakita wiedergeboren würde, und dass
sich Lucas Heilung erst dann vollständig vollziehen könne. So
kam es dann auch, denn erst als Nakitas Seele nach fast zwei
Jahren wieder zu uns kam, lösten sich Lucas Herzsymptome
ganz auf.

Versprechen aus alter Verbundenheit

Als Nächstes zeige ich Ihnen ein Beispiel auf, wie die Liebe, diese starke Verbundenheit zwischen einem Menschen und seinem Tiergefährten über lange, lange Zeit bestehen kann. Ich habe die Erfahrung gemacht, dass sich andere Ebenen eröffnen, wenn ich mit einem Tier bereits häufiger gearbeitet habe. Bei Luna hat sich im Rahmen mehrerer Sitzungen nachfolgende Thematik gezeigt. Sie werden anhand der Formulierungen feststellen, wie sehr ich selbst in dieser Energie war, als ich für Luna gereist bin. Die Aufzeichnungen habe ich exakt so übernommen, wie sie für die Auftraggeberin erstellt wurden, denn alles in dieser Reise war auf die Frau bezogen und ich bin sicher, dass die wahre Bedeutung dessen, was wichtig ist, nur auf diese Art und Weise zum Vorschein kommen kann.

Ich werde von den Spirits in eine Scheune geführt. Ich spüre sogleich, dass ich mich in einer anderen Zeit befinde, die lange zurückliegt. Und ich weiß, ich bin ein Rüde.
Ich bin außer mir vor Sorge. Aber ich weiß, ich bin zu spät. Ich fühle es ganz deutlich. Ich schaue mich um und da entdecke ich einen Mann, vom obersten Balken hängend.

„Du bist dieser Mann. Du hast dich erhängt. Über die Gründe erfahre ich nichts, aber ich weiß, dass du alleine bist und dass niemand nach dir suchen wird. Ich versuche zu dir zu gelangen, aber es gibt keine Möglichkeit für mich nach da oben zu gelangen; du

musst die Leiter fortgestoßen haben. Immer wieder springe ich aus lauter Verzweiflung in die Höhe, denn ich will nur eins: dir nahe sein! Ich erkenne, dass es mir nicht gelingen wird. Dann treffe ich eine Entscheidung: Ich halte Totenwache unter dir, bis mein eigener Tod mich wieder mit dir vereint.

Ich begrüße die Steifheit, die sich langsam in mir breitmacht. Ich weiß nicht, wie viel Zeit vergeht, aber es ist auch nicht so wichtig. Ich weiß, dass ich dir mit jeder Sekunde näherkomme.

Ich schaue nun auch nicht mehr hinauf zu deinem Körper, denn du hockst längst neben mir und wartest geduldig auf mich. Ja, wir werden gemeinsam gehen! Ich und mein Herr! Ich sehe dir den Frieden an. Und auch ich möchte daran teilhaben. An deinem Frieden, denn nie habe ich ihn in dir entdecken können. Doch jetzt ist er da! Auf einmal schlüpfe ich aus meinem Körper. Es ist so schön, bei dir zu sein! Und es ist auch schön, dich so froh zu sehen. Du hattest ein trauriges Leben und ich war dein einziger Freund. Ich verspreche dir, immer in Deiner Nähe zu sein und auf dich aufzupassen. Ich will nie wieder so eine Angst um dich haben müssen, daher will ich dafür sorgen, dass dich nie wieder eine solche Traurigkeit und Verzweiflung befällt!"

Dies ist der Augenblick, in dem ich aus Luna bzw. aus dem Rüden, der sie in der damaligen Inkarnation war, heraustreten kann. Ich nehme diesen Seelenanteil mit in die Obere Welt, damit man sich um die Ausheilung kümmern kann. Dort löst man dieses alte Versprechen, das sowohl Luna als auch ihre Menschengefährtin verbindet. Meine Helfer betonen, es sollte die Liebe sein, die die beiden verbindet, nicht aber die Sorge. Dieses alte Versprechen binde nämlich beide auch an die Sorge und damit an die daran geknüpfte Energie.

Plötzlich verweigert sich Luna ganz vehement. Sie will nicht weiter behandelt werden. Ich frage sie, was denn los sei, und sie antwortet, dass sie das Bild von ihrer Menschenfreundin (als ihr damaliger Herr in der Scheune) nicht loslassen könne, solange es in ihrer Menschengefährtin auch noch aktiv sei.

Die Spirits reagieren hier schneller, als ich denken kann, und bringen meine Auftraggeberin ebenfalls dorthin. Sie arbeiten nun an beiden gleichermaßen. Es geht bei diesem Seelenverlust um Verzweiflung, Einsamkeit und Verbitterung. All diese Verletzungen von damals müssen ausgeheilt werden. Sie betonen dabei aber immer wieder, dass meine Klientin ihrem Hund stets ein treuer Gefährte war und ihm nie ein Leid zugefügt habe, trotz dieser Zeit. Das scheint ungewöhnlich für diese Epoche gewesen zu sein, sonst würden es die Spirits nicht explizit erwähnen. Meine Helfer sagen, da sie damals jedoch als dieser Mann völlig einsam gelebt habe, hätte sie sich auch nicht um das Gerede anderer scheren müssen. Sie hat daher wohl auch mit ihrem Hund gesprochen (aus Liebe und nicht, weil sie sonst niemanden hatte), hat ihn spielerisch erzogen und muss wohl auch immer gewusst haben, dass er ihr einziger Freund war. Dementsprechend hat sie ihn auch behandelt, wie die Spirits erklären, nämlich voller Respekt vor seiner offenen Zuneigung und seiner großen Loyalität. Meine Helfer sagen, dass das eine überaus große Geste für diese Zeit gewesen sei. Doch auch in ihr wirke das Versprechen, das Luna ihr einst gab. Ebenso wie ihre damalige Erkenntnis, dass ihr einziger Freund ihr dennoch nicht aus der Verzweiflung hatte helfen können. Ich nehme dabei das deutliche Gefühl von Hunger und Armut wahr. Ich fühle hier eine große Depression.

Die Spirits heilen dieses alte Trauma aus und trennen in diesem Zuge dann auch so etwas wie ein schwarzes Band zwischen den bei-

den. Es sieht aus wie ein hauchdünnes schwarzes Netz und meine Helfer erklären mir, dass es sich dabei um das damalige Versprechen handele. Es sei wichtig für beide, es nun gänzlich aufzulösen, und das sei gerade durch sie vollzogen worden.

Nach einer Weile kommen beide zusammen zurück und ich sehe, wie sie auf dem Heimweg immer wieder wissende Blicke austauschen. Ich weiß nicht, was es bedeutet, doch ich habe auch das Gefühl, dass es mich nichts angeht, denn das, was die beiden verbindet, ist wahrlich uralt und geht nur sie selbst etwas an.

Wie es bei uns Menschen auch der Fall sein kann, sind die Tierseelen mitunter noch sehr verbunden mit früheren Inkarnationen. Es können ungelöste Themen aus früheren Leben sein, die für das Tier und seinen Menschen belastend sind und sie demzufolge in ihrer weiteren Entwicklung blockiert. Es kann aber auch sein, dass solch ein Thema nur für einen der Beteiligten ein Problem darstellt. Dabei scheint es, unendlich viele Varianten zu geben, und nicht aller werden wir gewahr. Ich glaube, das ist auch gut so.

Hidalgo, ein echter Hengst aus alter Zeit

Nachfolgende Sitzung mit einem Pferd namens Hidalgo zeigt, wie sehr auch ein Tier in seiner eigenen Entwicklung mit einer Thematik aus einer früheren Inkarnation konfrontiert werden kann.

Selbst wenn ich hier hauptsächlich darüber schreibe, was die Tiere für uns und unsere Entwicklung vollbringen, dürfen wir nicht unberücksichtigt lassen, dass auch sie ihre eigenen Entwicklungsschritte vollziehen möchten. Dass diese in vielen Fällen auf ebenso geheimnisvolle wie geniale Art und Weise zu unseren eigenen passen, ist sicherlich alles andere als Zufall.

Hidalgo kommt gerne mit in die nichtalltägliche Wirklichkeit. Ich habe keinerlei Mühe mit ihm. Es ist, als wüsste er, dass er damit wieder in seine Kraft kommt, und als sei es genau das, was er sich sehnlichst wünscht.

Ich werde als Allererstes in die Situation geführt, in der er kastriert worden ist. Das war für Hidalgo alles andere als in Ordnung. Nicht der Eingriff als solcher ist das Traumatische (wobei dies schon schlimm genug für ihn ist), sondern die Tatsache, dass es nicht in seinem Sinne ist und somit gegen seinen Willen gemacht wird.

Ich spüre an dieser Stelle, dass er sich für einen richtig tollen Hengst hält und diese Kastration in seinen Augen einfach nicht sein darf. Nicht zu diesem Zeitpunkt und auch sonst nicht. Er spürt, dass es ihm seine Kraft raubt. Doch der Übergriff findet statt, und Hidalgo schafft es nicht, aus diesem Leben herauszutreten, obwohl er es versucht. Es ist, als sei er nun gezwungen, mit diesen Übergriff zurechtzukommen.

Ich bin etwas irritiert, denn wir können schließlich nicht diese bereits vollzogene Kastration rückgängig machen. Und die Spirits selbstverständlich auch nicht. Doch dann wird mir bewusst, dass es nicht darum geht, sondern um die dabei stattgefundene Abspaltung seiner Kraft und deren Auswirkungen.

Seit diesem Seelenverlust reagiert er empfindlich auf Fremdeinwirkung, wie meine Helfer betonen. Man müsse ihm immer das Gefühl geben, dass das, was man von ihm wolle, genau das sei, was er sich selbst wünsche.

Bei der Ausheilung erklären die Spirits, dass er dann bei Menschen gewesen sei, die damit nicht haben umgehen können, sodass das Thema mit dem Übergriff weiterhin bedient worden sei. Man habe ihm immer etwas aufgedrängt. Sie erläutern weiterhin, dass Hidalgo im Grunde seines Herzens, seiner Seele ein Hengst sei und auch bleibe. Er sei ein schwieriger Typ, andererseits aber auch nicht. Man müsse einfach diese Regel beachten – und befolgen.

Während man ihn weiter behandelt, vor allem die Wirbelsäule und die dünnen Beine (mit dem Seelenverlust hat er die Stabilität verloren), sagen meine Helfer, er sei genau dieses Pferd von damals. Damit verweisen die Spirits auf eine frühere Inkarnation der Menschenfreundin, in der sie ein Krieger war, dem es gefiel, auf Raubzüge zu gehen. Für Hidalgo sei es damals nicht traumatisch gewesen. Auch nicht der damalige Tod während einer Schlacht. Meine Helfer erklären, für Hidalgo sei es sogar passend für dieses gemeinsame Leben gewesen, so zu sterben. Hier betonen sie, Hidalgo wäre mit seinem Herrn durch „dick und dünn“ gegangen, da dieser immer ganz klar und entschlossen, auch zielstrebig, gewesen sei. Das sei etwas, was Hidalgo benötige, dann könne man mit ihm auch Kirschen stehlen. Bei ihm spüre man die Abenteuerlust und auch das alte Bedürfnis, auf Raubzüge zu gehen. Dies sei auch der Grund, warum er so gerne ausreiten würde. Er hänge noch sehr am alten Leben …

Ich werde dann seltsamerweise ein zweites Mal in die Situation der Kastration geführt und anschließend in eine andere, in der er ebenfalls narkotisiert worden ist. Beide Male, als er sediert worden ist, hat ihm der Zustand von absolutem Ausgeliefertsein so geschadet, dass er darüber beim zweiten Mal einen Seelenverlust erlitten hat.

Auch diesen Seelenanteil bringe ich zu den Spirits in die Obere Welt, wo Hidalgo auch sogleich behandelt wird. Meine Helfer erklären, er solle so selten wie nur irgendwie möglich sediert werden, da er diesbezüglich ohnehin eine Empfindlichkeit in sich trage, sowohl seelisch wie auch körperlich. Seelisch auch deshalb, weil er eben außerordentlich empfindlich auf den Verlust von Kontrolle und Selbstbestimmung reagiere.

Die Spirits massieren ihn anschließend. Aber nicht allzu sanft, so als könne er alles immer eine Spur härter vertragen – ein echter Kerl eben! Er lässt es sich am Ende der Sitzung nicht nehmen, selbst noch etwas zu übermitteln (womit er bei mir definitiv den Eindruck hinterlässt, immer das letzte Wort haben zu müssen).
Ich verstehe zwar nicht, was er damit sagen möchte, doch er zeigt seine Menschenfreundin ganz in Schwarz gekleidet und übermittelt dabei das deutliche Gefühl, dass er das liebt – und Buntes eben nicht.

Abgesehen davon, dass es viele Parallelen zu ihrem eigenen Empfinden hinsichtlich dieses vergangenen Lebens gab, musste die Menschenfreundin herzlich lachen, als sie von dem letzten Kommentar erfuhr, den sich Hidalgo erlaubt hatte. Sie sagte, er sei bei seinem vorherigen Besitzer ganz fürchterlich in Pink und Rosa ausgestattet gewesen. Auch sie selbst bevorzuge Schwarz, so wie damals, als Hidalgo, als schwarzes Pferd, und sie, als ganz in Schwarz gekleideter Krieger, ihre Streifzüge machten.

Ich empfand bei beiden so etwas wie Nostalgie, denn sie waren definitiv freie Geister zur damaligen Zeit, wenn es auch brutal war. Nun schien Hidalgo aber diesem Leben mehr nachzusinnen als seine Menschenfreundin, wie sich bei dieser Sitzung deutlich zeigte. Ich denke, das ist auch der wahre Grund, warum ihm die Kastration so sehr zugesetzt hatte, denn es war die Entmannung, die ihn am meisten daran störte, und nicht der Eingriff als solcher.

Heute kommen die beiden prima zurecht, auch wenn es hier und da immer noch ein wenig „Machtgerangel unter Kerlen" gibt …

Ein traumatischer Start ins Leben

Wie weit es in der Zeit zurückreichen kann, wenn mich meine Helfer zu der wahren Ursache einer Thematik führen, kann ich nicht beeinflussen. Das ist auch gut so. Ich lebe in dem Vertrauen und in der absoluten Gewissheit, dass nur sie wissen können, was richtig und erforderlich ist. Folglich habe ich auch keinen Einfluss darauf, ob man mich während der Sitzung in das jetzige oder in ein früheres Leben führt. Meistens werden mir jedoch traumatische Szenen des jetzigen Lebens gezeigt. Und das derzeitige Leben beginnt streng genommen mit der Zeugung. Allerdings habe ich bisher äußerst selten erlebt, dass schon die Zeugung traumatisch war. Bisher ist mir ein solch frühes Trauma nur bei der Arbeit mit Menschen begegnet, wenn zum Beispiel der Klient die Frucht einer Vergewaltigung war. Üblicherweise findet der früheste Seelenverlust daher im Laufe der Schwangerschaft oder während der Geburt statt, sofern sich währenddessen Dinge ereignen, die für den Betroffenen traumatisch sind.

Ich kenne es zwar aus der schamanischen Arbeit mit Menschen, dass eine Geburt ein durchaus traumatisches Erlebnis sein kann, das den Betroffenen nachhaltig prägt, bei Tieren kommt es relativ selten vor. Dennoch gibt es hier und da Fälle, bei denen eine Seelenrückholung erforderlich wird. So auch bei folgendem Pferd namens Sally:

Ich nehme Sally mit in die nichtalltägliche Wirklichkeit. Zunächst glaube ich schon, dass es für Sally nichts zu tun gibt, da sich erst einmal nichts zeigt und Sally nur so herumsteht. Dann aber bemerke ich, dass sie nach und nach immer schlechter Luft zu bekommen scheint.

Ich schaue sie mir genauer an und es ist auf einmal so, als könnte ich durch sie hindurchblicken. In etwa so wie bei einem Röntgenbild, nur dass ich alles in Farbe sehe. Ich blicke also in ihr Inneres und bekomme dabei den Eindruck, als trage sie entweder noch eine alte, nicht ganz ausgeheilte Bronchitis in sich oder aber eine Disposition dazu. Das ist mir zu diesem Zeitpunkt noch nicht ganz klar, sehr wohl aber, dass es etwas ist, das ihr entweder schon zu schaffen macht oder aber in Zukunft noch zu schaffen machen wird.

Ich frage die Spirits, ob es vielleicht zu diesem Zeitpunkt nur um eine Behandlung von körperlichen Symptomen gehe und gar nicht um seelische Aspekte. Doch sie verneinen und erklären mir, dass eben diese Schwachstelle in ihrem Organismus aus einem sehr frühen Trauma resultiere.

Dann werde ich ganz unvermittelt in eine Situation geführt, in der Sally scheinbar noch sehr jung ist. Von da an erlebe ich alles aus Sallys Empfinden heraus:

Es ist merkwürdig, aber ich komme mir vor, als würde ich ertrinken, obwohl ich nicht das Gefühl habe, im Wasser zu sein. Ich habe dennoch Panikgefühle, denn ich glaube jeden Augenblick zu ersticken. Es ist, als würde ich bis zum Kopf im Sumpf stecken, was mich (als Pina) noch mehr verwirrt, denn nichts davon ist für mich sichtbar. Nichts erklärt das Gefühl zu ertrinken oder zu ersticken, dennoch spüre ich diesbezüglich deutlich Todesenergie und gerate darüber noch mehr in Panik. Ich glaube, sterben zu müssen, und gebe schon fast auf, als es einen unbeschreiblichen Ruck gibt und ich aus der Situation raus bin.

Erst jetzt erkenne ich, dass ich mich in der Geburtssituation befunden habe. Entweder ist die Fruchtblase vorab geplatzt oder Sally ist mitten im Geburtsprozess stecken geblieben. Oder beides. Ich kann mir rein rational die Gefühle nicht erklären, doch sie waren da und haben Sally von Grund auf geprägt.

Ich habe (als Sally) daher große Mühe zu vertrauen. Ich weiß, dass ich es kann, doch es kostet mich große Überwindung. Ich habe dahingehend dann auch immer einen Kloß im Hals. Und dieses Gefühl, dass es mir die Kehle zuschnürt, ist sehr deutlich spürbar. Es ist für mich immer mit Lebensgefahr verbunden, wenn ich zu vertrauen versuche.

Sally stand offenbar mit einem Bein im Jenseits, denn ein Teil von ihr hat sich bereits während der Geburt in Todespanik abgespalten. Meine Helfer sagen, wenn Sally ausgesprochen ruhig erscheine, dann liege es daran, dass sie in solchen Augenblicken mehr drüben sei als hier. Das aber sei nicht gut, sagen sie, denn wenn es mal zu ernsthaften körperlichen Schwierigkeiten kommen sollte, dann sei es für sie ein Leichtes, sich aus dem Staub zu machen. Daher sei es so wichtig, sie jetzt zurück ins Leben zu holen, und zwar ganz.

Ich sehe, wie die Spirits nicht nur mit dem Seelenanteil arbeiten, sondern vor allem auch auf körperlicher Ebene mit den Lungen. Es ist, als sei da immer noch Fruchtwasser und als habe Sally deswegen nie richtige Vitalität entfalten können. Meine Helfer sprechen auch von einer gewissen Anfälligkeit in diesem Bereich.

Sally bekommt im Rahmen der Ausheilung von meinen Helfern unter anderem auch so etwas wie eine Wärmebehandlung. Es ist ein seltsames Licht, doch ich spüre sogleich, dass es dazu führen soll, *dass sich Zellen regenerieren bzw. völlig erneuern. Ich bekomme auch mit, dass diese Behandlung dem ganzen Organismus gut zu tun scheint und nicht nur dem Bereich der Atmungsorgane.*

Melanie, die Pferdebesitzerin, teilte mir einige Tage nach der Sitzung bei der Besprechung mit, dass Sally immer schon Probleme hatte zu vertrauen, doch nun seien schon gewisse Veränderungen bei ihr spürbar. Und die Disposition zu Problemen im Bereich der Atmungsorgane sei ihr bereits mehrfach aufgefallen, doch habe sie diese nie konkret zuordnen können.

Dies ist etwas, womit wir im Bereich der Arbeit mit Menschen auch immer wieder zu tun haben, denn oftmals ist eine Symptomatik schlicht und ergreifend aus medizinischer Sicht nicht zu erklären. Da ich ohnehin die Erfahrung gemacht habe, dass jede Erkrankung ihren Ursprung in der Seele hat, ist bei undefinierbaren Krankheitssymptomen erst recht Achtsamkeit geboten. Ebenso wenn Behandlungen nicht anschlagen. Dann sollte immer berücksichtigt werden, dass die körperliche Manifestation gegebenenfalls nicht beseitigt werden kann, solange die Ursache noch aktiv ist und im Verborgenen weiterwirkt. Genau das versuche ich immer wieder zu verdeutlichen, wenn es um Krebs geht: Es ist leider nicht damit getan, einen Tumor entfernen zu lassen. Vielmehr sollte zumindest parallel mit der Thematik gearbeitet werden, die sich dahinter verbirgt. Geschieht dies nicht, ist die Gefahr sehr groß, dass ein neuer Tumor an anderer Stelle entsteht. Im Hinblick auf den wahren Hintergrund erscheint es sogar logisch, dass es so ist, denn der Tumor ist schließlich nichts anderes als ein Ausdrucksmittel. Dieses zu beseitigen heißt nicht zwangsläufig, dass sich die dahinter verborgene Nachricht der Seele offenbart.

Lukas und seine große Trauer

Ein weiteres Beispiel für seelisch bedingte körperliche Probleme ist die schamanische Sitzung mit einem Hund namens Lukas. Es hatte zuvor eine Kommunikation mit ihm stattgefunden, die aber alles andere als zufriedenstellend war, denn er konnte auf keine der gestellten Fragen eine Antwort geben, ohne dass für mich mehr als deutlich spürbar wurde, dass dieser Hund traumatisiert ist.

Zum Glück hatte Tanja schon die Kommunikation mit ihrem anderen Hund Schröder erlebt, sodass sie wusste, wie es normalerweise abläuft. Daher konnte ich bedenkenlos meinen Eindruck von Lukas schildern.
Sie fragte mich, wie man ihm helfen könne, denn auch sie hege schon lange den Verdacht, Lukas müsse mal etwas Schlimmes widerfahren sein. Außerdem habe er gewisse Krankheitssymptome, die auf keine Behandlung reagieren würden. Allein schon diese Aussage sprach meines Erachtens für die körperliche Manifestation eines Traumas. Ich versprach ihr, mich baldmöglichst darum zu kümmern. Hier nun das Protokoll der gesamten Sitzung mit Lukas:

Ich werde von den Spirits in die Zeit geführt, in der Lukas als noch relativ junger Hund (vielleicht anderthalb Jahre alt) bei einem alten Mann gelebt hat. Wenn er nicht sogar auf einer Insel gelebt hat, dann aber ganz bestimmt in Strandnähe, denn auf ihren Spaziergängen gelangen die beiden oft zu einem Leuchtturm.

Ich fühle mich (als Lukas) glücklich und recht frei an der Seite dieses Mannes. Es gibt zwar auch dunkle Phasen, in denen der Mann trinkt und grob ist, aber diese weiß ich zu verdrängen. Wenn ich mit ihm draußen bin und der kühle Wind mir um die Nase weht, dann kann ich diese anderen Dinge vergessen.

Ich sorge mich um diesen einsamen Mann, der sehr viel Traurigkeit in sich trägt, und diese verzweifelt versucht zu vergessen. Er trinkt in solchen Situationen immer, und er wird alsdann auch wütend. Auf alles, besonders aber auf das Leben.

Ich verstehe (als Pina) zunächst nicht, was hier das Trauma in Lukas sein soll, denn es scheint ihm trotz allem recht gut zu gehen mit diesem Mann. Es ist den Spirits offenbar wichtig, mir und Tanja darzustellen, was vor dem Trauma war, daher lassen sie mich zunächst das gute Gefühl in Lukas zu diesem Mann wahrnehmen. Doch sowie dies erkannt ist, werde ich ziemlich unvermittelt in die traumatische Situation geführt, um die es letztendlich bei dieser Sitzung geht:

Ich bekomme (als Lukas) mit, wie der alte Mann trinkt und trinkt und trinkt. Es ist anders als sonst; irgendwie ist es dieses Mal schlimmer. Plötzlich wankt er hinaus in die dunkle und vor allem sehr kalte Nacht. Ich werde nervös, denn ich weiß, dass das nicht gut ist. Und offenbar passiert dies hier zum ersten Mal. Ich belle und versuche dadurch auf mich aufmerksam zu machen. Ich will, dass er wütend auf mich wird und nach mir tritt. Doch er reagiert nicht. Es ist, als sei er gar nicht richtig da. Das macht mir große Angst. Der Mann geht geradewegs ins Wasser. Ich will ihm folgen, aber ich weiß, dass ich ihm nicht helfen kann. Und er nimmt mich auch nach wie vor gar nicht wahr. Die See ist rau, da komme ich nicht gegen an.

Mein Herrchen ist nach kürzester Zeit für mich nicht mehr sichtbar, doch ich höre noch sein Husten. Es ist nicht das übliche Husten, sondern ein seltsam ersticktes. Ich stehe halb im Wasser und belle die Wellen an. Auch mein verzweifeltes Bellen hört sich an wie das erstickte Husten meines Herrchens. Ich bin nun völlig durchnässt und ich friere, aber ich kann hier nicht fort.

Nach einer langen Nacht beschließe ich fortzulaufen. Ich will weg vom Meer und fort von all dieser Traurigkeit dort. Ich laufe und laufe und laufe. Ich atme schwer und bin wie im Delirium. Es fühlt sich an, als hätte ich das halbe Meer in meinen Lungen, so sehr schmerzt es in der Brust. Es sticht und brennt zugleich. Mir wird heiß und kalt im Wechsel, doch bald schon fühle ich selbst das nicht mehr.

Endlich entlassen mich die Spirits aus dieser traumatischen Situation und ich nehme Lukas sofort mit in die Obere Welt, wo sich meine Helfer um seine Ausheilung kümmern. Ich nehme wahr, dass sie in erster Linie darum bemüht sind, all diese alte Kälte und Nässe aus seinen Lungen zu entfernen. Während sie das tun, heilen sie aber auch den verlorenen Seelenanteil aus, denn Lukas hat sich damals selbst aufgegeben. Eigentlich ist auch er in dieser Nacht bereits gestorben, zumindest ein großer Teil von ihm.

Meine Helfer behandeln ihn eine ganze Weile und betonen, dass es wichtig sei, dass ihm die Tierärztin in einer Woche etwas gebe, wodurch seine Lunge stabilisiert werde. Mehr sei auf der physischen Ebene zunächst nicht zu tun. Sie sagen, es sei wichtig, dass Lukas nicht durchnässt irgendwo liege. Sollte er dennoch mal nass werden, dann müsse er dringend sofort abgetrocknet werden, denn es sei durch dieses Trauma bereits zu eben dieser Schwachstelle in seinem System gekommen. Das heiße nichts anderes, als dass er in diesem

Bereich extrem anfällig sei. Jetzt aber müsse man ihm erst einmal ein wenig Zeit lassen, wieder seine Lebendigkeit, seine Lebensbejahung auszuleben.

Nun arbeitete Tanja zum Glück bei einer ganz hervorragenden Tierärztin, die sich dann auch gleich nach einer Woche um Lukas kümmern konnte. Mittels Bioresonanzverfahren hatte die Ärztin offenbar schon festgestellt, dass die vorhandene Lungenthematik eine seelische Ursache hatte. Nun sah auch sie sich, nach dem Ergebnis dieser Sitzung, in ihrer Diagnose bestätigt. Lukas war in den besten Händen, und wie mir Tanja berichtete, entwickelte er zusehends mehr Lebendigkeit und Lebensfreude; die Veränderung sei sogar anderen aufgefallen.

Ich finde diese Seelenrückholung einfach unglaublich. Nicht nur wegen der Thematik an sich, sondern auch aufgrund der Heftigkeit der Gefühle, die ich währenddessen hatte. Lukas hat ja nicht nur auf der seelischen Ebene furchtbar gelitten, sondern offenbar gleichermaßen auf der physischen.
Tanja erzählte mir dann, dass Lukas seit jeher auf jegliche Form des Hustens reagiere – und zwar mit echter Angst. Dieser arme Hund ist dadurch wahrscheinlich immer wieder aufs Neue an sein Trauma erinnert worden, und damit auch an seine Verzweiflung und an die Ohnmacht, seinem geliebten Herrchen damals nicht geholfen haben zu können.
Leider konnte Tanja nur die Symptome bestätigen, weil sie nichts von diesem frühen Trauma wusste und den Hund erst bekommen hatte, als dieser schon etwa drei Jahre alt gewesen war. Da der Hund aber aus dem Norden zu ihr gekommen sei (er war aufgegriffen worden), passte immerhin das schon mal

zu dem, was ich bei der Seelenrückholung erlebt hatte. Ohnehin zählt aber meiner Meinung nach in einem solchen Fall nur noch das Ergebnis. Und wenn sich das Tier nach einer solchen Sitzung positiv verändert und gesund wird, dann ist das der beste Beweis, den wir uns überhaupt wünschen und vorstellen können.

Paula darf endlich glücklich sein

Ich erkläre meinen Klienten auch immer wieder, dass mich die Vergangenheit eigentlich nicht interessiert, denn es gehe ja ausschließlich darum, die Gegenwart und Zukunft heilsam zu gestalten. Dennoch bin ich gezwungen, mich in die Vergangenheit des Klienten zu begeben. Denn um die verlorene Kraft zurückzuholen, muss ich zunächst die traumatische Situation durchleben und erfassen, nur so offenbart sich mir der abgespaltene Seelenanteil. Es ändert aber nichts daran, dass ich im Grunde genommen nicht an der Vergangenheit interessiert bin, sondern einzig und allein daran, dass mein Klient endlich wieder in seine Ganzheit gelangt und heil wird.

So war es auch bei einer Stute namens Paula, die schon seit längerer Zeit Probleme mit ihrer Gesundheit hatte. Der Fokus meiner Arbeit lag ganz und gar auf die Behandlung der bekannten Symptome, doch auch hier zeigten mir meine Helfer die wahre Ursache der Probleme:

Ich komme mit Paula in der nichtalltäglichen Wirklichkeit an und die Spirits nehmen sie mir sofort ab. Sie kümmern sich sogleich um sie. Seltsamerweise bandagieren meine Helfer zunächst einmal alle vier Beine (komplett bis obenhin) und sorgen damit für Stabilität. Ich nehme auch wahr, dass es Paula Erleichterung verschafft, da sie offenbar viel Kraft dafür aufwenden muss, um im Stehen überhaupt noch stabil zu bleiben.

Die Spirits zeigen die Beine wie aus Glas, so als seien sie zerbrech-

lich. Und während sie sich um Paulas körperliche Verfassung kümmern, erklären sie mir, dass es nur so weit kommen konnte, weil Paula immer noch in einer alten, für sie traumatischen Situation stecken würde. Bereits damals wäre sie am liebsten gleich aus dem Leben gegangen, denn sie war voller Enttäuschung und Wut.

Ich werde von meinen Helfern in eine Situation geführt, in der Paula ganz böse bei einem Ausritt gestürzt ist. Ich nehme wahr, dass sie selbst entsetzt über den Sturz und den plötzlichen, heftigen Schmerz war. Für sie war es jedoch weitaus schlimmer, dass man sie dafür ausgeschimpft hat. Sie war so enttäuscht darüber, dass sie am liebsten gleich gestorben wäre.

Ich nehme die Reiterin als egozentrisch und vor allem als zickig wahr, so als suche sie immer nur die Schuld bei anderen und als müssten bei ihr alle perfekt funktionieren.
Ich habe auch das deutliche Gefühl, dass Paula bisher alles gegeben hat, was ihr möglich war. Vor allem, um zu gefallen. Und auch, um die Zuwendung zu bekommen, die sie so dringend benötigt. Es enttäuscht sie über alle Maßen, dass sie grundlos und vor allem schuldlos auf diese Art und Weise behandelt wird. Für Paula bricht dabei eine für sie bis dahin heile Welt zusammen. Sie verliert darüber nicht nur das Vertrauen, sondern (was das Schlimmste ist!) auch ihren Lebenswillen. Und es kommt mir so vor, als habe Paula von da an nur funktioniert, als habe sie völlig resigniert.
In der Oberen Welt erklären mir meine Helfer, dass Paula durch diesen Seelenverlust ihre innere Stabilität verloren habe. Es sei eigentlich schon an ihrem ungewöhnlichen Verhalten deutlich erkennbar gewesen. Ich frage an dieser Stelle instinktiv, ob Paula überhaupt noch bleiben wolle, worauf die Spirits folgendermaßen antworten:

„Wir können mit dieser Arbeit nur die Voraussetzungen dafür schaffen. Letztendlich aber entscheidet Paulas Seele. Allerdings wäre es nicht gut, wenn sie in dieser traumatischen Grundverfassung aus dem Leben gehen würde, denn ihr nächstes wäre dann davon geprägt. Es ist daher wichtig, dieses Trauma auszuheilen, wie auch immer Paula sich entscheidet. Für Paula ist es wichtig, dass Silvia sich so sehr um sie bemüht. Es ist etwas, das Paula damals dringend gebraucht hätte …

Für Silvia hingegen ist es wichtig, sich ganz und gar auf Paula einzulassen und ihre Seele willkommen zu heißen. Es ist daher auch wichtig, dass sie zu Paula nicht etwa ‚du darfst nicht gehen‘ sondern stattdessen Folgendes sagt: ‚Du bist hier aus tiefstem Herzen willkommen, du darfst gerne bleiben, wenn du das wünschst.‘"

Sie erklären weiterhin, dass dies von der Energie her ein großer Unterschied sei, denn bei dem Zweiten gehe es nur um Paula. Ausschließlich um Paula und nicht um Silvias Ängste und Sorgen oder um ihre subjektiven Wünsche. Es gehe nur um Paula; genau das sei für sie das Heilsame daran, denn Paula habe sich noch nie als die Nummer 1 gefühlt.

Die Spirits behandeln weiterhin die Beine. Es ist, als würden sie Paula operieren und etwas entfernen. Sie nicken mir bestätigend zu und bedeuten mir, wieder zu gehen und Paula noch eine Weile dort zu lassen. Paula würde, wenn sie wolle, selbst den Weg zurückfinden.

Es war erstaunlich, was mir Silvia in den darauffolgenden Wochen über Paulas Entwicklung, und vor allem über ihren Genesungsprozess, berichten konnte. Sie sprach bereits kurz nach

der Seelenrückholung davon, ihr eigenes Pferd kaum wiederzuerkennen. Silvia war auch ganz euphorisch in Anbetracht
der Tatsache, dass sie ihren Teil dazu beitragen konnte, indem
sie versuche für Paula eine wünschenswerte und lebenswürdige
Basis zu schaffen. Und so bemüht, wie Silvia ist, gibt es für mich
keine Zweifel daran, dass es ihr gelingen wird, diesem einstmals
traumatisierten Pferd zu einem glücklichen und gesunden Dasein zu verhelfen.

Ifen und das kleine Menschenkind

Bei der nachfolgenden Kommunikation gibt ein Hund namens Ifen bedeutsame Hinweise auf zukünftige Wichtigkeiten. Auch darum wissen die Tiere und arbeiten daher in vorausschauender Art und Weise. Nicht selten stoßen sie hiermit dann auf Unverständnis bei uns Menschen, da uns dieser Weitblick einfach fehlt. Sobald jedoch der Mensch erfährt, worum es wirklich und ganz konkret geht, wenn sich ein Tier in unseren Augen merkwürdig verhält, verändert sich dadurch unter Umständen ein ganzes Familiengefüge. Im Falle von Ifens Familie hat sich jedenfalls herausgestellt, wie wichtig dieser „Problemhund" ist – und schon konnte er eine völlig neue Position einnehmen.

Gleich beim Einstimmen nehme ich wahr, wie etwas meine Wirbelsäule hinaufkriecht. Es ist ein lähmendes Gefühl. Seltsamerweise kommt mir spontan Borreliose in den Sinn. Doch sowie ich es niederschreibe, verweist Ifen auf Viren oder Einzeller. Jedenfalls auf etwas, das mikroskopisch klein ist, den Organismus jedoch nicht nur befallen, sondern auch lahmlegen kann. Er spürt es überall, doch am stärksten in der Wirbelsäule.

Ifen berichtet von heftigen Kopfschmerzen, so ähnlich wie bei Migräne-Attacken. Er zeigt mir Blitze im Kopf, so wie ich es nur von Epileptikern kenne. Mir kommt es so vor, als wüsste er, dass es sich in diese Richtung entwickeln wird.

Es beängstigt ihn, das ist deutlich spürbar. Vor allem, weil er dann nicht mehr Herr seiner Sinne ist. Das scheint ohnehin das zu sein, was für ihn das Schlimmste überhaupt ist. Ich frage Ifen daher, was ihm helfen könnte oder was er sich wünsche, und er antwortet darauf folgendermaßen:

„So möchte ich auf Dauer nicht leben! Ohnehin bin ich nur für kurze Zeit gekommen. Aber diese Zeit gilt Esther. Es ist wichtig, dass sie das weiß, denn es geht nicht darum, dass ich ihr das Leben schwer machen will. Ganz im Gegenteil, denn ich bin einverstanden, wenn sie mich gehen lässt, sobald wir unsere gemeinsame Aufgabe erfüllt haben. Meine Aufmerksamkeit gilt nämlich nicht alleine Esther, sondern auch dem kleinen Menschen an ihrer Seite.

Für Esther wird es in den kommenden Jahren wichtig sein, sich Parasiten vom Hals zu halten. Ihretwegen, aber vor allem im Sinne des Kindes. Esther hat nicht gelernt, sich ausreichend zu schützen, und so erkennt sie nicht unbedingt immer die wahren Absichten der Menschen um sie herum. Wenn sie nicht aufpasst, und vor allem, wenn sie nicht lernt, ihre Wahrnehmung dahingehend zu schulen, wird es dem kleinen Menschenkind am meisten schaden.
Esther wird es jetzt kaum glauben können, aber ich zeige ihr doch nur mit meinem Verhalten, wem es schaden wird, wenn sich nicht bald etwas ändert! Es geht hier nicht um mich, denn ich weiß, dass ich bald heimkehren werde. Doch ich kann nicht in Frieden gehen, wenn ich meine Mission nicht erfüllt habe!

Esther soll wissen, dass all dies, was sie noch nicht beherrscht, lähmend auf sie und ihre Entwicklung wirkt. Das aber kann und darf ich nicht zulassen! Wenn ich es ihr nicht zeige, wer dann?! Und wenn ich es ihr jetzt nicht abnehme, wird es das kleine Menschenkind an meiner Stelle tun. Auch das kann und darf ich keinesfalls zulassen!

Esther wird noch viel lernen über das Leben und seine Gesetze. Es geht um Zusammenhänge, jedoch nicht aus der beschränkten menschlichen Sicht heraus betrachtet. Dies wird ein großer Akt für sie werden, denn sie hat gerne alles im Griff ..."

Dann richtet Ifen plötzlich das Wort direkt an Esther und sagt:

„Du wirst mich gehen lassen können, sobald du begriffen hast, worum es geht. Es wird eine kleine Weile dauern, bis du wirklich verinnerlicht hast, dass ich all dies hier nur aus Liebe tue. Es ist wahrlich ein Akt der Liebe. Für dich, aber auch für diejenigen, die dir im Herzen am nächsten sind. Ich weiß, dass auch ich dort einen Platz habe, doch ich möchte keinen großen Raum einnehmen.

Mir geht es hier um euer Wohlergehen in der Zukunft. Das Jetzt ist die Vorbereitung darauf, denn ohne meine vorherige Vorbereitung wäre das kleine Menschenkind in Gefahr. Verstehe das, ich tue euch etwas Gutes und nichts Böses! Ich weiß, dass du es verstehen wirst, wenn du dein Herz dafür öffnest!

Und es ist besser für euch alle, wenn ich euch die Entscheidung abnehme. Dabei verrate ich dir jetzt, dass es nicht wirklich eine Entscheidung ist, die wir treffen, denn es war längst im Plan vorgesehen. Wenn ich gehe, soll das kleine Menschenkind nicht dabei sein. Ich will es nicht weinen sehen!"

Da er offenbar am Ende seiner Mitteilung angelangt ist, frage ich Ifen noch, ob man etwas gegen seine Schmerzen tun könne. Er antwortet darauf folgendermaßen:

„Nein, denn es gehört ja zu meinem Plan. Sage Esther, dass ich Möglichkeiten habe, mich dem Schmerz zu entziehen. Sie bemerkt es selbst, kann es sich jedoch nicht erklären. Sage ihr, dass wir Tiere so etwas beherrschen, denn es hilft uns bei der Erfüllung unserer Mission."

Dabei vermittelt er das Gefühl, dass er im akuten Schmerzzustand aus dem Körper geht, damit er es ertragen kann. Es ist, als sei er dann abwesend, wie nicht ansprechbar.

Esther und ich führten daraufhin ein sehr langes Telefonat und ich bemerkte, dass Ifens Botschaft sie zutiefst erschütterte. Es war, als habe er ihren Blick auf etwas Neues gerichtet.

Ich möchte hier gar nicht weiter von meinen Eindrücken oder von dem berichten, was wir bei diesem Telefonat schon feststellen konnten, da es viel mehr Sinn macht, den Ist-Zustand aufzuzeigen.

Es ergab sich nämlich, dass ich im Rahmen der Fertigstellung dieses Buches Esther um ihre Erlaubnis bat, Ifens Botschaft veröffentlichen zu dürfen, und sie mir einen kleinen Bericht über das zukommen ließ, was sich seit seiner Botschaft entwickelt hatte. Ich war derartig beeindruckt davon, dass ich sie kurzum bat, auch diesen Text, so wie sie ihn verfasst hatte, hier an dieser Stelle einfügen zu dürfen. Sie willigte sofort ein. Und da sie auch schrieb, dass sie sich sehr darüber gefreut habe, dass Ifens Geschichte in meinem Buch erscheinen würde, und sie sogleich das Bedürfnis hatte, mir die Fortsetzung seiner Geschichte zukommen zu lassen, wurde mir schlagartig bewusst, wer in Wirklichkeit hinter all diesen Impulsen steckt. Denn es war ebenfalls ein starker Impuls, der mich angetrieben hatte, seine Botschaft unbedingt veröffentlichen zu müssen. Ich bin mir ziemlich sicher, dass sich Ifen wünscht, über seine Botschaft noch viele andere Betroffene zu erreichen. Daher ist es Esther und mir gleichermaßen eine Ehre, an diesem „Projekt" beteiligt sein zu dürfen. Lesen Sie also selbst, was diese überaus weise Hundeseele in Bewegung gesetzt hat:

„Als Pina mich anrief und mir Ifens Kommunikation erzählte, war es für mich, als wäre ein Damm gebrochen. Ich fühlte mich, als ob ich meine Hülle verloren hätte, und war nun ganz schutzlos dem ausgeliefert, was mein Hund mir sagen wollte.
Auch Tage später – ich hatte inzwischen die Kommunikation in schriftlicher Form – traute ich mich nicht, diese noch einmal zu lesen, aus Angst, zu tief berührt zu werden. Gleichzeitig rekapitulierte ich jedoch das Telefonat mit Pina und versuchte zu verstehen, von welcher Aufgabe Ifen gesprochen hatte.
Im Nachhinein war meine ‚Hüllenlosigkeit' das Beste, was mir passieren konnte, denn nur so war ich in der Lage, weitgehend unvoreingenommen auf mein Leben zu blicken und mich offen auf Neues einlassen.
In seiner Kommunikation sprach Ifen von ‚dem kleinen Menschen an meiner Seite' und anfangs dachte ich, damit sei mein Sohn gemeint, weil er das jüngere meiner beiden Kinder ist. Dann dämmerte mir, dass er meine Tochter Anna meinte, die aufgrund einer leichten autistischen Störung sozial entwicklungsverzögert ist. Ein Umstand, mit dem ich als Kontrollfreak nie umgehen konnte! Jetzt sah ich Anna in Ifens Verhalten gespiegelt und lernte beide so anzunehmen, wie sie sind. Die Folge war, dass Anna – ganz ohne weitere Therapie – anfing sich zu verändern, lebenstüchtiger wurde und jetzt nach ca. einem

Jahr nicht wiederzuerkennen ist. Auch Ifen hat sich verändert! Weil ich seine Botschaft anfangs nicht verstehen wollte, wusste er als letzten Ausweg nur den, mich anzugreifen. Dieses Verhalten hat er nach der Kommunikation nicht mehr gezeigt! Er ist nach wie vor kein Hund, den man erziehen oder kontrollieren kann, aber dadurch werde ich immer wieder daran erinnert, auf mich selbst zu sehen, um irgendwann wirklich zu erkennen, wer in meinem Leben der Parasit ist. Kleine Fortschritte in dieser Richtung habe ich bereits gemacht ;-)

All das Nachdenken über mich selbst, meine Familie und mein Leben und die vielen Gespräche, die ich mit Freunden geführt habe, haben mir gezeigt, dass ich in meinem Leben noch nicht wirklich da bin, wo ich hin will. Als ersten Schritt in Richtung auf dieses Ziel habe ich mich wieder zum Studium eingeschrieben und bin gespannt, wohin mich dieses Abenteuer führt! Und all das wegen eines Hundes, den ich anfangs fast gehasst habe, weil er nicht dem Bild meines perfekten Hundes entsprach!"

Meines Erachtens ist dem nichts mehr hinzuzufügen, allenfalls noch dies hier: Danke, Ifen, du bist wahrhaftig ein ganz, ganz Großer!!!"

Vom Aschenputtel zur Prinzessin

Auch die Spirits wissen natürlich viel mehr, als sie uns ahnen lassen. Oftmals geben sie jedoch während einer schamanischen Reise durch kleine Details wertvolle Hinweise, die auf die Zukunft gerichtet sind. Meistens können wir Menschen das Gesagte oder Gezeigte nicht gleich zuordnen, umso schöner ist es aber dann, erleben zu dürfen, wie sich die Dinge genau so ereignen.

Es war im Januar 2008, als ich gebeten wurde, mit Hazirah zu arbeiten. Meine Freundin hatte Hazirah zusammen mit ihrem Fohlen Samirah gekauft, um die beiden vor dem sicheren Tod beim Schlachter zu bewahren. Etwas hatte sie veranlasst, sich um die beiden zu bemühen und ihnen ein schönes Leben zu ermöglichen.

Man darf es kaum aussprechen, weil es ja verpönt ist, aber beide waren alles andere als Schönheiten. Mal abgesehen davon wiesen sie Verhaltensweisen auf, die echte Kenner zweifeln ließen, ob man die beiden jemals wieder „hinbekommen" würde. Meine Freundin aber vertraute nicht nur auf ihren eigenen Impuls, sondern auch auf die Arbeit der Spirits. Und so kam es, dass ich diesen märchenhaften Aufstieg von Hazirah und ihrer Tochter Samirah miterleben durfte, denn heute ist es eine wahre Pracht, die beiden zu sehen – sie sind in jedem Sinne echte Schönheiten.
Vor allem bei Samirah ist es so, dass nun wirklich nichts mehr an ihr erkennen lässt, dass sie mal das hässliche Entlein war,

das Aschenputtel, das niemand haben und lieben wollte. Auch diese Seelenrückholung möchte ich in ihrer Ganzheit wiedergeben:

Wie immer nehme ich meine Klientin mit in die nichtalltägliche Wirklichkeit. Doch heute ist es irgendwie anders. Es beginnt damit, dass Hazirah, noch bevor wir einen Schritt getan haben, ihren Kopf an meine Schulter lehnt. Ich bin ziemlich perplex über diese Geste, fühle mich aber ganz eins mit ihr.

Ich sehe, dass sie sehr gut gepflegt ist und richtiggehend glänzt. Immer noch sprachlos darüber spüre ich dennoch, dass dies als Hinweis auf die Zukunft dient. Sowie ich dies verinnerlicht habe, löst sie sich wieder von mir.

Ich möchte Hazirah am Strick führen, doch sie wehrt sich fast panisch dagegen. Ich bemerke, dass es offenbar am Strick liegt, denn ich habe zwar schon viele Pferde mit in die nichtalltägliche Wirklichkeit genommen, doch nie habe ich sie am Strick führen müssen. Hier jedoch halte ich plötzlich einen in der Hand, sodass davon auszugehen ist, dass die Spirits gleich zu Beginn einen Hinweis darauf geben wollen, dass Hazirah Schwierigkeiten damit hat; zumindest scheint es ihr gewisse Probleme zu bereiten – oder sie hat negative Erfahrungen damit gemacht.

Sowie ich sie loslasse, folgt sie mir. Sie geht dicht hinter mir und es fühlt sich gut an. Sie lässt dabei den Kopf hängen und trottet wie gedankenverloren hinter mir her. Ich empfinde dies aber als Geste des Vertrauens und nicht etwa als Zeichen für Desinteresse.

Ungewöhnlich ist hier, dass die Spirits mir Hazirah gleich abnehmen und sie zwecks Behandlung sofort mit sich führen. Das ist an dieser Stelle untypisch, da sie sich üblicherweise erst am Ende der Seelenrückholung um das Körperliche kümmern. Erst recht, wenn es sich bei den physischen Beschwerden um die Manifestation eines Traumas handelt. Doch sie schicken mich einstweilen fort; ich solle mich den seelischen Aspekten widmen, man würde Hazirah währenddessen schon mal behandeln. Ich bin etwas verdutzt über diese Ansage, doch sie gehen einfach mit ihr fort und ich spüre, dass die Behandlung etwas aufwendiger sein wird. Was auch immer es ist, es scheint meine Helfer zu veranlassen, sofort mit der Behandlung zu beginnen.

Ich werde sogleich in eine Situation geführt, in der Hazirah selbst noch ein Fohlen ist und nicht gut versorgt wird. Sie wird auch gemobbt in der Herde, in der sie untergebracht ist (wobei ich das Gefühl habe, es ist kein großer Verbund). Ich nehme wahr, wie sie immer wieder vertrieben wird. Man kneift und beißt sie hin und wieder. Sie kommt dort nicht zur Ruhe, findet auch keinen richtigen Anschluss zu anderen. Sie hat demzufolge auch niemanden, der ihr Schutz gewährt.

Wenn dann mal ein Mensch dorthin kommt (das ist offensichtlich nicht regelmäßig der Fall), wird sie von ihm sehr unsanft am Strick gezerrt. Es fühlt sich so an, als sei der Strick ums Maul gelegt und als würde sich die Schlaufe beim Zerren immer enger ums Maul ziehen. Es tut höllisch weh, so als ob man in eine Art Presse gerate. Je mehr Hazirah sich wehrt, umso hektischer und auch hysterischer wird diese Person. Ich nehme diese Person zwar als Frau wahr, doch sie trägt sehr viel männliche Energie in sich – und auch ein hohes Maß an Aggressionspotenzial.

Ich komme nicht aus eigener Kraft aus dieser Situation heraus und ich spüre auch das ganze Leid, das Hazirah in ihrem bisherigen Leben hat erdulden müssen. Sie hat bisher fast ausschließlich negative Erfahrungen machen müssen. Mit Menschen, aber auch mit

Artgenossen. Es scheint, als trage sie keinerlei positive Erlebnisse in sich, die sie entsprechend geprägt haben könnten. Was sie vom Menschen wahrnimmt, kommt ihr suspekt vor. Und es ist für sie auch nicht kalkulierbar. Hazirah war bisher mehr oder weniger sich selbst überlassen, und sie ist dabei sowohl seelisch als auch körperlich verkümmert.

Plötzlich werde ich in eine Art Verlies geführt und entdecke dort zu meinem Erstaunen Hazirahs verlorenen Seelenanteil. Ich muss ihn dort herausholen, sonst gibt es für sie keine Heilung. Doch zunächst einmal bestehen die Spirits darauf, dass ich ihre Verfassung gänzlich erfasse, bevor ich den Seelenanteil zur Ausheilung in die Obere Welt bringen kann. Daher entlassen sie mich noch nicht aus dieser Lebenssituation.

Es ist deutlich spürbar, dass Hazirahs Seelenanteil dort in diesem Verlies auf Erlösung wartet. Es ist Resignation und auch Hoffnungslosigkeit zu spüren. Ebenso, dass da kein Lebenswille mehr in ihr vorhanden ist. Es ist fast so, als sei Hazirah längst tot, nur eben noch nicht gegangen. Da ist sehr, sehr viel Kälte in ihr, auch auf körperlicher Ebene.
Hazirah kennt auch Hungersnot. Sehr gut sogar. Sie hat lange unter dieser Unterversorgung gelitten – und tut es auch heute noch, selbst wenn man es ihr nicht in dem Maße ansieht, wie es tatsächlich der Fall ist. Meine Helfer sagen, dass Hazirah das, was sie nun an Futter erhielte, wie eine Henkersmahlzeit empfinde. Das heißt, dass hier offenbar kein Glaube mehr an das Gute vorhanden ist. Sie hat ihre Rettung noch nicht wirklich bemerkt und somit auch noch nicht wahrgenommen. Nicht nur, weil sie es für unmöglich hält, sondern auch weil sie (noch) nicht daran glauben kann.

Hazirah hat sich demzufolge selbst aufgegeben. Und wie die Spirits sagen, war das schon zum Zeitpunkt der Trächtigkeit so, weil die Mutter ebenfalls und sogar auf ähnliche Weise traumatisiert war. Das Fohlen (Hazirah) sei daher sozusagen in einer toten Hülle herangewachsen. Da sei keine Emotionalität mehr gewesen.

Erst jetzt kann ich Hazirah aus ihrem Verlies holen und mitnehmen. Sie wirkt apathisch und man gewinnt den Eindruck, als würde sie all dies gar nicht realisieren, was da gerade mit ihr geschieht. In der Oberen Welt versorgen meine Helfer sie erst einmal mit allem, was es so Schmackhaftes für Pferde gibt. Sie setzen ihr alles vor, doch sie zögert, so als könne sie nichts davon annehmen. Dann kommt mir in den Sinn, dass sie vielleicht aufgrund der Zahnprobleme zögert, doch die Spirits weisen darauf hin, dass sie bereits mit den Zähnen gearbeitet hätten, während ich mich um die Rückholung des Seelenanteils bemüht habe. Sie erklären, dass es wichtig sei, dass sich Hazirah zunächst in der nichtalltäglichen Wirklichkeit an dem Angebot und dem Reichtum bediene, um es dann im Physischen, also in der alltäglichen Wirklichkeit ebenso tun zu können.

Hazirah zögert noch eine Weile, sodass ich zusehends nervös werde. Doch die Spirits ermahnen mich, Geduld mit ihr zu haben, was auch ein Hinweis darauf ist, dass man mit ihr generell in Zukunft Geduld haben muss. Sie streichen ihr dann eine Art warme Paste über die Zähne und ich rieche Lavendel, so als sei dieser Duft heilsam für Hazirah. Sie leckt sich über die Zähne, so als würde sie testen wollen, ob da Schmerz ist. Dies ist ein Hinweis der Spirits darauf, dass in ihr auch eine Art Vermeidungstaktik läuft. Hazirah wird sich daher langsam an ein neues Empfinden gewöhnen müssen. Noch zögert sie weiterhin. Es ist jedoch spürbar, dass sie nun

gerne an das Futter drangehen würde. Doch nach wie vor meint sie,
es nicht zu können. Ich nehme an dieser Stelle wahr, dass sie Angst
vor den Folgen hat. Hier ist dann auch spürbar, dass es nicht nur
etwas mit den Zähnen, sondern auch mit der Verdauung zu tun
hat. Es ist ein Teufelskreis.

Ich fühle, wie sich der ganze Organismus nach Nahrung sehnt (sie
ist in jeglicher Hinsicht unterversorgt, auch energetisch), doch sie
verweigert sie. Aus Angst und auch aus der bisher gelebten Selbst-
aufgabe heraus. Sie ist so sehr in den bisherigen Erfahrungen ver-
haftet, dass sie es sich wohl anders nicht mehr vorstellen kann.

Die Spirits reden ihr gut zu und man streichelt sie sanft. Ich habe
auch das Gefühl, als würde man sie dabei sanft massieren, so als
müsse man alte Verkrampfungen lösen und den Fluss der Lebens-
säfte anregen. Sie reden ihr dabei sehr leise und lächelnd weiter
gut zu, indem sie ihr vermitteln, dass sie alle Zeit der Welt habe.
Ich werte das als erneuten Hinweis darauf, dass man hier offenbar
noch viel Geduld aufbringen muss.

Heute muss meine Freundin immer noch Langmut mit ihrer kleinen Prinzessin beweisen, doch ist Hazirah inzwischen trotz ihrer Sensibilität eine recht selbstbewusste Stute geworden. Ich freue mich sehr darüber. Vor allem aber auch deswegen, weil sie der lebende Beweis dafür ist, dass man nicht aufgeben sollte, solange nicht alle Möglichkeiten ausgeschöpft wurden.

Hazirah und ihre Tochter gäbe es heute nicht mehr, wenn meine Freundin nicht ihrem starken Impuls gefolgt wäre und hartnäckig darauf vertraut hätte, dass die Spirits es gut mit ihr und ihren Pferden meinen.

Besondere Art der Hilfestellung

Es gibt so viel zu entdecken und zu erleben, wenn man es wagt, sich auf das einzulassen, was uns die geistige Welt zu bieten hat. Ich freue mich über einen herrlichen Nebeneffekt meiner Arbeit, denn so ziemlich jeder, der damit in Berührung kommt, spürt, dass da mehr ist als das, was wir mit unserem physischen Auge wahrnehmen. Das schafft Vertrauen.

Es ist mir bei meiner Arbeit ein außerordentliches Bedürfnis, dass die Klienten ein Gefühl dafür bekommen, was alles möglich ist, wenn sie sich nur einmal darauf einlassen. Sie erleben sodann die geistige Welt als hilfsbereit und sehr wohlwollend. Unsere Helfer, ob diesseits oder jenseits, sind immer darauf bedacht, uns bei unseren Lernprozessen unterstützend zur Seite zu stehen. Und das tun sie, ob wir sie nun bewusst wahrnehmen oder nicht.

Natürlich gibt es Menschen, die aufgrund gewisser Dinge, die ihnen im Laufe ihres Lebens widerfahren sind, der Meinung sind, nichts und niemand begleite oder beschütze sie. Das liegt aber dann eher daran, dass sie sich nicht damit auseinandersetzen, warum diese Dinge tatsächlich geschehen mussten. Und solange es Menschen gibt, die nur an einen strafenden Gott glauben, wird es auch immer solche geben, die ihr eigenes Handeln nicht hinterfragen.
Ich bin der Meinung, wer wirklich an den Schöpfer glaubt, kann nicht annehmen, dass Er ungerecht sein soll. Dies ist eine Thematik, mit der ich mich bereits als Kind auseinandergesetzt

habe. Ich bin ein sehr gläubiger Mensch, auch wenn ich mich keiner Religion zugehörig fühle, weil mir der Dogmatismus einer jedweden Religion wie ein Widerspruch zur Individualität des Schöpferreichtums erscheint. Und somit habe ich dann auch Schwierigkeiten mit dem Opportunismus, der meines Erachtens weniger mit dem Schöpfer als vielmehr mit menschlichem Egoismus und dem daraus resultierenden Machtbedürfnis zu tun hat. Vermutlich habe ich mich sogar aufgrund der vielen Widersprüchlichkeiten und doppelmoralisch angesetzten Dogmen mehr und mehr damit auseinandergesetzt, was Glaube für mich persönlich bedeutet.

Bereits als Kind habe ich mich gefragt, wie es sein kann, dass es Menschen gibt, die 100 Jahre alt werden, während andere vielleicht gerade mal wenige Stunden oder nur einige Jahre leben dürfen. Ich habe mich gefragt, warum der eine gesund auf die Welt kommt, während der andere sein Leben in Krankheit und Leid verbringen muss. Ich habe aufmerksam ins Leben geblickt und erkannt, dass es viele augenscheinliche Ungerechtigkeiten auf der Welt gibt. Damit kam ich einfach nicht zurecht, denn es fühlte sich für mich so grundlegend falsch und damit unstimmig an.

Da begann meine wahre Suche. Und wo könnte sie besser starten als bei dem, was der Schöpfer erschaffen hat? Wenn man all diese Begebenheiten im Leben berücksichtigt und dann wachsam in die Natur blickt, wo alles einen Sinn ergibt und nichts dem Zufall überlassen bleibt, muss man eigentlich zwangsläufig zu dem Schluss gelangen, dass auch diese vermeintlichen Ungerechtigkeiten einen tieferen Sinn haben müssen. Und so hat sich nach und nach ein Glaube in mir entwickelt, der heute unumstößlich in mir verankert ist. Er hilft mir zu verstehen. Und er hilft mir auch das Leben zu begreifen. Vor allem aber gibt er mir Halt.

Ich werde sehr häufig gefragt, was denn eigentlich sei, wenn wir uns das alles einfach nur so zurechtlegen, um im Leben besser zurechtzukommen, am Ende aber dann doch feststellen müssen, dass es reine Illusion sei. Meines Erachtens ist das eine berechtigte Frage.

Tatsächlich ist es ja so, dass wir es während unseres hiesigen Aufenthalts sicherlich nicht mit Bestimmtheit sagen können, ob es so ist, wie wir glauben, oder nicht. Ich erwidere dann aber auch immer gerne, dass selbst wenn es so wäre, dass alles nur einem gewissen Wunschdenken oder Illusionen entspringt, ich nicht erkennen könne, wem es schaden würde. Deshalb bin ich der Meinung, dass dies allemal besser ist, als völlig haltlos durch das Leben zu gehen und keine Sinnhaftigkeit mehr zu erkennen.

Es gibt Lebensauffassungen, die sehr wohl ein gewisses Potenzial in sich tragen, Schaden anzurichten. Doch kann ich beim besten Willen nicht erkennen, wem es schaden sollte, wenn wir daran glauben, dass unsere tierischen Mitgeschöpfe beseelt sind und wesentlich mehr können, als die meisten Menschen ihnen zutrauen und zugestehen würden.

Und wem könnte es schaden, dass es Menschen gibt, die an Reinkarnation glauben? Für mich persönlich gibt es dahingehend keine Zweifel mehr, denn ich hatte diesbezüglich schon so viele Erlebnisse, die es mir unmöglich machen, zu glauben, dass sie nicht diesen Ursprungs sind.

Doch selbst wenn uns eine höhere Instanz einfach nur glauben lassen wollte, es sei so, sehe ich keine potenzielle Gefährdung darin. Allenfalls natürlich für diejenigen, die ihre Macht und ihren Einfluss dadurch verlieren könnten. Doch dies ist ein anderes Thema, über das sicherlich schon ausreichend geschrieben worden ist, sodass ich mich dem nicht weiter widmen muss.

Ich bin der Meinung, dass die Menschen, die an die These der Reinkarnation glauben, mit dieser Lebensauffassung eher darauf hinarbeiten, der Nachwelt eine lebenswerte Erde zu erhalten als diejenigen, die der Annahme sind, nach dem Tod komme das große Nichts. Ich bin davon überzeugt, dass die Menschen, die an Wiedergeburt glauben, das Leben als etwas Sinnvolles verstehen und dadurch bewusster und vielleicht sogar intensiver erfahren.

Für mich persönlich wäre das Leben absolut unsinnig und ungerecht, wenn es nicht darum gehen würde, bestimmte irdische Erfahrungen zu machen, um als Seele dem Schöpfer in seiner Vollkommenheit wieder etwas näherzukommen.

In der Tat sind die Erfahrungen, die wir im Laufe unseres Lebens sammeln, nicht immer unbedingt so, wie wir sie uns subjektiv wünschen würden. Da ergeht es den Menschen, die nichts von all dem wissen oder wissen wollen, nicht etwa anders. Bezieht man allerdings den feinstofflichen Aspekt mit ein, bekommt man einen Blick hinter den Vorhang gewährt. Dieser Blick eröffnet dem Betrachter eine Möglichkeit, seine Erfahrung aus einer anderen Warte heraus zu durchleuchten. Oftmals führt dies zu einem viel tieferen Verständnis für die Dinge, mit denen man zu kämpfen hat. Wenn wir bedenken, dass wir hier sind, um uns weiterzuentwickeln, dann ist das doch eine sehr hilfreiche Möglichkeit. Es liegt also an uns, diese zu nutzen.

Viele, die mich besser kennen und einen etwas tieferen Einblick in meine eigenen Entwicklungsprozesse gewährt bekommen, sind der Meinung, die Spirits seien „gemein" zu mir. Dem ist nicht so, denn wenn wir verinnerlicht haben, wobei sie uns behilflich sind, dann verstehen wir auch ihre Hartnäckigkeit.
Da unsere Helfer in der geistigen Welt ebenso wenig den Fokus auf unsere Lebensaufgabe verlieren wie die Tiere, ist es nur allzu verständlich, dass sie mit aller Beharrlichkeit dafür sorgen, dass wir nicht von unserem ureigenen Pfad abkommen und unseren Weg gehen. Sie bedienen sich dabei natürlich gerne der Möglichkeiten, über die sie uns am besten erreichen können. Die Tiere nennen diese Möglichkeiten häufig „Plattform".

In meinem Fall bedienen sich die Spirits gerne meiner Tiere – eine ideale Plattform, damit ich mich bewege und nicht stehen bleibe in meiner Entwicklung. Und meine Tiere stellen sich auch bereitwillig zur Verfügung, ob ich das nun will oder nicht. Ich möchte Ihnen ein Beispiel dazu aufzeigen:

Vor zwei Jahren kam eine kleine Katze namens Evita zu uns. Sie war nur wenige Tage alt, als ich bei der Züchterin zu Besuch war, von der ich schon einige unserer Maine Coons bekommen hatte. Sie zeigte mir ihren neuen Wurf, und als ich auf das Häufchen Kitten sah, wurde ich von diesem kleinen Wesen, das noch nicht einmal die Äuglein geöffnet hatte, magisch angezogen. Es war sofort klar, sie gehört zu mir.

Nun fing die Warterei an, und ich konnte es kaum erwarten, sie endlich zu mir nach Hause zu holen. Endlich war es soweit, meine Evita zog bei uns ein. Sie zeigte mit aller Vehemenz, wie sehr sie zu mir gehörte, und hielt sich fast ausschließlich auf meinem Schoß auf. Wenn wir schliefen, lag sie entweder auf meiner Brust oder aber lang gestreckt über meinem Hals wie ein wärmender Schal.

Das Glück währte nicht lange, denn Evita wurde nach nur drei Wochen krank. Da ich ein äußerst ungutes Gefühl hatte, fuhren wir mit ihr sofort zu unserer Tierärztin. Sie sprach den Verdacht, den auch ich bereits hatte, laut aus: FIP (eine tödlich verlaufende Krankheit, die ich Ihnen auf den nachfolgenden Seiten noch erläutern werde).

Wir ließen aufgrund des Verdachts eine Blutabnahme vornehmen und ich brachte Evita anschließend auch noch zusätzlich zu den Spirits. Dort fragte man mich wortwörtlich, ob ich ihnen gänzlich vertrauen würde. Da meine Hoffnung auf ihre Genesung natürlich vor allem anderen stand und ich annahm, meine Helfer wollten mir beweisen, wie sehr ich ihnen vertrauen könne, indem sie für eine eigentlich unmögliche Heilung sorgten, sagte ich Ja – und meinte es auch so. Ich ahnte noch nicht, wie sehr es tatsächlich bei dieser Lektion um bedingungsloses Vertrauen ging …

Ich ließ Evita immer wieder von den Spirits behandeln. Nach wenigen Tagen lag das Ergebnis der Blutabnahme vor, demnach war sie negativ auf FIP getestet. Ich freute mich zwar, beobachtete jedoch schon sehr bald mit großem Schrecken, dass sich Wasser in ihrem Bauch ansammelte, was ein weiteres Anzeichen für FIP war. Wir fuhren daher erneut mit ihr zu unserer Tierärztin. Diese punktierte die Flüssigkeit und schickte sie zwecks Analyse ins Labor.

Ich ließ Evita weiterhin mehrmals täglich von meinen Helfern behandeln, und immer hieß es, ich solle ihnen vertrauen. Selbst unsere Tierärztin meinte, Evita zeige zwar alle typischen Symptome einer FIP, doch sie würde diese Katze trotzdem nicht einschläfern wollen, solange diese so deutlich zeige, dass sie nicht gewillt war aufzugeben.

Ich hatte mich inzwischen mit Evita in einen separaten Raum in unserem Haus zurückgezogen; wir lebten sozusagen in Quarantäne. Da ich nicht wusste, ob das, was Evita hatte, für die anderen Katzen ansteckend war, entschied ich mich zu dieser Vorsichtsmaßnahme. Ich sagte daher sämtliche Termine ab und kümmerte mich ausschließlich um meine kleine Evita. Sie genoss diese Zeit ebenso sehr wie ich, obwohl es ihr körperlich nicht wirklich gut ging und dies gleichermaßen auch an mir und meiner Substanz zehrte.

Dann kam der Befund aus dem Labor: Auch die aus dem Bauchraum entnommene Flüssigkeit wurde negativ auf FIP getestet. Ich freute mich, wollte nun aber doch so langsam wissen, was mein kleiner Engel tatsächlich hat.

Die Spirits behandelten sie weiterhin, betonten dabei aber immer und immer wieder, dass ich ihnen bedingungslos vertrauen solle. Sie sagten, es würde nur das zählen, was sie zeigen und sagen würden, und sie wollten wissen, ob ich bereit sei, mich ganz und gar darauf einzulassen. Wie gesagt, meine Hoffnung war immer noch, dass man dafür sorgen würde, dass Evita wieder gesund wird. Außerdem hatte ich schon so einige Wunder durch die Spirits erleben dürfen, da war es leicht, „Ja" zu sagen – zumal FIP nach wie vor als tödlich endende Krankheit gilt.

Dann, eines morgens, beim Aufwachen – Evita lag wie immer auf mir – sagte eine Stimme zu mir: „Nun ist es an der Zeit, diesen kleinen Engel schlafen zu legen." Ich bekam regelrecht Panik darüber. Irgendwie hatte ich plötzlich das totale Chaos in meinem Kopf und fühlte mich zunächst richtiggehend auf den Arm genommen. Ich wollte wissen, was los ist, und die Spirits eröffneten mir, man habe mir gezeigt, dass letztendlich sie – nur sie – die Dinge in der Hand hätten, und ich erkennen sollte, wie wichtig es sei, ihnen voll und ganz zu vertrauen und nicht irgendwelchen anderen Aussagen oder irgendwelchen Testergebnissen.

Ich wollte es nicht wahrhaben, obwohl es von Anfang an schon mein Gefühl war!

Bis zum Abend verschlechterte sich Evitas Zustand zusehends und sie drohte zu ersticken. Daher blieb mir keine andere Wahl, als sie entgegen all diesen negativen Testergebnissen zu erlösen und gehen zu lassen. Obwohl alle Laboruntersuchungen negativ ausgefallen waren, hatte Evita definitiv FIP.

Abgesehen davon, dass es um meine eigene Lernaufgabe ging, nämlich um bedingungsloses Vertrauen, zeigten mir die Spirits hierdurch ein weiteres Mal, dass wir Menschen nur allzu gerne glauben, die Dinge in der Hand zu haben. Letztendlich sind sie es, die Einfluss nehmen und Wunder bewirken können, nicht wir.

Wer schon einmal erlebt hat, wie eine Katze an FIP erkrankt ist, weiß, wie schlimm dieser Zerfall ist. Man versucht dieser heimtückischen Erkrankung beizukommen, was dem Menschen sicherlich nicht gelingen wird. Nicht etwa, weil einem mutierten Virus nicht beizukommen ist, sondern eher deshalb, weil es für die Katzen offenbar eine Möglichkeit ist, ziemlich kurzfristig aus dem derzeitigen Körper zu gehen.

Für diejenigen unter Ihnen, die keine Katzenkenner sind oder aber mit dieser Erkrankung bisher noch nicht in Berührung gekommen sind, möchte ich kurz erklären, was es mit dieser FIP auf sich hat:

FIP ist die Abkürzung für Feline Infektiöse Peritonitis. Es handelt sich bei dieser Erkrankung um eine Mutation des sogenannten Coronavirus. Man geht inzwischen davon aus, dass mindestens 90 % der Katzen diese Coronaviren ins sich tragen. Es handelt sich dabei um das Feline Enterale Coronavirus (FECV). Dieser grundsätzlich harmlose Virus verursacht nach Ansteckung in der Regel Durchfall und ist dann auch ansteckend, entweder über Kot und/oder verunreinigte Gegenstände.

Die Kitten von FECV-infizierten Katzenmüttern können sich bereits während der Trächtigkeit im Mutterleib damit infizieren. Es heißt, manche würden sich auch erst später infizieren, nämlich in der Zeit, in der der Schutz durch die Muttermilch nachlässt.

Wie auch immer der Erstkontakt mit diesen Viren zustande gekommen ist, erst wenn dieser Virus durch ungünstige Umstände (man sagt, vor allem bei Stress) mutiert, entwickelt sich aus dem eigentlich harmlosen FECV die gefürchtete und pathogene Feline Infektiöse Peritonitis.

Nach all dem, was ich bisher schon von FIP-Patienten erfahren habe und selbst schon erleben musste, bin ich mir ziemlich sicher, dass nicht nur 90 % der Katzen diesen Virus in sich tragen, sondern wahrscheinlich alle. Ich habe schon erlebt, dass ein Kater, der negativ auf Coronaviren getestet worden war, trotzdem und nachweislich an FIP erkrankte und starb. Er war durch einen Unfall gehandicapt, was ihn veranlasste, aus dem Leben zu gehen. Er zog es vor, in einem neuen Körper zu inkarnieren und dann ohne Handicap sein Leben zu führen.
Natürlich kann man nun behaupten, dass dieser Sturz dazu geführt hat, dass es zu der befürchteten Mutation kam. Aber wie kann ein nicht vorhandener Virus mutieren? Ich glaube, dass es für die Katzen eine Art „Hintertürchen" ist, so sehr wir Menschen auch darunter leiden mögen.

Bei einer Kommunikation mit einem Kater namens Lenny, der an FIP erkrankt war und kurze Zeit nach Ausbruch der Erkrankung um Erlösung bat, teilte dieser mit, er habe diese Form des Sterbens gewählt, weil es „die stille Art des Gehens" sei. Ich habe nicht wirklich verstanden, was er damit meinte, aber sicherlich nur deshalb, weil es für den Menschen, der seine Katze liebt, ungeheuerlich schwer ist, in dieser furchtbar abartig erscheinenden Form des Sterbens etwas zu sehen, was sich so sanft anhört, wie Lenny es dargestellt hat.

Inzwischen habe ich mit weiteren Katzen kommuniziert, die diese Art des Sterbens gewählt haben. Abgesehen davon, dass sie ihre eigenen Gründe hatten, warum es ausgerechnet FIP sein sollte, hatte es auch immer mit dem dazugehörigen Menschen zu tun.

Lenny zum Beispiel hätte als Freigänger durchaus auch den Weg des Sterbens durch einen Autounfall wählen können. Doch es war ihm wichtig, dass ihn der Mann, bei dem er lebte, ganz bewusst gehen ließ. Lenny wollte nämlich gewährleisten, während des Ablöseprozesses etwas von dieser angestauten destruktiven Energie im Inneren des Mannes mitnehmen zu können, um sie dann in der geistigen Welt transformieren zu lassen. Dies wäre in der Form bei einem Unfalltod nicht möglich gewesen.

Ein anderer Kater wählte diese Art zu sterben ebenfalls, obwohl auch er als Freigänger wesentlich schmerzfreier hätte gehen können. Für ihn war es auch wichtig, dass seine Menschengefährten ihn ganz bewusst durch den Sterbeprozess begleiten.

Ich möchte an dieser Stelle hinzufügen, dass ich bisher noch kein einziges Mal erlebt habe, dass eine Katze, die überfahren worden ist, davon berichtete, dass sie den eigentlichen Unfall miterlebt habe. Bisher zeigten alle, dass sie vor dem Aufprall den Körper verlassen hatten und nicht gelitten haben.

Für uns Menschen ist so ein Unfall ein schrecklicher Gedanke und ein noch viel schlimmerer Anblick. Doch wenn es wirklich so ist, dass die betroffene Seele den Körper noch vor dem eigentlichen Unfall verlässt, dann wissen wir immerhin, dass das Tier nicht gelitten hat.

Wer bewusst miterlebt, wie Tiere sich zur Verfügung stellen, um uns durch unsere eigenen Prozesse zu begleiten, der wird begreifen, warum sie sich Abgesandte nennen. Meine Helfer haben beim Schreiben dieses Buches darauf bestanden, dass der Titel unbedingt Botschafter des Himmels lauten soll. Zuerst war ich irritiert über diese Ansage von oben, doch nach und nach habe ich verstanden, dass die Spirits damit nicht nur die Tiere, sondern auch sich selbst meinen – wie treffend für das Thema des Buches. Eigentlich ist es ihr Buch, nicht meins, sie benötigen lediglich ein Sprachrohr …

Wundersame Möglichkeiten

Ich möchte Ihnen noch eine weitere Geschichte erzählen, die nicht nur meinen Mann und mich zutiefst berührt und außerordentlich erstaunt hat, sondern auch unsere Tierärztin.

Stella, eine unserer Maine Coons, wurde gegen unseren Willen von einem unserer Kater gedeckt. Doch als wir sahen, wie glücklich sie in dieser Rolle als werdende Mami war, schlossen auch wir Frieden damit und freuten uns mit ihr. Jedem fiel auf, wie gut es Stella mit ihrer Trächtigkeit ging, und ihre bis dahin anhaltenden Darmprobleme hörten von jetzt auf gleich gänzlich auf – ein Grund mehr zur Freude.

Doch dann, drei Wochen vor dem errechneten Geburtstermin, setzten bei Stella plötzlich über Nacht Wehen ein und sie erlitt eine Fehlgeburt. Es waren zwei tote Babys, die sie in ihrem spontan gewählten Nest bei sich liegen hatte. Ich rief unsere Tierärztin an, um zu fragen, was wir nun tun sollten, und ob es möglich sei, dass weitere gegebenenfalls vorhandene Babys überleben würden. Ich nahm an, da seien noch welche, daher stellte ich ihr diese Frage. Sie sagte, wir sollten Stella beobachten – vor allem, ob sie Fieber bekommen würde – und sie gab uns sogleich einen Termin für den Nachmittag.

Ich nahm Stella jedoch noch vor diesem Termin mit zu den Spirits, und obwohl ich das deutliche Gefühl hatte, dass da noch Leben im Bauch war – ich vermutete zwei Babys –, gingen meine Helfer nicht darauf ein. Sie behandelten Stella und wiesen mehrfach darauf hin, dass Stellas Leben vor dem Leben der Babys komme. Zu diesem Zeitpunkt verstand ich ihre Aussage nicht, denn ich war wirklich in Sorge um Stella und es war mir natürlich wichtig, dass Stella nichts zustieß.

Als wir dann bei unserer Tierärztin waren, meinte diese, es sei wichtig, alles aus dem Uterus zu entfernen, damit sich keine Entzündung bilde. Daher wolle sie ihr eine Spritze geben, wodurch die Gebärmutter gereinigt würde. Ich fragte, ob es dann nicht besser sei, zuvor sicher festzustellen, dass sich tatsächlich keine Frucht mehr im Uterus befinde. Sie ließ sich darauf ein und fertigte eine Röntgenaufnahme an, die zeigte, dass die Gebärmutter leer war. Da man deutlich darauf erkennen konnte, dass Stellas Magen gefüllt war, obwohl sie seit dem Vorabend nichts mehr gegessen hatte, nahm unsere Tierärztin an, sie habe die abgestoßenen Früchte aufgegessen; dies sei nicht ungewöhnlich bei Katzen.

Stella bekam eine Oxytocin-Spritze verabreicht und wir fuhren wieder heim. Als ich am nächsten Morgen erwachte, sah ich, dass Stella sich wohl im Laufe der frühen Morgenstunden wieder in ihr Nest zurückgezogen hatte und dort nun zwei weitere tote Babys lagen. Ich war völlig perplex, begriff aber sofort, was wirklich geschehen war.

Als wir das nächste Mal bei unserer Tierärztin waren, konnte sie es kaum glauben, als wir davon berichteten. Sie holte sofort die Röntgenaufnahme hervor und zeigte sie uns erneut – darauf waren selbstverständlich noch immer keine Babys zu erkennen.

Wir erklärten ihr die ganze Sache und wiesen sie darauf hin, dass man „da oben" wohl etwas hatte tun müssen, damit Stellas Leben nicht riskiert werde, denn höchstwahrscheinlich hätten wir diese Spritze nicht setzen lassen, wenn wir gesehen hätten, dass da noch Leben im Bauch ist. Es sei meinen Helfern also nichts anderes übrig geblieben, als auf die Technik einzuwirken.

Fragen Sie mich bitte nicht, wie die Spirits das bewerkstelligen. Offensichtlich haben sie ihre Möglichkeiten, auf Materie einzuwirken. Wenn ohnehin alles Energie ist, dann wird diese Variante für unsere fleißigen Helfer in der geistigen Welt vermutlich sogar noch eine der leichtesten Übungen sein …

Unsere Tierärztin hat mit uns und unseren Tieren sicherlich schon so einige für sie wundersame Dinge erlebt, doch diese Episode hier mit Stellas Fehlgeburt hat sie doch sehr bewegt. Sie meinte sogleich, dieses Erlebnis würde alles infrage stellen, was sie sich im Laufe der Zeit angeeignet habe; sie wolle lieber nicht weiter darüber nachdenken …

Natürlich rüttelt so ein Erlebnis enorm an unserem Weltbild, doch sind diese Dinge sicherlich nicht dazu da, um alles, was wir gelernt oder vermittelt bekommen haben, einfach so über Bord zu werfen und für ungültig zu erklären. Dies wäre meines Erachtens falsch und sicherlich auch nicht im Sinne der geistigen Welt.
Es geht auch nicht darum, gewisse Methoden oder Techniken der Schulmedizin grundsätzlich infrage zu stellen. Ich schätze es nicht sonderlich, wenn alternativ Heilende die Schulmedizin verteufeln. Diese hat ihre Daseinsberechtigung ebenso wie alles andere, was existiert – sonst gäbe es sie gar nicht.
Wenn ich zum Beispiel bei einem Verkehrsunfall verletzt werde, dann bin ich ebenso froh über die Möglichkeiten der Schulmedizin wie bei einer Blinddarmentzündung. Ich selbst bedie-

ne mich natürlich auch der Schulmedizin, oftmals sogar nach konkreter Anweisung durch die Spirits. Ich tue es dann jedoch immer unter Berücksichtigung der seelischen Aspekte – und genau da liegt der Unterschied. Wie bereits erwähnt, kann ich einen Tumor entfernen lassen, doch wenn die wahre Ursache weiterhin im System wirksam bleibt, ist es sehr wahrscheinlich, dass sich diese Thematik einen neuen Weg bahnt, um sich erneut auszudrücken. Hier sollte der Fokus also auf alle Bereiche gerichtet werden, sodass das Zusammenwirken aller Kräfte auf sämtlichen Ebenen zu dem Erfolg führen kann, der möglich ist.

Und noch etwas elementar Wichtiges: Wenn Heilung vorgesehen ist, dann vollzieht sie sich. Ist sie jedoch nicht vorgesehen, dann kann sie sich auch nicht vollziehen. Hier nutzt einem auch der beste Spezialist nicht, wenn es im Sinne der Vorsehung ist, dass man nicht geheilt werden kann. Das gilt es zu akzeptieren – ob uns das gefällt oder nicht.

Das heißt nun aber nicht, dass wir untätig bleiben sollen, denn wenn wir die Hände in den Schoß legen, ist es sicherlich auch nicht der richtige Weg. Und dann passiert auch nichts Bewegendes. Doch manchmal gehören schlichtweg eben genau diese Bemühungen um Heilung zu dem erwünschten Lerneffekt und nicht die Heilung als solche.

Ich kenne unzählige Klienten, die zwar alles tun, was möglich ist, um wieder gesund zu werden (zum Beispiel bei Krebs), gleichermaßen jedoch in ihrer Seele Frieden geschlossen haben mit der Option, am Ende vielleicht doch zu sterben.

Im Frieden damit zu sein, bedeutet nicht zwangsläufig aufzugeben, sondern es bedeutet, das Schicksal anzunehmen und nicht mehr dagegen anzukämpfen.

Viele werden demütig angesichts der Erkenntnis, dass sie es nicht selbst in der Hand haben. Ich habe schon häufig erleben dürfen, dass genau diese Erkenntnis den entscheidenden Wendepunkt in einer Krankengeschichte darstellte. Dabei spielt es auch nicht wirklich eine Rolle, ob es die eigene Krankengeschichte ist oder die des Tieres. Denn wenn ich mich darauf einlasse, wirkt die Erkenntnis in jedem Fall bei und in mir selbst.

Und wenn es die selbst gewählte Aufgabe meines Tiergefährten war, mich an eben diesen Punkt zu führen, dann gibt es meines Erachtens einen Grund mehr, mich innerlich vor diesem Wesen zu verneigen und ihm zu danken. Die meisten Tiere sind dann auch froh und manche sogar regelrecht stolz auf ihre eigene Leistung. Dennoch steht für sie das, was sie bei ihrem Menschenfreund durch ihr eigenes Zutun erreicht haben, immer im Vordergrund.

Es ist natürlich nicht unbedingt immer einfach, dem Tier auch noch für seine Leistung zu danken; schon gar nicht, wenn es sich derartig zur Verfügung gestellt hat, dass es darüber krank geworden oder gar verstorben ist. Dabei sind uns nicht nur unsere Trauer im Weg, sondern viele andere Empfindungen auch. Ich betone dann jedoch immer, dass es ein Herabwürdigen der großen Leistung wäre, wenn man das, was das Tier geleistet hat und als sein Lebenswerk an uns betrachtet, auf eine (aus der Sicht der Tiere) profane Ebene herabziehen würde. Dann wäre am Ende tatsächlich alles umsonst gewesen, denn in einer Geringschätzung des Akts, kann sich auch keine tiefe Dankbarkeit für diese Opferbereitschaft entwickeln und zeigen.

Ich bin der Meinung, das ist das Mindeste, was ich einem Wesen, das sich mir aus Liebe zur Verfügung gestellt hat, darbieten
kann. Denn eins dürfte inzwischen jedem Leser klar sein: Die
Tiere lassen sich nicht davon abhalten, all diese Dinge aus Liebe
zu uns auf sich zu nehmen. Daher sollten wir Menschen uns
zumindest darum bemühen, zu begreifen, was wirklich hinter
all dem steckt, was diese Botschafter des Himmels leisten.

Amber weiß, was gebraucht wird

Auch die verstorbene Hündin Amber hat in ihrer Botschaft so einiges übermittelt, was für ihr Frauchen wichtig war und wodurch Vera erst nach und nach begreifen konnte, warum sich die Dinge dergestalt entwickelt haben.

Amber hält sich nicht an irgendwelchen Begrüßungsfloskeln auf, sondern kommt sofort zum eigentlichen Thema und richtet dabei das Wort direkt an ihre Menschenfreundin Vera, die als Erstes danach gefragt hatte, wie es Amber ergangen sei, dort wo sie war, bevor sie zu ihr kam:

„Ob du es nun glaubst oder nicht, ich hatte es gut in meinem vorherigen Zuhause, denn ich habe dort einen Teil meiner mitgebrachten Aufgaben erledigen können. Und als dieser Teil vollbracht war, durfte ich meine speziellen Aufgaben mit dir antreten.
Ich habe dort auch viele Erfahrungen machen können, die mir dann später im Umgang mit dir sehr nützlich waren. Hast du nicht meine Fürsorge und meine große Mütterlichkeit gespürt? Diese Kraft habe ich nicht in diesem Ausmaße in dieses Leben mitgebracht, sie hat sich entwickelt. Die Zeit vor dir war also äußerst gewinnbringend für mich und somit auch für dich. Verstehst du, was ich dir damit sagen möchte?

Und ich möchte, dass du endlich aufhörst zu denken, ich hätte mich deinetwegen gequält! Das habe ich nicht! Ich bin auch meinetwegen bis zur letzten Sekunde bei dir geblieben. Du wirst das nicht gerne hören, aber es waren unsere intensivsten Momente. Und ich wollte sie auskosten, diese intensiven Augenblicke, denn sie waren nicht nur voller Liebe, sondern auch sehr lehrreich für dich.

Du weißt damit jetzt noch nicht viel anzufangen, aber ich sage dir, dass es eine sehr nützliche Zeit war. Du wirst noch oft an sie denken, in frohen Momenten ebenso wie in traurigen. Denn es ist dieser enge Zusammenhalt gewesen, der es zulassen und bewirken wird, dass du mich ohne Zweifel wiedererkennen wirst, wenn es für mich an der Zeit ist, wieder auf die Erde und zu dir zu kommen.

Das sind dann frohe Momente, die nur durch eben diesen großen Schmerz des Abschieds überhaupt möglich sind. Lerne daher, dass alles zwei Seiten hat. Immer. So ist mein Gehen gleichzeitig auch mein Kommen. Du wirst es sehen.

Und natürlich waren wir drei in dieser Konstellation schon häufiger auf dieser Welt, doch Peppino (der andere Hund) hat öfters ganze Leben mit dir verbracht, während ich mir immer mehrere Aufgaben vorgenommen habe und daher oftmals meine Zeit auf der Erde aufteilen musste. Das wird beim nächsten Mal anders sein. Doch das dauert noch ein Weilchen, denn ich werde erst kommen, wenn du soweit bist, dass du deinen Weg nicht nur erkannt hast, sondern ihn auch gehen willst. Das wird für mich wiederum der Startschuss ins Leben sein, denn du brauchst mich dann dringend an deiner Seite. Ich bin es auch jetzt, doch dann brauchst du mich dort, damit ich dir helfend zur Seite stehe, wenn es um die Heilung meiner Brüder und Schwestern geht …

Dein Traum sollte dir ein guter Motor sein. Und ich auch. Dies war ein weiterer Grund, warum ich dringend gehen musste. Ich helfe dir nicht nur von dieser Seite aus, sondern ich möchte dich auch dazu bringen, an mich zu denken und auf unsere Verabredung hinzuarbeiten. Und das tue bitte ohne Unterlass, völlig unbeirrbar und mit *der größtmöglichen Geduld, die die Liebe in uns erschaffen kann. Setze einen Fuß vor den anderen, und tue dies mit Bedacht und vor allem zielstrebig. Eines Tages bin ich plötzlich an deiner Seite und die nächsten Schritte tun wir dann gemeinsam.*

Alles wird sich fügen, du musst dich nur in Bewegung setzen und nach vorne blicken. Ich weiß, dass du das kannst – und ich glaube an dich!!!"

Heute ist Vera schon ein ganzes Stück weiter, auch wenn wir beide damals keinen blassen Schimmer hatten, wovon Amber eigentlich sprach. Inzwischen ist Vera in meiner schamanischen Ausbildungsgruppe und hat darüber hinaus schon sehr intensiv an sich und ihren Baustellen gearbeitet.

Ihr anderer Hund ist ihr dabei eine große Hilfe, zumal er sie bei allem begleitet, was sie tut. Peppino ist ein 16 Jahre alter Hund, ein echter Senior, der es sich aber nicht nehmen lässt, bei allem federführend dabei zu sein. Ob es die schamanische Ausbildungsgruppe ist oder unsere astrologisch unterstützten Familienaufstellungen (hier werden auf der Basis des persönlichen Geburtshoroskops Verstrickungen aus dem Herkunftssystem aufgelöst), Peppino wirkt immer tatkräftig mit. Er ist inzwischen in den jeweiligen Gruppen nicht nur bestens bekannt, sondern auch allseits beliebt.

Peppino stellt auf

Es gab mal ein Familienaufstellungs-Wochenende, bei dem Vera und Peppino wieder einmal gemeinsam mitwirkten. Es kam so, dass wir am Ende des ersten Tages eigentlich schon soweit fertig waren, Peppino sich aber ziemlich auffällig in die Mitte unseres Seminarraums stellte. Ich ging zu ihm, und ehe ich darüber nachdenken konnte, sprach ich auch schon Peppinos Impuls aus: „Lasst uns für Vera eine Aufstellung machen!" Ich habe, wie gesagt, nicht einmal darüber nachgedacht, denn der Impuls war so stark, dass ich dem einfach nachgeben musste. Das war offensichtlich auch Peppinos Ansinnen, denn er freute sich ungemein, als wir dann ganz spontan damit begonnen haben, für Vera diese Aufstellung durchzuführen.

So kam es, dass Vera unter den anwesenden Teilnehmern einen Darsteller für Peppino, einen für die verstorbene Hündin Amber und einen Darsteller für sich selbst auswählte. Was sich dann daraus entwickelte, war insbesondere für Vera eine immens große Hilfe. Die Darsteller, die nichts von den vorherigen Botschaften der Tiere wussten, gaben teilweise fast wortwörtlich das wieder, was Vera über die Kommunikationen mit den beiden Hunden bereits erfahren hatte. Es war einfach grandios, auch für alle anderen Beteiligten, als sie davon erfuhren.

Da ich wusste, dass Vera immer noch sehr darunter litt, dass Amber noch auf sich warten ließ, nahm ich die Gelegenheit wahr und bat die Darstellerin für Amber mir mitzuteilen, was sie noch benötige, um wieder zu Vera zurückkehren zu können. Was daraufhin geschah, war erstaunlich, denn nach und nach stellte Amber ihrer Vera verschiedene Kräfte zur Seite, unter vielem anderen auch den Mut und das Selbstvertrauen.

Es war eine überaus ergreifende und sehr bewegende Aufstellung. Vera konnte dadurch ein Stück ihrer Last ablegen und mit etwas mehr Frohsinn in die Zukunft blicken. Die Beweise, die ihr Peppino über diese Aufstellung geliefert hatte, waren das Beste, was Vera in dieser für sie schwierigen Situation passieren konnte. Damit hatte Peppino seiner Vera ein wahrhaft unbezahlbares Geschenk gemacht.

Da mir Vera und ihr Peppino sehr ans Herz gewachsen sind, und ich weiß, wie sehr es Vera innerlich zerreißt, wenn sie nur daran denkt, dass sie auch ihren Peppino eines Tages verabschieden muss, möchte ich nun – nur für Dich, liebe Vera! – die Kommunikation mit Peppino wiedergeben.

Ich denke, dass diese Botschaft durch die Veröffentlichung so etwas wie einen ganz offiziellen Charakter bekommt und Vera darin noch stärker das Versprechen erkennen kann, das Peppino ihr bereits gegeben hat.

„Ich möchte, dass Vera weiß, wie froh ich jetzt bin! Mit ihr und mit der Situation als solcher. Sie denkt, das sei so, weil wir jetzt mehr Zeit zusammen haben, aber das ist es nicht, denn ich komme anders auch gut zurecht. Nein, es ist, weil sie so langsam ihre Anspannung loslässt und anfängt aufzublühen. Sie fängt an, die Sonne zu sehen. Sie fängt an, Freude zu empfinden. Da schaue ich schon lange mit großer Besorgnis drauf (auf die Anspannung). Sie hat nun auch Begegnungen, die sie bereichern. Und solche, die sie motivieren. Das ist sehr, sehr schön für mich!

Vera weiß selbst, dass Amber nur dann kommt, wenn sie Platz im Herzen hat – nicht nur für Amber, sondern auch für Freude, Spaß und für die Liebe. Der Kummer ist noch da, doch er wird immer mehr Platz lassen für die Dinge, die wirklich wichtig sind. Vera wird noch sehr viel erleben und lernen. Aber nun will sie es auch. Jetzt ist sie auch im Herzen bereit.

Sie wird verstehen, dass ich dann auch bald einen jungen Körper wählen werde, um diese neue und frische Energie überhaupt miterleben und richtig genießen zu können. Das wird aber schnell gehen – auf mich wird sie nicht lange warten müssen. Schließlich möchte ich auch nichts von all dem, was wir dann zusammen machen, verpassen! Und ich will es hier erleben, an ihrer Seite.

Sage ihr, ich werde mich weder ausruhen noch gewisse Voraussetzungen abwarten müssen wie Amber. Ich kann doch nicht meine Vera alleinlassen! Und ich kann auch nicht ohne sie sein. Ich will alles weiter machen wie bisher auch. Du wirst ihr helfen, Pina, darauf verlasse ich mich – und sie auch!
Mir geht es gut, sage ihr das so! Das, was wichtig ist – wirklich wichtig ist – geschieht gerade. Darüber freut sich mein großes Herz sehr!"

Damit verabschiedet er sich. Obwohl er vom Gehen spricht, empfinde ich ihn als recht vital. Allerdings ist er das vor allem im Geiste, daher muss ich mit derartigen Aussagen vorsichtig sein. Es scheint ihm aber wichtig zu sein, Vera all dies mitzuteilen.

Ich hoffe, dass Peppino durch diese Botschaft nicht nur Vera, sondern vielen anderen Menschen helfen wird, denn das würde ihm nur allzu ähnlich sehen …

Ich kann mir vorstellen, dass es viele Tiere gibt, die so wie Peppino einfach gehen müssen, um einen neuen Körper beziehen zu können, aber sogleich wieder bei ihrem Menschengefährten sein wollen. Wie schlimm muss es für diese Tiere sein, mit anzusehen, wie es uns dabei innerlich zerreißt, obwohl es ihrem Empfinden nach keine Veranlassung für ein solches Leiden gibt?

Wenn man mal bedenkt, dass Hund oder Katze theoretisch in spätestens 65 Tagen wieder „gelandet" sein können, nachdem sie gegangen sind, und klar ist, dass sie nicht – wie wir Menschen – erst einmal vielleicht sogar jahrzehntelang herumirren, weil sie nicht um ihre Bestimmung wissen, dann leuchtet einem ein, dass es für ein solches Wesen wirklich nicht schlimm sein kann, mal eben zu gehen und sogleich wieder zurückzukehren.

Sammys heiliges Geschenk

An dieser Stelle möchte ich gerne noch eine andere Botschaft veröffentlichen, bei der es auch um den bevorstehenden Abschied, aber ebenso um die Rückkehr geht. Ich freue mich, dass Dorit ihre Erlaubnis dazu erteilt hat, denn so kann die Botschaft ihres Hundes noch vielen anderen Menschen helfen, die sich in ähnlichen Situationen befinden.

Sammy zeigt sich seltsamerweise gleich beim Einstimmen als Welpe, etwa neun bis zehn Wochen alt. Ich verstehe das nicht, daher frage ich ihn, was er damit zum Ausdruck bringen möchte. Da antwortet er ganz fröhlich, was meines Erachtens so gar nicht zu der Essenz der Aussage passt, Folgendes:

„Ich bin müde. Wirklich müde. Sehr müde. Ich habe schon viele Sommer hier erlebt, aber nun bin ich müde und freue mich auf den Winterschlaf. Wusstest du, dass der Winter überhaupt die beste Zeit zum Gehen ist? Nein? Ist aber so! Dann kann man nämlich zum Frühjahr mit der größtmöglichen Frische heimkehren, und alles Schöne beginnt dann wieder von vorne …

Ich möchte und werde Dorit nicht verlassen. Nicht ganz. Gerade sehe ich in ihr nicht die Bereitschaft, mir erneut die Türe zu öffnen. Ich werde daher noch eine Weile bleiben müssen. Doch irgendwann kann auch ich die Zeit nicht mehr aufhalten.
Wusstest du, dass wir Tiere das können? Sehr gut sogar! Aber auch wir stoßen irgendwann an unsere Grenzen. Es sind andere als die, die ihr Menschen kennt, doch auch wir haben Grenzen bei den uns

zur Verfügung stehenden Möglichkeiten. Ich möchte, dass Dorit das weiß, wenn sie mich ansieht und dann in sich hineinlauscht. Sage ihr auch, dass ich mich sehr auf Weihnachten freue. Es wird für uns ein besonderes Fest! Ich möchte aber, dass sie jetzt schon mein Geschenk in Empfang nimmt. Es ist ein großes Geschenk – das sollte sie wissen. Und sie sollte innehalten, wenn ich es ihr gleich offenbare, denn allzu voreilige Reaktionen könnten die Magie, die dem innewohnt, stören. Frage sie, ob sie bereit ist für ein wirklich großes Geschenk!"

Hier entsteht eine etwas größere Pause, in der Sammy das Gefühl vermittelt, dass er möchte, dass Dorit entscheidet, ob sie es wirklich schon hören möchte. Es ist, als wolle er sagen, dass es sehr verbindlich sei, und dass sie sein großes Geschenk in diesem Bewusstsein annehmen sollte. Sammy vermittelt dabei ständig das Gefühl von etwas sehr Heiligem. Er sagt dann nach einer Weile:

„Für den Fall, dass sie Herz und Hände dafür öffnen sollte, sage ich ihr nun Folgendes: Liebste Freundin, Schwester, ja, und auch Mutter, denn all dies warst du schon für mich und wirst es auch immer sein. Ich möchte dir ein großes Versprechen schenken. Das Versprechen meiner Seele an die deine, dass wir ewig zusammen sein werden. Wir sind schon so oft Seite an Seite hier gewesen, dass es unvorstellbar wäre, ohne dich zu sein. Ich werde in jedweder Gestalt an deine Seite treten. Ich werde immer so kommen, wie du mich am dringendsten benötigst und wie du mich am liebsten hättest. Das gilt für dieses Leben ebenso wie für alle kommenden! Ich möchte, dass du weißt, dass unser Band der Liebe und des Dankes – denn es ist auf beiden Seiten gleichermaßen groß – niemals getrennt werden kann.

Meine Liebste, es gibt nichts zu bedauern zwischen uns. Im Gegenteil, denn ich bin glücklich bei und mit dir! An deiner Seite zu sein und atmen zu dürfen ist ein großes Geschenk der Liebe für mich. Ich möchte, dass du das weißt. Und niemals habe ich etwas vermisst bei dir! Denke also nicht in diese Richtung, denn es würde nur die Schönheit und Reinheit unserer Verbindung zerstören!

Ich werde wiederkommen und dann wird es eine neue und vor allem Glück bringende Begegnung geben. Ich werde da maßgeblich dran beteiligt sein. Sorge dich nicht, du kannst vertrauensvoll in diese Zukunft blicken. Ich werde dir immer Halt geben – ob du ihn benötigst oder nicht! Es ist einfach meine Art und auch meine Aufgabe, dir eine Plattform der Ruhe zu bieten. Ich bin deine Oase. Wusstest du das?"

Wieder macht Sammy eine kleine Pause und sagt dann weiter, das Wort immer noch direkt an Dorit gerichtet:

„Du wirst es spüren, wenn es soweit ist – sowohl das Gehen als auch das Wiederkommen. Es ist keine große Sache, also mache sie auch nicht zu etwas, was es nicht ist! Es würde nur unnötigen Kummer schaffen. Denke daran, ich werde der Ruhigste von allen sein!" An dieser Stelle zeigt er ganz unvermittelt einen Wurf Welpen und verabschiedet sich damit ganz plötzlich aus dieser Kommunikation, so als sei dem nichts mehr hinzuzufügen.

Inzwischen ist Sammy tatsächlich gegangen. Ganz friedlich. Und Dorit schrieb mir, dass es sie getröstet habe, ihn bis zuletzt gut versorgt, gewaschen und zum Schluss sogar gewickelt zu haben – mit ganz viel Liebe und Fürsorge. Und sie weiß ganz bestimmt, dass er nicht leiden musste. Sie hat offenbar sein Geschenk annehmen können – und nun bin ich gespannt, wann sich dieser Wurf Welpen zeigen wird.

Fragen Sie mich bitte nicht, wie die Tiere das machen, dass sie zukünftige Ereignisse schon wissen. Immer, wenn ich diesbezüglich die Tiere befrage, wird das, was sie mir übermitteln wollen, so abstrakt, dass ich es mit meinem Gehirn leider nicht mehr erfassen kann. Ich ärgere mich dann über mich selbst, doch offenbar ist es für mich noch nicht an der Zeit, an dieses Wissen zu gelangen.

Ich glaube, wir sind ohnehin schon mit so manchen Dingen, die unsere Tiere bewerkstelligen können, überfordert Mir selbst ergeht es oftmals so, wie mag es dann bei denen sein, die nichts davon wissen und trotzdem spüren, dass da etwas „Unerkläriches" geschieht?

Das Sensationellste, was ich in diesem Bereich erleben durfte, war Folgendes:

Damals, nachdem unsere kleine Jana und auch Nakita (beides Husky-Hündinnen) verstorben waren und sich Nakita bei der Seelenrückholung von Luca gezeigt hatte, habe ich unsere Alpha-Hündin Joy dazu befragt, denn alles, was das Rudel betrifft, muss über sie laufen. Das ist etwas, worauf sie vehement besteht.

Als ich sie bezüglich Janas und Nakitas Rückkehr befragte, wies Joy mich darauf hin, dass die beiden „von weit, weit her" kommen würden. Allerdings gäbe es dabei für mich nichts zu tun, denn die Dinge würden sich von ganz allein entwickeln.

Es war also Passivität angesagt. Gedanklich war in meinem Kopf jedoch wilder Aktionismus ausgebrochen, und ich fragte mich, was eigentlich „von weit, weit her" bedeuten solle. Mein Mann ermahnte mich immer wieder, es einfach laufen zu lassen, Joy habe nicht umsonst gesagt, es gäbe für mich nichts zu tun. Außerdem hatte sie auch verkündet, dass es noch nicht an der Zeit sei.

In der Tat vergingen sehr viele Monate, ohne dass sich diesbezüglich etwas tat. Eines Morgens dann kam eine E-Mail aus Argentinien, in der eine Züchterin bekannt gab, dass ihre Hündin acht Welpen zur Welt gebracht habe. Ich wunderte mich über diese E-Mail, dachte mir aber nichts dabei. Ich nahm an, sie sei einer der Züchter, die uns vor Jahren über die Homepage kontaktiert hatten, um nachzufragen, ob wir selbst auch Huskies züchten oder unsere Rüden zum Decken freigeben würden. Da wir das jeweils verneint hatten und dann auch die Homepage so umgestaltet haben, dass nun nicht mehr der Eindruck entstehen sollte, wir seien Züchter, bekamen wir auch keine Anfragen mehr. Dies lag nun aber auch schon etliche Jahre zurück. Diese Züchterin schien meine Adresse jedoch abgespeichert zu haben; das war die für mich einzig logische Erklärung.
Ich löschte also diese Mail, denn für mich hatte sie keinerlei Bedeutung. Kurze Zeit später (an eben diesem Tag) gingen wir mit unserer Luca spazieren, als sie plötzlich sowohl aus den Augen als auch aus der Nase blutete. Da sie schon mal etwas am Herzen gehabt hatte, fuhren wir sofort mit ihr zu unserer Tierärztin. Dort wurde dann auch sogleich das Herz geschallt. Während ich völlig aufgebracht auf den Monitor schaute und das langsam schlagende Herz beobachtete, schaute mich Luca

plötzlich ganz durchdringend an. Es traf mich wie der Blitz, als sie sagte: „Hör auf dein Herz!" Und da wusste ich, dass sie diese E-Mail der Züchterin meinte. Ich versprach ihr, mich sofort darum zu kümmern – und die zuvor lethargisch wirkende Luca sprang auf einmal schwanzwedelnd vom Behandlungstisch.

Unsere Tierärztin sagte noch etwas von einem Besuch bei einem Kardiologen, doch ich konnte zu diesem Zeitpunkt schon nicht mehr hinhören. Mein Mann wollte wissen, was denn auf einmal passiert sei, denn es war für ihn offensichtlich, dass eine unvermittelte Kommunikation zwischen Luca und mir stattgefunden haben musste, so wie sich Luca plötzlich verhalten hatte. Ich winkte ab und sagte ihm, ich würde es ihm später erklären.

Wir verließen die Praxis und ich berichtete ihm sowohl von der E-Mail als auch von Lucas Aussage. Ich sagte ihm aber, dass Argentinien ja nun wirklich kein typisches Husky-Land sei und wer das bitteschön bezahlen sollte. Jörg reagierte etwas geistesgegenwärtiger als ich und meinte dann nur: „Oh, das ist nun wirklich von weit, weit her" und erinnerte mich damit an Joys Aussage. Wir fuhren also nach Hause und ich schrieb der Züchterin, dass ich Interesse an zwei Hündinnen aus dem Wurf hätte, allerdings würde ich Bilder der Hündinnen benötigen.

Ich muss an dieser Stelle hinzufügen, dass mir die Spirits Jana und Nakita so gezeigt hatten, wie sie wiederkommen wollten: Jana als rostbrauner, Nakita als silberfarbener Husky; und beides Hündinnen, selbst wenn Nakita von der Energie her wie ein Rüde auftreten würde.

Die Züchterin hatte in ihrer Mail geschrieben, dass es fünf Rüden und drei Hündinnen seien, aber hinsichtlich der Farbverteilung hatte sie keinerlei Angaben gemacht. Nun war ich ganz gespannt auf ihre Antwort. Diese ließ nicht lange auf sich warten, denn am nächsten Morgen hatte ich bereits Post aus Argentinien. Allerdings schrieb sie mir, dass sie zwar drei Hündinnen habe, zwei davon seien aber bereits von einem Züchter aus Mexiko reserviert; Jungs könne sie mir zur freien Wahl anbieten.

Sie hatte leider auch dieser E-Mail keine Bilder beigefügt. Ich antwortete ihr, dass ich dann passen müsste, weil es definitiv Hündinnen sein sollten. Daraufhin sagte ich zu Jörg, dass es vielleicht dann doch nicht um diese E-Mail gegangen sei, als Luca mir sagte, ich solle auf mein Herz hören. Ich konnte mir aber auch beim besten Willen nicht erklären, was sie sonst gemeint haben könnte.

Zwei Wochen später schrieb mir die Züchterin erneut und teilte mit, dass der Züchter aus Mexiko seine Reservierung zurückgezogen habe, sodass die beiden Hündinnen wieder frei seien. Ich bat erneut um Übersendung einiger Bilder.

Nun schlug mein Herz ganz aufgeregt, denn es war spürbar, dass sich etwas zu bewegen schien. Als dann endlich die E-Mail mit den Bildern von den drei Hündinnen kam, dachte ich, mein Herz würde zerspringen: Da waren eine schwarz-weiße, eine silberfarbene und eine rostbraune Hündin! Sie waren also tatsächlich gelandet. Unsere beiden Mädels waren endlich wieder da – und wahrhaftig von weit, weit her!

Was für mich nach wie vor ein Rätsel bleibt: Wie schaffen die Tiere es, dass – wie in diesem Fall – die Züchterin diese E-Mail schickt? Kein anderer Züchter von all denen, die uns seinerzeit kontaktiert hatten, schickte eine E-Mail, um einen Wurf oder

Sonstiges vorzustellen. Nur diese eine Züchterin, bei der unsere Mädels auf die Welt gekommen waren.

Ich finde solche Erlebnisse einfach schier unglaublich! Aber ich freue mich sehr darüber. Nicht nur, weil die beiden diesen Weg gewählt haben, sondern ich freue mich vor allem darüber, dass scheinbar alles möglich ist – offenbar viel mehr, als wir anzunehmen wagen …

Merlin zaubert

Und weil wir gerade bei all diesen wundersamen Dingen sind, die Tiere ermöglichen können, möchte ich Sie nun an einer schier unglaublichen Geschichte teilhaben lassen.
Auch bei der nachfolgenden Botschaft handelt es sich um eine Tierkommunikation, die ich während der Vorbereitungen auf die Veröffentlichung dieses Buches führte. Was soll ich sagen … sie musste sein!
Gott sei es gedankt, dass Michael Seiler beim Korrektorat so nach und nach in die Thematik hineingewachsen ist und es mir in der Folge auch nicht übel genommen hat, dass ich hier und da auf solche Impulse einfach hören musste – und er hat sie bereitwillig umgesetzt. Danke noch mal!

Ich finde diese Kommunikation so unsagbar wichtig, da sie viele Aspekte beinhaltet, die dieses Buch in seiner Essenz ausmacht. Und darüber hinaus spendet diese Botschaft nicht nur Trost, sie macht auch Mut. Und zwar allen Menschen, die nach dem Verlust ihres Gefährten immer noch trauern, egal wie lange der Tod des geliebten Tieres bereits zurückliegt.

Ein Mann namens Michael bat mich um eine Kommunikation mit seinem verstorbenen Hund Merlin. Ich machte ihn sogleich auf die lange Wartezeit aufmerksam und er erwiderte, dass er diese gerne in Kauf nehmen würde, Hauptsache, er erfahre etwas über seinen geliebten Hund.
Als ich dann jedoch die CD mit den Bildern öffnete und Merlin zum ersten Mal sah, schossen mir sofort Tränen in die Augen.

Da war auf einmal so eine furchtbare Traurigkeit in mir, dass ich Michael sofort schrieb und ihm nicht nur von diesem überwältigenden Gefühl berichtete, sondern gleichzeitig auch vorschlug, die Kommunikation mit seinem Merlin nun doch vorzuziehen. Michael war begeistert. Und so kam es, dass ich die Kommunikation mit Merlin zu einem Zeitpunkt durchführte, der sich im Nachhinein sogar als goldrichtig herausstellte und Teil eines wirklich weisen Plans war ...

Merlin nähert sich ganz sanft und vorsichtig. Und mit einer gewaltigen Portion Traurigkeit. Obwohl ich ihn deutlich im Raum spüre, wie es oft bei Kommunikationen mit verstorbenen Tieren der Fall ist, kommt mir irgendetwas dennoch merkwürdig vor. Es ist, als sei da eine Tendenz zu Körperlichkeit zu spüren.

Ich frage Merlin zunächst einmal, ob er sich bei Michael wohlgefühlt habe, denn es ist, als sei dies die Frage, die ihm am stärksten auf der Seele brennt. Merlin widerspricht mir da jedoch sofort, indem er sagt:

„Nein, das ist nicht die Frage, die mir am wichtigsten ist! Dennoch bildet dieser Aspekt einen bedeutsamen Teil dessen, was wirklich wichtig ist ... Ich habe mich mehr als nur wohlgefühlt bei meinem Michael. Ich war stets darauf bedacht, ihm beizustehen, und zwar in jeglicher Hinsicht. Michael ist nicht nur mein Seelenbruder, er ist darüber hinaus auch eine immens wichtige Menschenseele, die daher entsprechend betreut, begleitet und geführt werden sollte. Und darin enthalten ist auch der Schutz – im herkömmlichen Sinne, nämlich der einzig wirksame Schutz ... der von oben. Denn so, wie ich derzeit aus der geistigen Welt über ihm wache, tat ich es auch

*während meiner Erdenzeit. Und darüber hinaus, musst du wissen!
Denn uns verbindet eine lange, lange gemeinsame Vergangenheit.
Wir waren schon immer unzertrennlich – hier ebenso wie dort auf
der Erde.*

*Sage ihm, wenn ihm jemand glauben machen will, dass wir Tiere
hier einen eigenen Bereich haben und nicht mit unseren Menschen
zusammen sein können, dann soll er nicht darauf hören. Es gibt ihn
tatsächlich, diesen Bereich, doch der Aufenthalt ist ganz und gar
freiwillig. Wer es wünscht, bei seinem Seelengefährten zu verweilen,
kann das freilich tun. Michael weiß das sehr wohl, denn er hat es in
unserem stetigen Zusammensein nur allzu oft gespürt.*

*In vielen gemeinsamen Erdenreisen waren wir in der Konstellation
Mensch und Hund auf der Welt, doch ich hatte auch mehrere Inkarnationen als Pferd an seiner Seite. Und immer war es eine innige
und sehr vertraute Verbindung. So wird es auch bleiben! Sage ihm,
dass er sich nicht sorgen soll, denn als Pferd werde ich nun nicht
zu ihm zurückkehren."* An dieser Stelle übermittelt er das Gefühl
zu grinsen, so als gefiele ihm der Gesichtsausdruck, den eine solche
Aussage bei seinem Michael auslösen würde.

*Ich nehme Merlin als recht humorvoll wahr. Er ist eine überaus weit
entwickelte Seele, versucht aber dennoch bei aller Ernsthaftigkeit
und Zielstrebigkeit, auch die Freude und die Leichtigkeit nicht nur
auszuleben, sondern diese auch zu vermitteln. Doch sowie ich dies
niederschreibe, wird Merlin plötzlich ganz ernst und auch traurig.
Er sagt daraufhin Folgendes:*

*„Es war schrecklich, Michael so hilflos und verloren zu sehen!! Ich
hätte dies gerne abgewendet, doch es lag nicht in meiner Macht!
Meine Zeit war definitiv abgelaufen und die degenerativen Prozes-*

se in meinem Organismus waren in keinster Weise aufzuhalten.
Sage ihm, dass es nicht leicht für mich war, zu gehen. Doch es musste sein, denn da war schon so viel zerstört in meinem Körper, dass selbst mein starker Geist nicht in der Lage war, sich darüber hinwegzusetzen. Ich möchte daher nun zu Michael selbst sprechen, denn nur so ist gewährleistet, dass meine Worte seine Seele erreichen:

Mein geliebter Bruder, es war das einzig Richtige, mich von den Qualen zu erlösen! Ich hatte schon eine ganze Weile mit diesen zerstörerischen Vorgängen in meinem Organismus zu kämpfen. Und selbst wenn ich es nicht so lange vor dir zu verbergen versucht hätte, so wäre das Ergebnis nicht anders gewesen.
Ich bin dir nicht wirklich fortgenommen worden! Ich weiß, ich bin dir das Liebste und Teuerste auf Erden – so wie du es umgekehrt auch für mich bist. Doch an diesem Werdegang trägt niemand schuld! Es ist der Gang der Dinge, auch wenn es für alle Beteiligten schmerzvoll war. Es musste sein! Verstehst du das?

Ich hätte nicht mitgemacht, wenn du diese Möglichkeiten genutzt hättest, die Menschen haben, um das Schicksal beeinflussen zu wollen! Verstehst du, ich hätte das nicht geduldet!! Denn es hätte mich ebenso gequält wie dich. Es war kein Fehler, sondern das einzig Richtige in dieser Situation! Alles andere wäre nicht machbar gewesen; ich hätte meine Möglichkeiten genutzt, um es zu verhindern. Und du weißt, dass ich so einige Möglichkeiten habe …
Mein Bruder, ich werde zu dir zurückkehren! Pina hat es gleich zu Beginn schon kurz wahrgenommen, es jedoch sofort verworfen. Ich möchte, dass sie dir davon berichtet. Sie hält es für einen Impuls – und das stimmt, denn er kam von mir!

Ich wähle diesen Weg allerdings nur, wenn du bereit bist, dich darauf einzulassen! Ich möchte, dass du dich bewusst für mich und für unsere gemeinsam zu bewältigenden Aufgaben entscheidest! Ich würde mich freuen, wenn du alte Denkweisen ablegen würdest und stattdessen dein Herz sprechen ließest ...

Die Seele bleibt dieselbe, egal welchen Körper sie wählt, aber ich möchte, dass du es in allergrößter Bewusstheit tust, denn so bin ich. Und nur so geht es mit mir: ganz oder gar nicht!!

Ich habe mich immer ganz und gar auf dich eingelassen. Nicht alles war in meinem Sinne, doch niemals würde ich dich im Stich lassen! Meine Loyalität ist so grenzenlos, dass du diese als Mensch gar nicht erfassen oder begreifen könntest.
Es geht also auch darum, dich auf diese Loyalität einzulassen und den höheren Gesetzen zu vertrauen, denn es sind eben diese höheren Gesetze, die wir Tiere hier auf Erden vertreten!
Willst du dich darauf einlassen und mich an deine Seite nehmen, damit ich meine große Mission auf Erden vollziehen kann? Ich frage dich, denn es ist eine Frage des Respekts, dass ich dich nicht einfach überfalle. Und es ist eine weitere Lektion auf unserem gemeinsamen Weg: Bewusstsein zu entwickeln für das, was ist. Für das, was wirklich ist!
Du hast es mit mir immer gespürt, nicht wahr? Warum sollte es nicht stimmen?! Habe ich dich jemals enttäuscht oder gar betrogen? Nein, niemals, und ich verspreche dir, dass es auch bis in alle Ewigkeiten so sein wird!
Es liegt nun an dir, ganz allein an dir, uns eine weitere gemeinsame Zeit in dieser Inkarnation zu ermöglichen ... Wie gesagt, wir Seelen sind frei in unseren Entscheidungen, so auch du!"

Bei diesem von Merlin angesprochenen Impuls ging es um eine E-Mail, die ich einen Tag zuvor von einer Klientin erhalten hatte. Die vor einiger Zeit geführte Kommunikation mit ihrer Hündin Chante (einer reinrassigen Eurasierin) hatte offenbart, dass diese unbedingt Mama werden wolle. Kurze Zeit später berichtete mir die Frau, sie habe bei einem Spaziergang „zufälligerweise" einen Eurasier-Rüden getroffen und beide Hunde seien sogleich Feuer und Flamme füreinander gewesen. Offensichtlich hatte die Frau weiterhin Kontakt zu dem Herrchen des Rüden und nun schrieb sie mir, dass die beiden Hunde Hochzeit gehalten hätten und ihre Chante seitdem einen überaus glücklichen Eindruck mache.

Bei besagtem Impuls ging es also darum, dass Merlin mich auf diese Art und Weise darauf aufmerksam machen wollte, dass er – sofern es für Michael in Ordnung sei – einen dieser Welpen für seine neue Inkarnation wählen würde.

Ich brauche Ihnen wohl kaum zu schildern, wie verblüfft Michael war (ich zugegebenermaßen auch!), denn er hatte nicht mit einer so tiefgreifenden Botschaft seines Hundes gerechnet. Und auch wenn Michael nicht damit gerechnet hatte, so betonte er mehrmals, dass alles andere hingegen auch gar nicht zu seinem Merlin gepasst hätte, denn genau so und nicht anders sei er gewesen.

Die von Merlin geschilderten körperlichen Symptome kurz vor dem Einschläfern entsprachen genau dem, was Michael erlebt hatte. In der Tat sei es so gewesen, dass Merlin es so eingerichtet habe, dass sich seine Erkrankung erst sehr spät offenbart hatte. Und es war für Michael natürlich auch verblüffend, zu erfahren, dass sein Hund wahrgenommen hat, dass man in

Erwägung gezogen hatte, die eine oder andere Möglichkeit aus-
zuschöpfen.

Michael war sprachlos darüber. Auch über Merlins Aussage, er
wolle zu ihm zurückkehren. Dieser Mann war vor allem emotional überwältigt, wie deutlich zu spüren war. Er berichtete
mir, wie schlecht es ihm seit dem Tod seines geliebten Hundes
ergangen sei und dass er in den vergangenen 30 Jahren so oft
mit dem Tod konfrontiert worden sei, dass er sich einfach nicht
vorstellen könne, sich erneut auf eine Bindung einzulassen.

Nun leuchtete mir auch ein, warum Merlin seinem Michael
die bewusste Entscheidung überlassen wollte, denn alles andere
hätte eh nicht funktioniert – das wusste Merlin nur zu genau!

Erstaunlich war auch, dass uns im Laufe des Gesprächs, als Michael immer wieder betonte, er müsse sich das erst einmal in
Ruhe durch den Kopf gehen lassen, deutlich bewusst wurde,
was Merlin tatsächlich alles bewirkt hatte:

Durch das Gefühl, das ich beim Ansehen des Bildes hatte, war
es überhaupt erst einmal dazu gekommen, dass ich die Kommunikation vorzog und zu diesem frühen Zeitpunkt durchführte.
Nur so ergab es sich, dass Michael eine relativ lange Zeit zur
Verfügung gestellt bekam, um es sich in aller Ruhe überlegen zu
können. Merlin wusste, wie sehr sein Michael litt, und bot ihm
die Gelegenheit, sich wirklich intensiv mit der Botschaft und
den darin enthaltenen Möglichkeiten auseinanderzusetzen.

Und als ich am Ende von Michael wissen wollte, ob für ihn
ein Eurasier überhaupt infrage käme, meinte er, Merlin sei ein
reinrassiger Eurasier gewesen. Nun war ich war völlig sprachlos, denn dem Bild nach zu urteilen hätte ich es niemals vermu-

tet, da Merlin in meinen Augen eher wie ein Husky ausgesehen hatte.

Sie sehen, selbst hier hat Merlin eine weise Entscheidung getroffen und ich bin sicher, dass er all dies in der Gewissheit getan hat, dass es seinen Michael wirklich im Herzen erreicht.

Epilog

„Adieu" mit einem Lächeln im Herzen

Zum Abschied möchte ich noch die Botschaft von Border Collie Simon veröffentlichen. Es ist eine Kommunikation, um die mich eine Frau namens Anita bat, und zwar kurz nach dem Unfalltod ihrer Tochter.

Inzwischen ist Anita eine sehr enge Freundin, die ich ebenso wenig in meinem Leben missen möchte wie den Kontakt zu ihrer verstorbenen Tochter Carmen. Aufgrund dieser innigen Verbindung zu den beiden und weil mir Simons Botschaft so passend zu dem Inhalt dieses Buches erscheint, möchte ich mich genau damit verabschieden.

Er übermittelt schon gleich beim Einstimmen Tränen und antwortet auf die Frage, ob er gewusst habe, dass Carmen gehen würde, Folgendes:

„Natürlich wusste ich es! Damals schon, als ich zu euch kam. Ich habe die Zeit mit ihr ebenso ausgekostet, wie sie es tat. Ich sah die Reinheit ihres Herzens und die Liebe zum Leben mit all seinen Geschenken. Sie hat ebenso in mein Herz geblickt wie ich in ihres, und somit war sofort blindes Verständnis da. Und Vertrauen. Etwas, das ich zuvor nicht kannte. Aber ihre Seele ließ nichts anderes zu außer eben Vertrauen. Das ist etwas, was sie besonders auszeichnet!"

Es ist spürbar, dass Simon auf seelischer Ebene sehr mit Carmen verbunden ist. Dennoch ist aber auch schnell klar, dass er seine Aufgabe bei der Familie sieht.

Simon zeigt sich dann, wie er hinter einem Auto herläuft, und sagt, dass es etwas gebe, das alle Menschen beherzigen sollten:

„Man sollte sich immer Adieu sagen und nie ohne ein Lächeln des Herzens gehen!"

Ihm sei das sehr wichtig, denn dieses Verhalten (hinter dem fortfahrenden Auto herlaufen) habe nichts mit Ankündigung von Unheil zu tun; er wolle lediglich darauf hinweisen, dass man den Moment auskosten und im Hier und Jetzt leben sollte.
Ich denke, dahingehend hat er eine ganz besonders verständnisvolle Freundin in Carmen gehabt … Trotz der Freude und des Wissens um ihre kurze gemeinsame Zeit ist spürbar, dass es ihm sehr schwer ums Herz ist.

Er atmet während der Kommunikation etwas schwer, obwohl ich nicht den Eindruck habe, dass es organischer Natur ist. Es ist vielmehr so, dass man spürt, wie bekümmert er trotz des Wissens um die Dinge ist. Simon gibt immer wieder Seufzer von sich.

Er sagt dann weiter, er sei wichtig für Anita. Und dass er sie gerne begleiten möchte auf ihrem weiteren Weg. Er sagt, es sei Carmens Wunsch, denn an Simon könne Anita vieles von dem ablesen, was die Mitmenschen um sie herum betreffe bzw. diese im Verborgenen bewege.
Er übermittelt das Gefühl, als habe er den „Auftrag" erhalten,

dafür zu sorgen, dass Anita das fortführe, was Carmen begonnen habe: Simon hat erst durch Carmen bedingungslose Liebe und Vertrauen seitens eines Menschen kennengelernt. Nun soll dies auch so weitergegeben werden.

Er zeigt immer wieder einen großen Jungen (den Bruder?), der eben genau darunter leidet, dass es kein Tschüss gegeben hat. Simon übermittelt das deutliche Gefühl, dass der junge Mann eigentlich nichts mehr benötige als Stabilität durch Anlehnung. Doch der Junge scheine sich das wohl selbst nicht einzugestehen. Wenn Simon ihm auf die Pelle rücken sollte, dann, weil er dem Jungen etwas von dem geben möchte, was er so dringend brauche, aber nicht offen zeigen und leben könne.

Ich bin mir ziemlich sicher, dass Simons gemeinsame Zeit mit Carmen genau dem diente, was jetzt seine Aufgabe im gesamten Familiengefüge ist. Ohne Carmens liebevolle Vorbereitung darauf wäre er heute nicht in der Lage, diese Aufgabe anzugehen. Er trauert um sie, doch er hält sich an seinen bzw. ihren Auftrag. Es ist fast so, als wolle er sagen, die beiden hätten eine Abmachung.

In diesem Sinne verabschiede ich mich nun von Ihnen mit einem freudigen und dankbaren Adieu in meinem Herzen!

Herzlichst,
Ihre Pina Ferreiro

VOICE OF SOUL

Lichtsprache - die Sprache der Seele

Es ist nicht neu, dass wir unsere Realität selbst schaffen, doch es bewusst zu tun, ist die wahre Kunst des Lebens.

Die fast in Vergessenheit geratene Lehre des Lichts, der heiligen Geometrie, ist in unserer Zeit wichtiger denn je. Es ist die Sprache der Seele und diese wurde in den Tempeln der Mayas gelehrt. Täglich werden wir unbewusst von Licht geleitet. Mit der Lichtsprache sind wir in der Lage, Veränderungen in unser Leben zu rufen. Die richtige Zusammensetzung aller Elemente, die individuell in einem sogenannten Grid erstellt werden, ermöglicht Ihnen unter anderem Ängste abzubauen und Blockaden zu lösen. Mit den Grids wird der Weg der Heilung geebnet und der lang ersehnte Erfolg stellt sich ein, der neue Partner kann in Ihr Leben treten, der neue Job offenbart sich, ein gesunder Selbstwert stellt sich ein usw.

Mit einem persönlichen Grid verändert sich die Aura, wodurch eine weitaus höhere Lebensqualität ermöglicht wird. Diese Form der Hilfestellung eignet sich auch und insbesondere als unterstützende Kraft für Heilungsprozesse bei Tiergefährten.

Ruth Balter von www.voice-of-soul.de